高等职业教育水利类新形态一体化教材
辽宁省水利工程高水平特色专业群建设系列教材

工程投资与控制

主　编　魏坤肖　杨　胜
副主编　孙菲菲　高宏伟　孙荣华
　　　　王立松　李桐宇
主　审　钱　巍

中国水利水电出版社
www.waterpub.com.cn
·北京·

内 容 提 要

本书共设 6 个模块，主要内容包括建设工程投资控制概述、建设工程投资构成、建设工程投资控制基础知识、建设工程设计阶段的投资控制、建设工程招标阶段的投资控制、建设工程施工阶段的投资控制等。全书理论联系实际，案例与知识点结合，并结合了注册监理工程师资格考试的相关内容。本书还配套了大量的动画、视频、案例、试题等数字化教学资源，在书中关联处特别标记，可供检索阅览。

本书可作为高职院校工程监理专业的教材，也可供相关工程技术人员参考。

图书在版编目（CIP）数据

工程投资与控制 / 魏坤肖，杨胜主编. -- 北京：中国水利水电出版社，2021.8
高等职业教育水利类新形态一体化教材
ISBN 978-7-5170-9489-0

Ⅰ. ①工… Ⅱ. ①魏… ②杨… Ⅲ. ①基本建设投资—控制—高等职业教育—教材 Ⅳ. ①F283

中国版本图书馆CIP数据核字（2021）第048818号

书　名	高等职业教育水利类新形态一体化教材 **工程投资与控制** GONGCHENG TOUZI YU KONGZHI
作　者	主　编　魏坤肖　杨　胜 副主编　孙菲菲　高宏伟　孙荣华　王立松　李桐宇 主　审　钱　巍
出版发行	中国水利水电出版社 （北京市海淀区玉渊潭南路1号D座　100038） 网址：www.waterpub.com.cn E - mail：sales@waterpub.com.cn 电话：（010）68367658（营销中心）
经　售	北京科水图书销售中心（零售） 电话：（010）88383994、63202643、68545874 全国各地新华书店和相关出版物销售网点
排　版	中国水利水电出版社微机排版中心
印　刷	清淞永业（天津）印刷有限公司
规　格	184mm×260mm　16开本　16.25印张　395千字
版　次	2021年8月第1版　2021年8月第1次印刷
印　数	0001—2000册
定　价	**59.50元**

凡购买我社图书，如有缺页、倒页、脱页的，本社营销中心负责调换
版权所有·侵权必究

前言

"工程投资与控制"是建设工程监理专业的一门核心课程，也是全国监理工程师执业资格考试的科目之一。本书是为适应高等职业教育的发展需要，在以就业为导向、以能力为本位的教育目标指引下，结合建设工程监理的培养目标，以理论联系实际提高学生的职业能力为目的编写的。

本书按建设工程的基本程序及工作岗位实际，较详细地讲解了工程建设投资控制基本内容：建设工程投资构成、建设工程投资控制的基础知识、招投标阶段的投资控制、设计阶段的投资控制及施工阶段的投资控制。

本书编写坚持贯彻行为导向教学法的教学理念和技术，采用任务驱动的方法，将岗位核心能力突出放到课程中进行训练。本书提供了大量的视频和动画等数字化资源，与纸质教材一体化设计，在教材内容关联处特别标记，可供检索阅览，形式新颖，内容丰富。书中附有针对性较强的例题，并为本书的使用者提供了检验学习成果的练习题及答案，为课下学习提供了极大便利。

本书由辽宁生态工程职业学院魏坤肖和辽宁水利土木工程咨询有限公司杨胜担任主编，魏坤肖负责统稿，辽宁生态工程职业学院孙菲菲、高宏伟、孙荣华、王立松和辽宁水利土木工程咨询有限公司李桐宇担任副主编。本书具体编写分工如下：模块1、2、5由孙荣华编写，模块3由魏坤肖编写，模块4由高宏伟编写，模块6由孙菲菲、王立松共同编写，模块3中的任务5案例分析由辽宁水利土木工程咨询有限公司李桐宇编写，模块6中的任务6.9案例分析由辽宁水利土木工程咨询有限公司杨胜编写。辽宁生态工程职业学院钱巍担任主审，对本书进行了审核，并提出诸多宝贵意见，对此表示感谢！在编写过程中，本书参考了其他兄弟院校及专家的一些著作和教材，在此表示感谢。

由于编者水平有限，时间仓促，书中难免出现疏漏和不妥之处，恳请在使用过程中提出宝贵意见，以便修订完善。

编者

2020年10月

"行水云课"数字教材使用说明

"行水云课"水利职业教育服务平台是中国水利水电出版社立足水电、整合行业优质资源全力打造的"内容"＋"平台"的一体化数字教学产品。平台包含高等教育、职业教育、职工教育、专题培训、行水讲堂五大版块,旨在提供一套与传统教学紧密衔接、可扩展、智能化的学习教育解决方案。

本套教材是整合传统纸质教材内容和富媒体数字资源的新型教材,它将大量图片、音频、视频、3D 动画等教学素材与纸质教材内容相结合,用以辅助教学。读者可通过扫描纸质教材二维码查看与纸质内容相对应的知识点多媒体资源,完整数字教材及其配套数字资源可通过移动终端 APP、"行水云课"微信公众号或中国水利水电出版社"行水云课"平台查看。

内页二维码具体标识如下:

- 为动画
- 为知识点视频
- 为练习题参考答案
- 为文档

多媒体知识点索引

码号	资源名称	类型	页码
1.1	建设项目投资的概念	▶	2
1.2	投资项目建设流程	▶	4
1.3	交互——水利工程建设项目投资构成	ⓘ	4
1.4	投资控制动态原理	▶	5
模块1	巩固与提高练习题参考答案	ⓣ	9
2.1	暂列金额	▶	17
2.2	计日工	▶	17
2.3	预备费	▶	30
2.4	建设期利息	▶	30
2.5	铺底流动资金	▶	30
模块2	巩固与提高练习题参考答案	ⓣ	31
3.1	资金时间价值基本理论	▶	34
3.2	单利	▶	35
3.3	复利	▶	36
3.4	名义利率和实际利率	▶	36
3.5	现金流量	▶	39
3.6	资金等值计算	▶	41
3.7	资金等值计算例题讲解	▶	42
3.8	一次支付终值公式	▶	42
3.9	一次支付现值公式	▶	43
3.10	等额支付系列终值公式	▶	44
3.11	等额支付系列偿债基金公式	▶	45
3.12	等额支付系列年金现值公式	▶	45
3.13	等额支付系列资金回收公式	▶	46
3.14	财务评价	▶	48
3.15	财务评价报表	▶	51

续表

码号	资 源 名 称	类型	页码
3.16	财务评价指标计算	▶	58
3.17	静态投资回收期	▶	58
3.18	财务净现值	▶	60
3.19	财务净现值计算	▶	60
3.20	财务内部收益率（1）	▶	61
3.21	财务内部收益率（2）	▶	61
3.22	交互——财务内部收益率	⊘	61
3.23	偿债能力分析指标计算与评判标准	▶	64
3.24	盈亏平衡分析（1）	▶	71
3.25	盈亏平衡分析（2）	▶	71
3.26	敏感性分析	▶	73
3.27	计算期相同的互斥方案的比选	▶	78
3.28	效益比选法	▶	78
3.29	计算期不等的互斥方案的比选	▶	83
模块 3	巩固与提高练习题参考答案	Ⓣ	97
3.30	复利系数表	Ⓟ	99
4.1	设计方案优选	▶	101
4.2	推行标准设计	▶	103
4.3	限额设计	▶	103
4.4	价值工程的基本概念	▶	110
4.5	价值工程的工作程序	▶	113
4.6	价值工程的应用	▶	113
4.7	水利工程概算编制原则	▶	113
4.8	材料预算价格	▶	119
4.9	混凝土单价	▶	123
4.10	工程单价组成三要素	▶	123
4.11	编制工程静态总投资	▶	132
4.12	概算的审查与审批	▶	132
4.13	交互——设计概算	⊘	140
模块 4	巩固与提高练习题参考答案	Ⓣ	141

续表

码号	资源名称	类型	页码
5.1	招标控制价	▶	143
5.2	工程量清单概念及内容	▶	143
5.3	工程量清单计价	▶	147
5.4	施工合同价的形式	▶	160
5.5	合同争议解决的途径	▶	167
模块 5	巩固与提高练习题参考答案	①	169
6.1	施工阶段投资控制措施	▶	171
6.2	施工阶段投资控制流程	▶	172
6.3	交互——施工阶段投资控制工作流程图	⌀	172
6.4	资金使用计划的编制	▶	172
6.5	合同价款期中支付	▶	180
6.6	工程款支付条件	▶	180
6.7	工程预付款（1）	▶	181
6.8	工程预付款（2）	▶	181
6.9	工程预付款的支付	▶	182
6.10	工程预付款扣回公式	▶	182
6.11	工程预付款的扣回	▶	182
6.12	工程预付款扣还案例讲解	▶	183
6.13	工程材料预付款	▶	183
6.14	工程材料预付款和安全文明施工费	▶	184
6.15	工程进度款支付程序	▶	184
6.16	工程款支付算例	▶	190
6.17	工程合同价格调整的原因及程序	▶	190
6.18	引起合同价格调整的原因	▶	190
6.19	交互——价格指数调整价格差额	⌀	195
6.20	认识工程变更	▶	202
6.21	承包人索赔的提出程序	▶	206
6.22	承包人索赔处理程序	▶	206
6.23	发包人向承包人的索赔	▶	211
6.24	承包人向发包人索赔——可以索赔的费用	▶	212

续表

码号	资 源 名 称	类型	页码
6.25	不允许索赔的费用	▶	215
6.26	索赔费用的计算——总费用法	▶	215
6.27	竣工结算程序	▶	223
6.28	完工付款程序	▶	223
6.29	质量保留金	▶	226
6.30	最终结清程序	▶	226
6.31	投资偏差分析表达方法	▶	229
6.32	赢得值法	▶	229
6.33	投资偏差分析方法——赢得值法	▶	229
6.34	计算投资偏差与进度偏差	▶	230
6.35	投资偏差例题	▶	233
6.36	投资偏差原因分析及纠偏措施	▶	235
模块 6	巩固与提高练习题答案	Ⓣ	246

目录

前言
"行水云课"数字教材使用说明
多媒体知识点索引

模块1　建设工程投资控制概述 ······ 1
任务1.1　建设工程项目投资的概念和特点 ······ 1
任务1.2　建设工程投资控制原理 ······ 4
任务1.3　建设工程投资控制中的主要工作 ······ 8
【巩固与提高】······ 9

模块2　建设工程投资构成 ······ 11
任务2.1　建筑安装工程费用的组成与计算 ······ 11
任务2.2　设备、工器具购置费用的组成 ······ 23
任务2.3　工程建设其他费用、预备费、建设期利息、铺底流动资金的组成 ······ 25
【巩固与提高】······ 31

模块3　建设工程投资控制基础知识 ······ 33
任务3.1　资金等值计算 ······ 33
任务3.2　建设项目经济评价 ······ 47
任务3.3　不确定性分析 ······ 70
任务3.4　项目投资方案的经济比选 ······ 77
任务3.5　案例分析 ······ 86
【巩固与提高】······ 97

模块4　建设工程设计阶段的投资控制 ······ 100
任务4.1　提高设计经济合理性的方法 ······ 100
任务4.2　水利工程概算编制 ······ 113
任务4.3　设计阶段投资控制案例分析 ······ 133
【巩固与提高】······ 141

模块5　建设工程招标阶段的投资控制 ······ 142
任务5.1　招标控制价编制 ······ 142
任务5.2　投标报价的审核 ······ 155
任务5.3　合同价款约定 ······ 160
【巩固与提高】······ 169

模块 6　建设工程施工阶段的投资控制 …… 171
任务 6.1　施工阶段投资目标控制 …… 172
任务 6.2　工程计量 …… 177
任务 6.3　合同价款期中支付 …… 180
任务 6.4　合同价款调整 …… 190
任务 6.5　工程变更价款的确定 …… 202
任务 6.6　施工索赔与现场签证 …… 206
任务 6.7　竣工结算与支付 …… 222
任务 6.8　投资偏差分析 …… 229
任务 6.9　案例分析 …… 236
【巩固与提高】 …… 246

参考文献 …… 250

模块 1　建设工程投资控制概述

【学习目标】

知识目标：了解建设工程项目的内涵；熟悉我国建设工程监理投资控制中的主要工作；掌握建设工程项目等级划分、工程投资组成及特点。

能力目标：能够具备灵活运用投资控制的动态原理、确定投资控制的目标、协调投资控制的重点、区分投资控制的措施能力。

【案例引入】

概况：1992年7月，史玉柱决定在珠海修建巨人大厦，作为公司办公楼，原设计18层。然而，政府领导希望将巨人大厦建为中国第一高楼，史玉柱也被暂时的成功冲昏了头脑，所以设计楼层不断加码，从38层到54层再到64层。1994年年初，巨人大厦开工典礼时，史玉柱宣布，巨人大厦将建高78层、中国最高的楼宇。据初步测算，巨人需要投入12亿元才能完成该"最高楼宇"，然而1996年，巨人大厦资金告急，史玉柱将保健品的资金调往巨人大厦。1997年年初，巨人大厦因资金链断裂未能按期完工，只建至地面三层的巨人大厦停工，随后巨人集团的财务危机爆发，史玉柱也随之从公众视野里消失。

请您思考：什么是建设工程项目投资控制？其控制原理、主要任务有哪些内容？

我们在本模块建设工程投资控制概述中将要讲述与投资控制有关的基本概念。

任务 1.1　建设工程项目投资的概念和特点

1.1.1　建设工程项目的概念及等级划分

建设工程项目，亦称建设项目（construction project），是指按一个总体设计组织施工，建成后具有完整的系统，可以独立地形成生产能力或者使用价值的建设工程。一般以一个企业（或联合企业）、事业单位或独立工程作为一个建设项目。

按照国家主管部门的统一规定，将一项建设工程划分为建设项目、单项工程、单位工程、分部工程和分项工程五个等级。

1. 建设项目

建设项目是指在一个总体设计或初步设计范围内，由一个或几个单项工程组成，在经济上进行统一核算，行政上有独立的组织形式，实行统一管理的建设单位。

一个建设项目也就是一个建设单位。它可以是一个独立的工程，也可能包括较多的工程。例如，在民用建设中，一所学校为一个建设项目；在工业建设中，一座工厂为一个建设项目；在市政建设中，一条给水或排水管网、一条城市道路、一座涵洞、一座立交桥等均为一个建设项目。

2. 单项工程

单项工程是建设项目的组成部分，指在一个建设单位中，具有独立的设计文件，单独编制综合预算、竣工后可以独立发挥生产能力或使用效益的工程。

一个建设项目可包括许多单项工程，也可以只有一个单项工程。在工业建设中能独立生产的车间，例如一家工厂中的各个主要生产车间、辅助车间、仓库；或非工业建设中能发挥设计规定的主要效益的各个独立工程，例如一所学校中的图书馆、教学楼、实训楼等都是单项工程。市政建设中的防洪渠、隧道、地铁售票处等分别各为一个单项工程。单项工程是具有独立存在意义的一个完整工程，也是一个极为复杂的综合体，一般都是由多个单位工程所组成。

3. 单位工程

单位工程是单项工程的组成部分，指具有单独设计的施工图纸和单独编制的施工图预算文件，可以独立施工及独立作为计算成本对象，但建成后不能独立发挥生产能力或使用效益的工程。

通常按照单项工程所包含的不同性质的工程内容，根据能否独立施工的要求，将一个单项工程划分为若干个单位工程。民用建筑的土建、给排水、采暖、通风、照明各为一个单位工程。工业建设的单项工程中的土建（包括建筑物和构筑物）工程、机电设备安装、工艺设备安装、工艺管道安装、给排水、采暖、通风、电气安装、自控仪表安装等各为一个单位工程。

4. 分部工程

分部工程是单位工程的组成部分，按照单位工程的各个部位、工程结构性质、使用的材料、工程种类、设备的种类和型号等不同来划分。

在每个分部工程中，由于构造、使用材料规格或施工方法等因素的不同，完成同一计量单位的工程所需要消耗的人工、材料、机械台班数量及其价值的差别是很大的。为计算造价的需要，将分部工程进一步划分。如房屋建筑按其结构可分为土方、基础、地面、墙体、楼板、门窗、屋面、钢筋混凝土、装饰等分部工程；工艺管道安装可分为管道安装、阀门安装、刷油、保温等分部工程；道路工程可以分解为路床（槽）整形、道路基层、道路面层、人行道侧平石及其他分部工程。

5. 分项工程

分项工程是分部工程的组成部分。它是将分部工程划分为若干个更细的分项工程。分项工程是按照选用的施工方法、所使用的材料、结构构件规格的不同等因素进行划分的，用较为简单的施工过程就能完成，以适当的计量单位就可以计算工程量及其单价的工程产品。如按不同管径分为若干个分项工程；土方工程可分为挖地槽、挖地坑、回填土、运土等分项工程；焊接钢管安装，也可以按连接方式分为若干个分项工程。

综上所述，一个建设项目是由一个或几个单项工程组成的，一个单项工程是由几个单位工程组成的，一个单位工程又可划分为若干分部工程，一个分部工程又可划分成许多分项工程。

1.1.2 建设工程项目投资的概念

建设工程项目投资是指进行某项工程建设花费的全部费用。生产性建设工程项目

1.1 建设项目投资的概念

总投资包括建设投资和铺底流动资金两部分，非生产性建设工程项目总投资则只是包括建设投资。

建设投资由设备及工器具购置、建筑安装工程费、工程建设其他费、预备费（包括基本预备费和涨价预备费）和建设期利息组成。

设备及工器具购置费，是指按照建设工程设计文件要求，建设单位（或其委托单位）购置或自制达到固定资产标准的设备和新、扩建项目配置的首套工器具及生产家具所需的费用。设备及工器具购置费由设备原价、工器具原价和运杂费（包括设备成套公司服务费）组成。

建筑安装工程费，是指建设单位用于建筑和安装工程方面的投资，它由建筑工程费和安装工程费两部分组成。建筑工程费是指建设工程涉及范围内的建筑物、构筑物、场地平整、道路、室外管道铺设、大型土石方工程费用等。安装工程费是指主要生产、辅助生产、公用工程等单项工程中需要安装的机械设备、电器设备、专用设备、仪器仪表等设备的安装及配件工程费，以及工艺、供热、供水等各种管道、配件、闸门和供电外线安装工程费用等。

工程建设其他费，是指未纳入以上两项的费用。根据设计文件要求和国家有关规定应由项目投资支付的、为保证工程建设顺利完成和交付使用后能够正常发挥效用而发生的一些费用。工程建设其他费可分为三类：第一类是土地使用费，包括土地征用及迁移补偿费和土地使用权出让金；第二类是与项目建设有关的费用，包括建设单位管理费、勘察设计费、研究试验费、建设工程监理费等；第三类是与未来企业生产经营有关的费用，包括联合试运转费、生产准备费、办公和生活家具购置费等。

建设投资可分为静态投资部分和动态投资部分。静态投资部分由建筑安装工程费、设备及工器具购置费、工程建设其他费和基本预备费构成。动态投资部分，是指在建设期内，因建设期利息和国家新批准的税费、汇率、利率变动以及建设期价格变动引起的建设投资增加额，包括涨价预备费和建设期利息。

1.1.3 建设工程项目投资的特点

建设工程项目投资的特点是由建设工程项目的特点决定的，主要包括如下几点：

1. 建设工程项目投资数额巨大

建设工程项目投资数额巨大，动辄上千万元，数十亿元，使它关系到国家、行业或地区的重大经济利益，对国计民生也会产生重大的影响。

2. 建设工程项目投资差异明显

每个建设工程项目都有其特定的用途、功能、规模，每项工程的结构、空间分割、设备配置和内外装饰都有不同的要求，工程内容和实物形态都有其差异性。同样的工程处于不同的地区或不同的时段在人工、材料、机械消耗上也有差异。

3. 建设工程项目投资需单独计算

每个建设工程项目都有专门的用途，其结构、面积、造型和装饰也不尽相同。即使是用途相同的建设工程项目，技术水平、建筑等级和建筑标准也有所差别。建设工程项目还必须在结构、造型等方面适应项目所在地的气候、地质、水文等自然条件，不同地区构成投资费用的各种要素的差异，最终导致建设工程项目投资的千差万别。

1.2 投资项目建设流程

因此，建设工程项目只能通过特殊的程序（编制估算概算、预算、合同价、结算价及最后确定竣工决算等），就每个项目单独计算其投资。

4. 建设工程项目投资确定依据复杂

在不同的建设阶段有不同的确定依据，且互为基础和指导，互相影响（图1.1）。如预算定额是概算定额（指标）编制的基础，概算定额（指标）又是估算指标编制的基础；反过来，估算指标又控制概算定额（指标）的水平，概算定额（指标）又控制预算定额的水平。

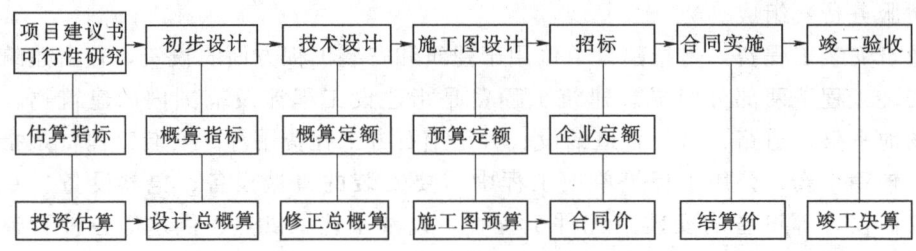

图1.1 建设工程投资确定示意图

5. 建设工程项目投资确定层次繁多

凡是按照一个总体设计进行建设的各个单项工程汇集的总体即为一个建设工程项目。在建设工程项目中凡是具有独立的设计文件、竣工后可以独立发挥生产能力或工程效益的工程为单项工程，也可将它理解为具有独立存在意义的完整的工程项目。各单项工程又可分解为各个能独立施工的单位工程。考虑到组成单位工程的各部分是由不同工人用不同工具和材料完成的，又可以把单位工程进一步分解为分部工程。然后还可按照不同的施工方法、构造及规格，把分部工程更细致地分解为分项工程。此外，需分别计算分部分项工程投资、单位工程投资、单项工程投资，最后才能汇总形成建设工程项目投资。

6. 建设工程项目投资需动态跟踪调整

每个建设工程项目从立项到竣工都有一个较长的建设期，在此期间都会出现一些不可预料的变化因素，对建设工程项目投资产生影响。如工程设计变更，设备、材料、人工价格变化，国家利率、汇率调整，因不可抗力出现或因承包方、发包方原因造成的索赔事件出现等，必然要引起建设工程项目投资的变动。因此，建设工程项目投资在整个建设期内都属于不确定的，需随时进行动态跟踪、调整，直至竣工决算后才能真正确定建设工程项目投资。

1.3 交互——水利工程建设项目投资构成

任务1.2 建设工程投资控制原理

所谓建设工程投资控制，就是在投资决策阶段、设计阶段、发包阶段、施工阶段以及竣工阶段，把建设工程投资控制在批准的投资限额以内，随时纠正发生的偏差，以保证项目投资管理目标的实现，以求在建设工程中能合理使用人力、物力、财力，取得较好的投资效益和社会效益。

1.2.1 投资控制的动态原理

投资控制是项目控制的主要内容之一。投资控制原理如图1.2所示。这种控制是动态的,并贯穿于项目建设的始终。

1.4 投资控制动态原理

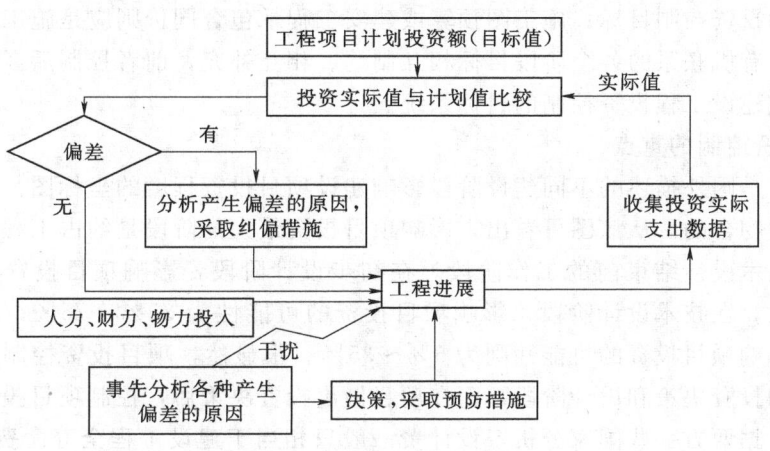

图1.2 投资控制原理图

流程应每两周或一个月循环进行,图1.2表达的含义如下:①项目投入,即把人力、物力、财力投入到项目实施中;②在工程进展过程中,必定存在各种各样的干扰,如恶劣天气、设计出图不及时等;③收集实际数据,即对项目进展情况进行评估;④把投资目标的计划值与实际值进行比较;⑤检查实际值与计划值有无偏差,如果没有偏差,则项目继续进展,继续投入人力、物力和财力等;⑥如果有偏差,则需要分析产生偏差的原因,采取控制措施。

在这一动态控制过程中,应着重做好以下几项工作:

(1) 对计划目标值的论证和分析。实践证明,由于各种主观和客观因素的制约,项目规划中的计划目标值有可能是难以实现或不尽合理的,需要在项目实施的过程中,或调整,或细化和精确化。只有项目目标是正确合理的,项目控制方能有效。

(2) 及时对项目进展做出评估,即收集实际数据。没有实际数据就无法清楚项目的实际进展情况,更不可能判断是否存在偏差。因此,数据的及时、完整和正确是确定偏差的基础。

(3) 进行项目计划值与实际值的比较,以判断是否存在偏差。这种比较同样也要求在项目规划阶段就对数据体系进行统一的设计,以保证比较工作的效率和有效性。

(4) 采取控制措施以确保投资控制目标的实现。

1.2.2 投资控制的目标

控制是为确保目标的实现而服务的,一个系统若没有目标,就不需要也无法进行控制。

工程项目建设过程是一个周期长、投入大的生产过程,建设者受到经验知识或客观过程的发展及其表现程度的限制,在工程建设伊始,只能设置一个大致的投资控制目标,这就是投资估算。随着工程建设实践、认识、再实践、再认识,投资控制目标一步步清晰、准确,这就是设计概算、施工图预算、承包合同价等。投资控制目标的设置应是随着项目建设实践的不断深入而分阶段设置。具体来讲,投资估算应是建设工程设计方案选择和进行初步设计的投资控制目标;设计概算应是进行技术设计和施工图设计的投资控制目标;施工图预算或建安工程承包合同价则应是施工阶段投资控制的目标。有机联系的各个阶段目标相互制约、相互补充,前者控制后者,后者补充前者,共成建设工程投资控制的目标系统。

1.2.3 投资控制的重点

图1.3是国外描述的不同建设阶段影响建设项目投资程度的坐标图。该图与我国情况大致是吻合的。从该图可看出,影响项目投资最大的阶段是约占工程项目建设周期1/4的技术设计结束前的工作阶段。在初步设计阶段,影响项目投资的可能性为75%~95%;在技术设计阶段,影响项目投资的可能性为35%~75%;在施工图设计阶段,影响项目投资的可能性则为5%~35%。很显然,项目投资控制的重点在于施工以前的投资决策和设计阶段,而在项目做出投资决策后,控制项目投资的关键就在于设计。据西方一些国家分析,设计费一般只相当于建设工程全寿命费用的1%以下,但正是这少于1%的费用却基本决定了几乎全部随后的费用。建设工程全寿命费用包括建设投资和工程交付使用后的经常性开支费用(含经营费用、日常维护修理费用、使用期内大修理和局部更新费用)以及该项目使用期满后报废拆除费用等。

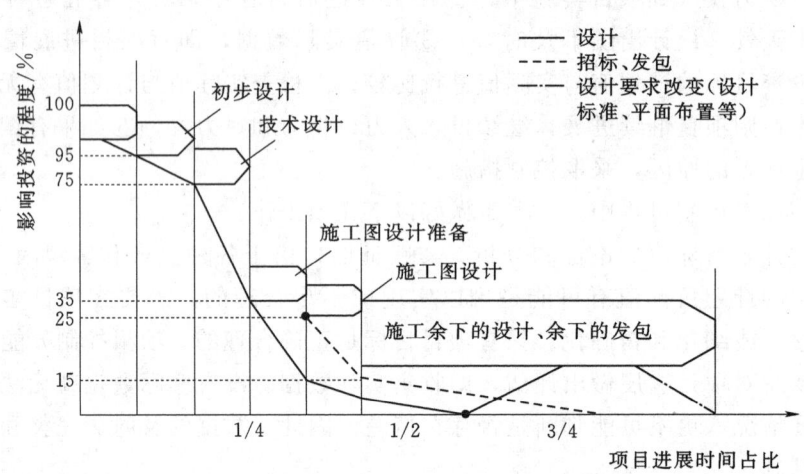

图1.3 不同建设阶段影响建设项目投资程度的坐标图

1.2.4 投资控制的措施

有效地控制建设工程投资,应从组织、技术、经济、合同与信息管理等多方面采取措施。从组织上采取措施,包括明确项目组织结构,明确投资控制者及其任务,以使投资控制有专人负责,明确管理职能分工;从技术上采取措施,包括重视设计多方案选择,严格审查监督初步设计、技术设计、施工图设计、施工组织设计,深入技术领域研究节约投资的可能性;从经济上采取措施,包括动态地比较投资的实际值和计划值,严格审核各项费用支出,采取节约投资的奖励措施等。

应该看到,技术与经济相结合是控制投资最有效的手段。长期以来,在我国工程建设领域，技术与经济相分离。许多国外专家指出，中国工程技术人员的技术水平、工作能力、知识面，跟外国同行相比几乎不分上下，但他们缺乏经济观念。国外的技术人员时刻考虑如何降低工程投资，但中国技术人员则把它看成是与己无关的财会人员的职责。而财会、概预算人员的主要责任是根据财务制度办事，他们往往不熟悉工程知识，也较少了解工程进展中的各种关系和问题，往往单纯地从财务制度角度审核费用开支，难以有效地控制工程投资。为此，当前迫切需要解决的是以提高项目投资效益为目的，在工程建设过程中把技术与经济有机结合，要通过技术比较、经济分析和效果评价，正确处理技术先进与经济合理两者之间的对立统一关系，力求在技术先进条件下的经济合理，在经济合理基础上的技术先进，把控制工程项目投资观念渗透到各阶段中。

由于建设工程的投资主要发生在施工阶段，在这一阶段需要投入大量的人力、物力、财力等，是工程项目建设费用消耗最多的时期，浪费投资的可能性比较大。因此，监理单位应督促承包单位精心地组织施工，挖掘各方面潜力，节约资源消耗，可以收到节约投资的明显效果。参建各方对施工阶段的投资控制应给予足够的重视，仅仅靠控制工程款的支付是不够的，应从组织、经济、技术、合同等多方面采取措施，控制投资。

项目监理机构在施工阶段投资控制的具体措施如下：

（1）组织措施。

1）在项目监理机构中落实从投资控制角度进行施工跟踪的人员、任务分工和职能分工。

2）编制本阶段投资控制工作计划和详细的工作流程图。

（2）经济措施。

1）编制资金使用计划，确定、分解投资控制目标。对工程项目造价目标进行风险分析，并制定防范性对策。

2）进行工程计量。

3）复核工程付款账单，签发付款证书。

4）在施工过程中进行投资跟踪控制，定期进行投资实际支出值与计划目标值的比较；发现偏差，分析产生偏差的原因，采取纠偏措施。

5）协商确定工程变更的价款。审核竣工结算。

6）对工程施工过程中的投资支出做好分析与预测，经常或定期向建设单位提交项目投资控制及其存在问题的报告。

（3）技术措施。

1）对设计变更进行技术经济比较，严格控制设计变更。

2）继续寻找通过设计挖潜节约投资的可能性。

3）审核承包人编制的施工组织设计，对主要施工方案进行技术经济分析。

（4）合同措施。

1）做好工程施工记录，保存各种文件图纸，特别是注有实际施工变更情况的图纸注意积累素材，为正确处理可能发生的索赔提供依据。参与处理索赔事宜。

2) 参与合同修改、补充工作，着重考虑它对投资控制的影响。

任务 1.3　建设工程投资控制中的主要工作

投资控制是我国建设工程监理的一项主要任务，贯穿于监理工作的各个环节。根据《建设工程监理规范》(GB/T 50319—2013) 的规定，工程监理单位要依据法律法规、工程建设标准、勘察设计文件及合同，在施工阶段对建设工程进行造价控制。同时，工程监理单位还应根据建设工程监理合同的约定，在工程勘察、设计、保修等阶段为建设单位提供相关服务工作。以下分别是施工阶段和在相关服务阶段监理机构在投资控制中的主要工作。

1.3.1　施工阶段投资控制的主要工作

1. 进行工程计量和付款签证

(1) 专业监理工程师对施工单位在工程款支付报审表中提交的工程量和支付金额进行复核，确定实际完成的工程量，提出到期应支付给施工单位的金额，并提出相应的支持性材料。

(2) 总监理工程师对专业监理工程师的审查意见进行审核、签认后报建设单位审批。

(3) 总监理工程师根据建设单位的审批意见，向施工单位签发工程款支付证书。

2. 对完成工程量进行偏差分析

项目监理机构应建立月完成工程量统计表，对实际完成量与计划完成量进行比较分析，发现偏差的，应提出调整建议，并应在监理月报中向建设单位报告。

3. 审核竣工结算款

(1) 专业监理工程师审查施工单位提交的竣工结算款支付申请，提出审查意见。

(2) 总监理工程师对专业监理工程师的审查意见进行审核，签认后报建设单位审批同时抄送施工单位，并就工程竣工结算事宜与建设单位、施工单位协商；达成一致意见的，根据建设单位审批意见向施工单位签发竣工结算款支付证书；不能达成一致意见的，应按施工合同约定处理。

4. 处理施工单位提出的工程变更费用

(1) 总监理工程师组织专业监理工程师对工程变更费用及工期影响做出评估。

(2) 总监理工程师组织建设单位、施工单位等共同协商确定工程变更费用及工期变化，会签工程变更单。

(3) 项目监理机构可在工程变更实施前与建设单位、施工单位等协商确定工程变更的计价原则、计价方法或价款。

(4) 建设单位与施工单位未能就工程变更费用达成协议时，项目监理机构可提出一个暂定价格并经建设单位同意，作为临时支付工程款的依据。工程变更款项最终结算时，应以建设单位与施工单位达成的协议为依据。

5. 处理费用索赔

(1) 项目监理机构应及时收集、整理有关工程费用的原始资料，为处理费用索赔提供证据。

(2) 审查费用索赔报审表。需要施工单位进一步提交详细资料时，应在施工合同约定的期限内发出通知。

(3) 与建设单位和施工单位协商一致后，在施工合同约定的期限内签发费用索赔报审表，并报建设单位。

(4) 当施工单位的费用索赔要求与工程延期要求相关联时，项目监理机构可提出费用索赔和工程延期的综合处理意见，并应与建设单位和施工单位协商。

(5) 因施工单位原因造成建设单位损失，建设单位提出索赔时，项目监理机构应与建设单位和施工单位协商处理。

1.3.2 相关服务阶段投资控制的主要工作

1. 工程勘察设计阶段

(1) 协助建设单位编制工程勘察设计任务书和选择工程勘察设计单位，并应协助签订工程勘察设计合同。

(2) 审核勘察单位提交的勘察费用支付申请表，以及签发勘察费用支付证书。

(3) 审核设计单位提交的设计费用支付申请表，以及签认设计费用支付证书。

(4) 审查设计单位提交的设计成果，并应提出评估报告。

(5) 审查设计单位提出的新材料、新工艺、新技术、新设备在相关部门的备案情况。必要应协助建设单位组织专家评审。

(6) 审查设计单位提出的设计概算、施工图预算，提出审查意见。

(7) 分析可能发生索赔的原因，制定防范对策。

(8) 协助建设单位组织专家对设计成果进行评审。

(9) 根据勘察设计合同，协调处理勘察设计延期、费用索赔等事宜。

2. 工程保修阶段

(1) 对建设单位或使用单位提出的工程质量缺陷，工程监理单位应安排监理人员进行检查和记录，并应要求施工单位予以修复，同时监督实施，合格后应予以签认。

(2) 工程监理单位应对工程质量缺陷原因进行调查，并应与建设单位、施工单位协商确定责任归属。对非施工单位原因造成的工程质量缺陷，应核实施工单位申报的修复工程费用，并应签认工程款支付证书。

【巩固与提高】

一、单选题

1. 不属于建设工程项目总投资中建设投资的是（　　）。
A. 设备及工器具购置费　　　　B. 土地使用费
C. 铺底流动资金　　　　　　　D. 涨价预备费

2. 某项目建筑安装工程费为1000万元，设备工器具购置费为700万元，工程建设其他费为500万元，基本预备费为100万元，涨价预备费为150万元，建设期利息为60万元，则该项目的静态投资为（　　）万元。
A. 2200　　　　B. 2300　　　　C. 2450　　　　D. 2510

模块1 ⑦
巩固与提高练习题参考答案

3. 建设工程项目初步设计一般依据（　　）编制相应的经济文件。

A. 估算指标　　B. 概算指标　　C. 概算定额　　D. 预算定额

4. 建设工程项目技术设计和施工图设计应依据（　　）设置投资控制目标。

A. 投资估算　　B. 设计概算　　C. 施工图预算　　D. 工程量清单

5. 项目监理机构进行施工阶段投资控制的组织措施之一是（　　）。

A. 编制施工阶段投资控制工作流程

B. 制订施工方案并对其进行分析论证

C. 审核竣工结算

D. 防止和处理施工索赔

6. 下列项目监理机构在施工阶段投资控制的措施中，属于技术措施的是（　　）。

A. 审核承包人编制的施工组织设计

B. 复核工程付款账单，签发付款证书

C. 审核竣工结算

D. 编制施工阶段投资控制工作计划

7. 根据《建设工程监理规范》，下列投资控制的相关工作中，属于施工阶段监理工作的是（　　）。

A. 审查施工图预算，提出审查意见

B. 审查施工单位提交的施工结算款支付申请

C. 协助建设单位组织专家对设计单位提出的新材料进行评审

D. 对工程保修阶段的质量缺陷进行修复检查和费用核实

二、多选题

1. 建设工程项目投资的特点不包括（　　）。

A. 建设工程投资数额巨大　　B. 建设工程投资确定依据简单

C. 建设工程投资确定层次繁多　　D. 建设工程投资不需单独计算

E. 建设工程投资需动态跟踪调整

2. 投资估算是建设工程（　　）的投资控制目标。

A. 技术设计　　　　　　　B. 设计方案选择

C. 初步设计　　　　　　　D. 施工图设计

E. 承包合同价

3. 监理工程师在施工阶段进行投资控制的经济措施有（　　）。

A. 分解投资控制目标　　　B. 进行工程计量

C. 严格控制设计变更　　　D. 审查施工组织设计

E. 审核竣工结算

模块 2 建设工程投资构成

【学习目标】
知识目标：掌握我国现行建设工程投资按费用构成要素划分、按造价形成划分建筑安装工程费用项目组成。
能力目标：能够具备检核建设工程投资构成、验算其组成费用的能力。

【案例引入】
概况：嘉闵高架（联明路—北翟路）新建工程，主线长 951km，其中地面道路长约 552km，项目建筑工程费 2000 万元，安装工程费 700 万元，设备购置费 1100 万元，工程建设其他费 450 万元，预备费 180 万元，建设期贷款 3000 万元，应计利息 120 万元，流动资金 500 万元。
请您思考：建设工程投资控制构成有哪几部分组成，如何计算？
我们在本模块建设工程投资构成中将要讲述投资构成及相关计算。

任务 2.1 建筑安装工程费用的组成与计算

2.1.1 我国现行建设工程投资构成

我国现行建设工程总投资构成见图 2.1。

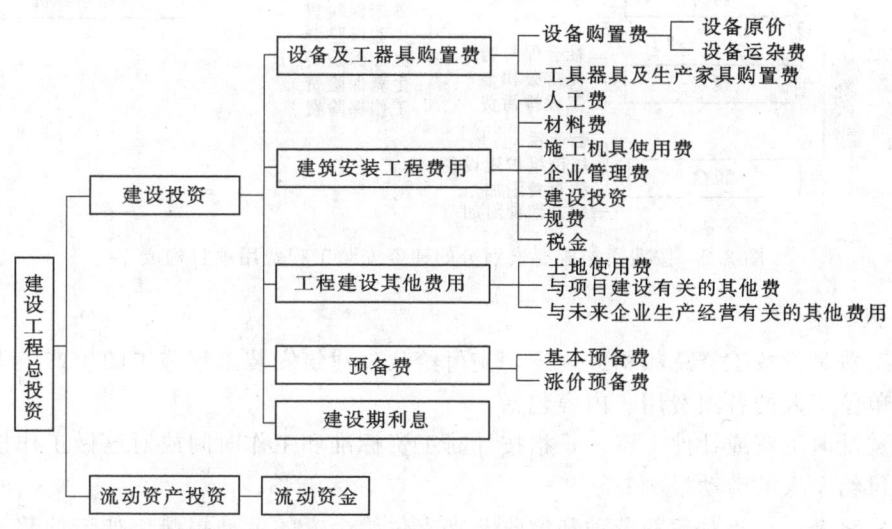

图 2.1 我国现行建设工程总投资构成

2.1.2 按费用构成要素划分的建筑安装工程费用项目组成

根据住房城乡建设部、财政部颁布的"关于印发《建筑安装工程费用项目组成》的通知"(建标〔2013〕44号),建筑安装工程费按照费用构成要素划分,由人工费、材料(包含工程设备,下同)费、施工机具使用费、企业管理费、利润、规费和税金组成。其中人工费、材料费、施工机具使用费、企业管理费和利润包含在分部分项工程费、措施项目费、其他项目费中(图2.2)。

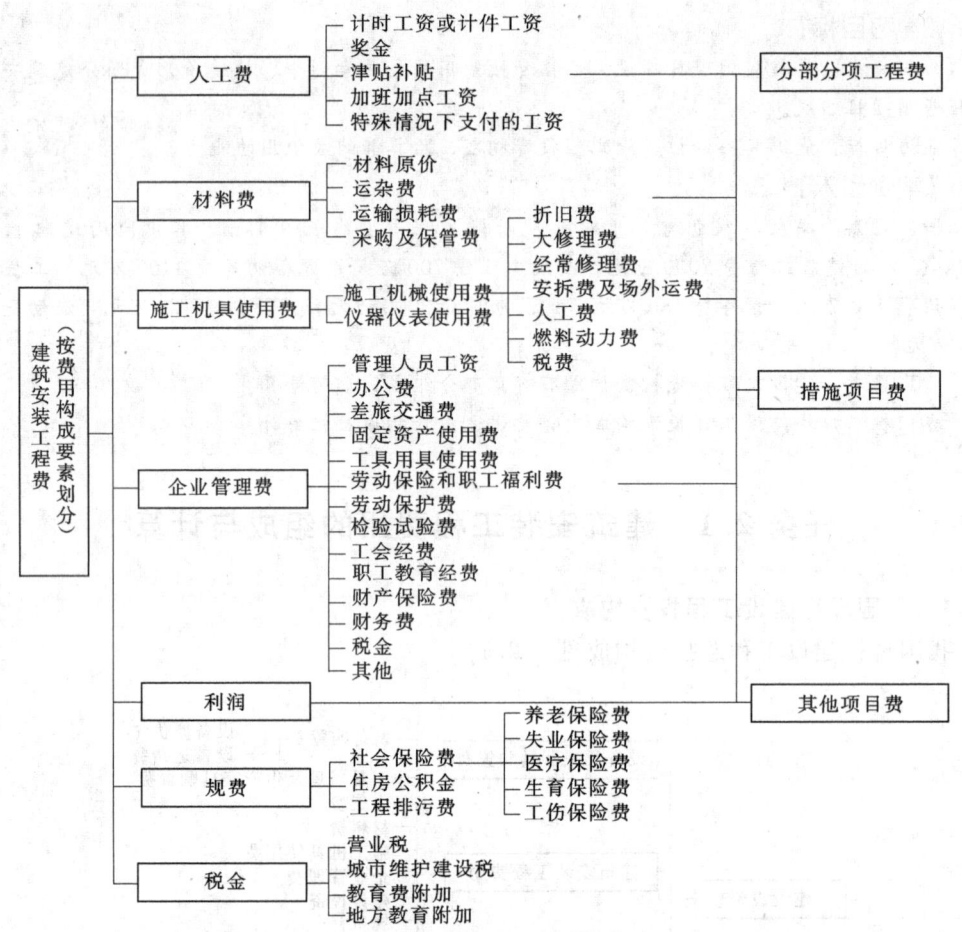

图2.2 按费用构成要素划分的建资安装工程费用项目构成

1. 人工费

人工费是指按工资总额构成规定,支付给从事建筑安装工程施工的生产工人和附属生产单位工人的各项费用。内容包括:

(1)计时工资或计件工资。是指按计时工资标准和工作时间或对已做工作按计件单价支付给个人的劳动报酬。

(2)奖金。是指对超额劳动和增收节支支付给个人的劳动报酬。如节约奖、劳动竞赛奖等。

(3)津贴补贴。是指为了补偿职工特殊或额外的劳动消耗和因其他特殊原因支付给个人的津贴，以及为了保证职工工资水平不受物价影响支付给个人的物价补贴。如流动施工津贴、特殊地区施工津贴、高温（寒）作业临时津贴、高空津贴等。

(4) 加班加点工资。是指按规定支付的在法定节假日工作的加班工资和在法定日工作时间外延时工作的加点工资。

(5) 特殊情况下支付的工资。是指根据国家法律、法规和政策规定，因病、工伤、产假、计划生育假、婚丧假、事假、探亲假、定期休假、停工学习、执行国家或社会义务等原因按计时工资标准或计时工资标准的一定比例支付的工资。

2. 材料费

材料费是指施工过程中耗费的原材料、辅助材料、构配件、零件、半成品或成品、工程设备的费用。内容包括：

(1) 材料原价。是指材料、工程设备的出厂价格或商家供应价格。

(2) 运杂费。是指材料、工程设备自来源地运至工地仓库或指定堆放地点所发生的全部费用。

(3) 运输损耗费。是指材料在运输装卸过程中不可避免的损耗。

(4) 采购及保管费。是指为组织采购、供应和保管材料、工程设备的过程中所需要的费用。包括采购费、仓储费、工地保管费、仓储损耗。

工程设备是指构成或计划构成永久工程一部分的机电设备、金属结构设备、仪器装置及其他类似的设备和装置。

3. 施工机具使用费

施工机具使用费是指施工作业所发生的施工机械、仪器仪表使用费或其租赁费。内容包括：

(1) 施工机械使用费。以施工机械台班耗用量乘以施工机械台班单价表示，施工机械台班单价应由下列七项费用组成。

1) 折旧费。是指施工机械在规定的使用年限内，陆续收回其原值的费用。

2) 大修理费。是指施工机械按规定的大修理间隔台班进行必要的大修理，以恢复其正常功能所需的费用。

3) 经常修理费。是指施工机械除大修理以外的各级保养和临时故障排除所需的费用。包括为保障机械正常运转所需替换设备与随机配备工具附具的摊销和维护费用，机械运转中日常保养所需润滑与擦拭的材料费用及机械停滞期间的维护和保养费用等。

4) 安拆费及场外运费。安拆费指施工机械（大型机械除外）在现场进行安装与拆卸所需的人工、材料、机械和试运转费用以及机械辅助设施的折旧、搭设、拆除等费用；场外运费指施工机械整体或分体自停放地点运至施工现场或由一施工地点运至另一施工地点的运输、装卸、辅助材料及架线等费用。

5) 人工费。是指机上司机（司炉）和其他操作人员的人工费。

6) 燃料动力费。是指施工机械在运转作业中所消耗的各种燃料及水、电等。

7) 税费。是指施工机械按照国家规定应缴纳的车船使用税、保险费及年检费等。

(2) 仪器仪表使用费。是指工程施工所需使用的仪器仪表的摊销及维修费用。

4. 企业管理费

企业管理费是指建筑安装企业组织施工生产和经营管理所需的费用。内容包括：

(1) 管理人员工资。是指按规定支付给管理人员的计时工资、奖金、津贴补贴、加班加点工资及特殊情况下支付的工资等。

(2) 办公费。是指企业管理办公用的文具、纸张、账表、印刷、邮电、书报、办公软件、现场监控、会议、水电、烧水和集体取暖降温（包括现场临时宿舍取暖降温）等费用。

(3) 差旅交通费。是指职工因公出差调动工作的差旅费、住勤补助费，市内交通费和误餐补助费，职工探亲路费，劳动力招募费，职工退休、退职一次性路费，工伤人员就医路费，工地转移费以及管理部门使用的交通工具的油料、燃料等费用。

(4) 固定资产使用费。是指管理和试验部门及附属生产单位使用的属于固定资产的房屋、设备、仪器等的折旧、大修、维修或租赁费。

(5) 工具用具使用费。是指企业施工生产和管理使用的不属于固定资产的工具、器具、家具、交通工具和检验、试验、测验、消防用具等的购置、维修和摊销费。

(6) 劳动保险和职工福利费。是指由企业支付的职工退职金、按规定支付给离休干部的经费、集体福利费、夏季防暑降温、冬季取暖补贴、上下班交通补贴等。

(7) 劳动保护费。是企业按规定发放的劳动保护用品的支出。如工作服、手套、防暑降温饮料以及在有碍身体健康的环境中施工的保健费用等。

(8) 检验试验费。是指施工企业按照有关标准规定，对建筑以及材料、构件和建筑安装物进行一般鉴定、检查所发生的费用，包括自设试验室进行试验所耗用的材料等费用。不包括新结构、新材料的试验费，对构件做破坏性试验及其他特殊要求检验试验的费用和建设单位委托检测机构进行检测的费用，对此类检测发生的费用，由建设单位在工程建设其他费用中列支。但对施工企业提供的具有合格证明的材料进行检测其结果不合格的，该检测费用由施工企业支付。

(9) 工会经费。是指企业根据《中华人民共和国工会法》规定按全部职工工资总额比例计提的工会经费。

(10) 职工教育经费。是指按职工工资总额的规定比例计提，企业为职工进行专业技术和职业技能培训，专业技术人员继续教育、职工职业技能鉴定、职业资格认定以及根据需要对职工进行各类文化教育所发生的费用。

(11) 财产保险费。是指施工管理用财产、车辆等的保险费用。

(12) 财务费。是指企业为施工生产筹集资金或提供预付款担保、履约担保、职工工资支付担保等所发生的各种费用。

(13) 税金。是指企业按规定缴纳的房产税、车船使用税、土地使用税、印花税等。

(14) 其他。包括技术转让费、技术开发费、投标费、业务招待费、绿化费、广告费、公证费、法律顾问费、审计费、咨询费、保险费等。

5. 利润

利润是指施工企业完成所承包工程获得的盈利。

6. 规费

规费是指按国家法律、法规规定，由省级政府和省级有关权力部门规定必须缴纳或计取的费用。包括：

（1）社会保险费。

1) 养老保险费。是指企业按照规定标准为职工缴纳的基本养老保险费。

2) 失业保险费。是指企业按照规定标准为职工缴纳的失业保险费。

3) 医疗保险费。是指企业按照规定标准为职工缴纳的基本医疗保险费。

4) 生育保险费。是指企业按照规定标准为职工缴纳的生育保险费。

5) 工伤保险费。是指企业按照规定标准为职工缴纳的工伤保险费。

（2）住房公积金。是指企业按规定标准为职工缴纳的住房公积金。

（3）工程排污费。是指按规定缴纳的施工现场工程排污费。

其他应列而未列入的规费，按实际发生计取。

7. 税金

税金是指国家税法规定的应计入建筑安装工程造价内的营业税、城市维护建设税、教育费附加以及地方教育附加。

2.1.3 按造价形成划分的建筑安装工程费用项目组成

建筑安装工程费按照工程造价形成由分部分项工程费、措施项目费、其他项目费、规费、税金组成，分部分项工程费、措施项目费、其他项目费包含人工费、材料费、施工机具使用费、企业管理费和利润（图2.3）。

1. 分部分项工程费

分部分项工程费是指各专业工程的分部分项工程应予列支的各项费用。

（1）专业工程。指按现行国家计量规范划分的房屋建筑与装饰工程、仿古建筑工程、通用安装工程、市政工程、园林绿化工程、矿山工程、构筑物工程、城市轨道交通工程、爆破工程等各类工程。

（2）分部分项工程。指按现行国家计量规范对各专业工程划分的项目。如房屋建筑与装饰工程划分的土石方工程、地基处理与桩基工程、砌筑工程、钢筋及钢筋混凝土工程等。

各类专业工程的分部分项工程划分见现行国家或行业计量规范。

2. 措施项目费

措施项目费是指为完成建设工程施工，发生于该工程施工前和施工过程中的技术、安全、环境保护等方面的费用。内容包括：

（1）安全文明施工费。

1) 环境保护费。是指施工现场为达到环保部门要求所需要的各项费用。

2) 文明施工费。是指施工现场文明施工所需要的各项费用。

3) 安全施工费。是指施工现场安全施工所需要的各项费用。

4) 临时设施费。是指施工企业为进行建设工程施工所必须搭设的生活和生产用的临时建筑物、构筑物和其他临时设施费用。其包括临时设施的搭设、维修、拆除、清理费或摊销费等。

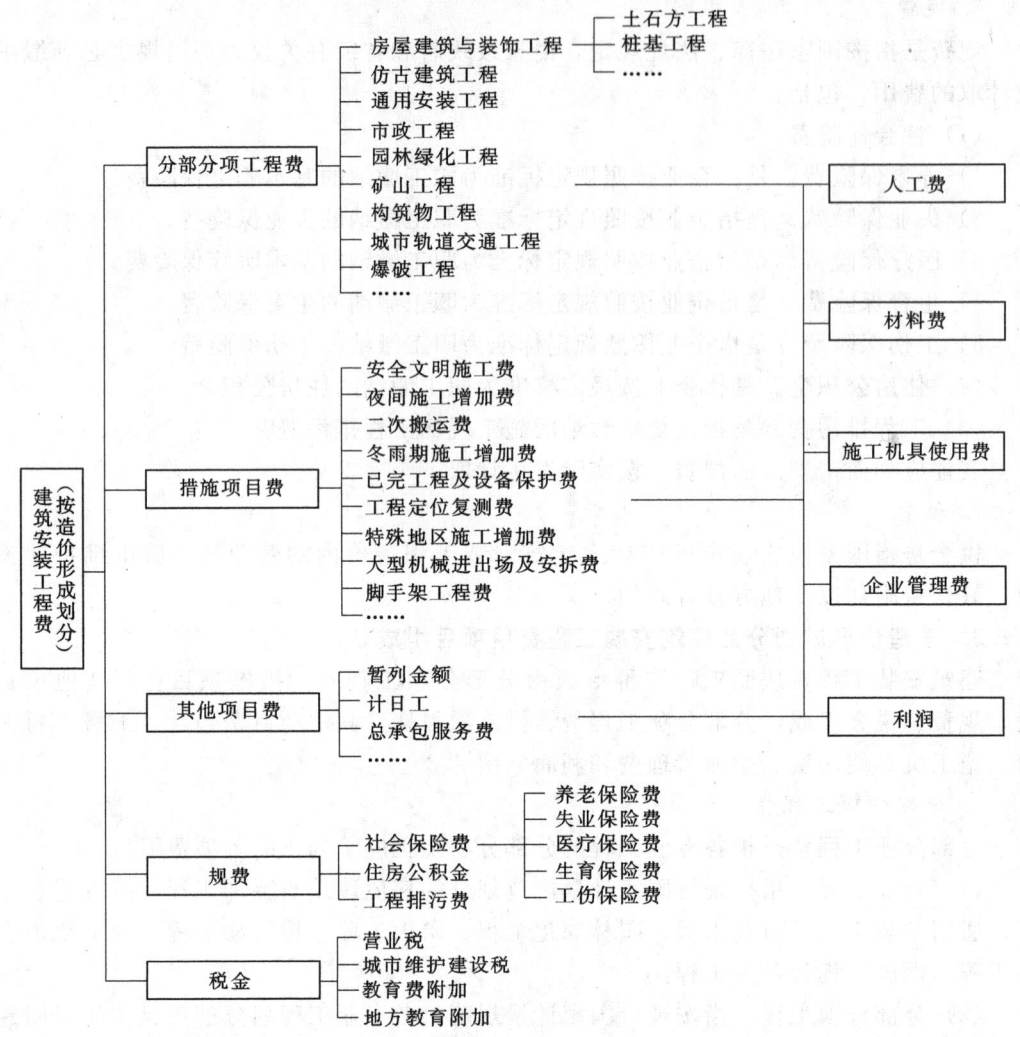

图2.3 按造价形式划分的建筑安装工程费用项目组成

(2) 夜间施工增加费。指因夜间施工所发生的夜班补助费、夜间施工降效、夜间施工照明设备摊销及照明用电等费用。

(3) 二次搬运费。指因施工场地条件限制而发生的材料、构配件、半成品等一次运输不能到达堆放地点，必须进行二次或多次搬运所发生的费用。

(4) 冬雨期施工增加费。指在冬期或雨期施工需增加的临时设施，防滑，排除雨雪、人工及施工机械效率降低等费用。

(5) 已完工程及设备保护费。指竣工验收前，对已完工程及设备采取的必要保护措施所发生的费用。

(6) 工程定位复测费。指工程施工过程中进行全部施工测量放线和复测工作的费用。

(7) 特殊地区施工增加费。指工程在沙漠或其边缘地区、高海拔、高寒、原始森林等特殊地区施工增加的费用。

（8）大型机械进出场及安拆费。指机械（整体或分体）进出场（自停放场地运至施工现场或由一个施工地点运至另一个施工地点）所发生的运输及转移费用及机械在施工现场进行安装、拆卸所需的人工费、材料费、机械费、试运转费和安装所需的辅助设施的费用。

（9）脚手架工程费。指施工需要的各种脚手架搭、拆、运输费用以及脚手架购置费的摊销（或租赁）费用。

措施项目及其包含的内容详见各类专业工程的现行国家或行业计量规范。

3．其他项目费

（1）暂列金额。指建设单位在工程量清单中暂定并包括在工程合同价款中的一笔款项，用于施工合同签订时尚未确定或者不可预见的所需材料、工程设备、服务的采购，施工中可能发生的工程变更、合同约定调整因素出现时的工程价款调整以及发生的索赔、现场签证确认等的费用。

2.1 暂列金额

（2）计日工。指在施工过程中，施工企业完成建设单位提出的施工图纸以外的零星项目或工作的费用。

（3）总承包服务费。指总承包人为配合、协调建设单位进行的专业工程发包，对建设单位自行采购的材料、工程设备等进行保管以及施工现场管理、竣工资料汇总整理等服务所需的费用。

2.2 计日工

4．规费

定义同 2.1.2 节。

5．税金

定义同 2.1.2 节。

2.1.4 建筑安装工程费用计算方法

2.1.4.1 各费用构成要素计算方法

1．人工费

$$人工费 = \sum(工日消耗量 \times 日工资单价) \tag{2.1}$$

$$日工资单价 = \frac{生产工人平均月工资(计时、计件) + 平均月(奖金 + 津贴补贴 + 特殊情况下支付的工资)}{年平均每月法定工作日} \tag{2.2}$$

注意：公式（2.1）主要适用于施工企业投标报价时自主确定人工费，也是工程造价管理机构编制计价定额确定定额人工单价或发布人工成本信息的参考依据。

$$人工费 = \sum(工程工日消耗量 \times 日工资单价) \tag{2.3}$$

日工资单价是指施工企业平均技术熟练程度的生产工人在每工作日（国家法定工作日）按规定从事施工作业应得的日工资总额。

工程造价管理机构确定日工资单价应根据工程项目的技术要求，通过市场调查，参考实物工程量人工单价综合分析确定。最低日工资单价不得低于工程所在地人力资源和社会保障部门所发布的最低工资标准的倍数分别为：普工 1.3 倍，一般技工 2 倍，高级技工 3 倍。

工程计价定额不可只列一个综合工日单价,应根据工程项目技术要求和工种差别适当划分多种日人工单价,确保各分部工程人工费的合理构成。

注意:公式(2.3)适用于工程造价管理机构编制计价定额时确定定额人工费,是施工企业投标报价的参考依据。

2. 材料费

(1) 材料费。

$$材料费 = \sum(材料消耗量 \times 材料单价) \quad (2.4)$$

$$材料单价 = \{(材料原价 + 运杂费) \times [1 + 运输损耗率(\%)]\} \times [1 + 采购保管费率(\%)] \quad (2.5)$$

(2) 工程设备费。

$$工程设备费 = \sum(工程设备量 \times 工程设备单价) \quad (2.6)$$

$$工程设备单价 = (设备原价 + 运杂费) \times [1 + 采购保管费率(\%)] \quad (2.7)$$

3. 施工机具使用费

(1) 施工机械使用费。

$$施工机械使用费 = \sum(施工机械台班消耗量 \times 机械台班单价) \quad (2.8)$$

$$机械台班单价 = 台班折旧费 + 台班大修费 + 台班经常修理费 + 台班安拆费及场外运费 + 台班人工费 + 台班燃料动力费 + 台班车船税费 \quad (2.9)$$

1) 折旧费计算公式如下:

$$台班折旧费 = \frac{机械预算价格 \times (1 - 残值率)}{耐用总台班数} \quad (2.10)$$

$$耐用总台班数 = 折旧年限 \times 年工作台班 \quad (2.11)$$

2) 大修理费计算公式如下:

$$台班大修理费 = \frac{一次大修理费 \times 大修次数}{耐用总台班数} \quad (2.12)$$

注意:工程造价管理机构在确定计价定额中的施工机械使用费时,应根据《建筑施工机械台班费用计算规则》结合市场调查编制施工机械台班单价。施工企业可以参考工程造价管理机构发布的台班单价,自主确定施工机械使用费的报价,如租赁施工机械,公式如下:

$$施工机械使用费 = \sum(施工机械台班消耗量 \times 机械台班租赁单价) \quad (2.13)$$

(2) 仪器仪表使用费。

$$仪器仪表使用费 = 工程使用的仪器仪表摊销费 + 维修费 \quad (2.14)$$

【例2.1】 某施工机械预算价格为120万元,折旧年限为10年,年平均工作230个台班,残值率为4%,则该机械台班折旧费为多少元?

【解】 根据计算规则

$$台班折旧费 = \frac{机械预算价格 \times (1 - 残值率)}{耐用总台班数}$$
$$= 120 \times 10000 \times (1 - 4\%)/(10 \times 230) = 500.87(元)$$

4. 企业管理费费率

(1) 以分部分项工程费为计算基础。

$$\text{企业管理费费率}(\%) = \frac{\text{生产工人年平均管理费}}{\text{年有效施工天数} \times \text{人工单价}} \times \text{人工费占分部分项工程费比例}(\%) \quad (2.15)$$

(2)以人工费和机械费合计为计算基础。

$$\text{企业管理费费率}(\%) = \frac{\text{生产工人年平均管理费}}{\text{年有效施工天数} \times (\text{人工单价} + \text{每一工日机械使用费})} \times 100\% \quad (2.16)$$

(3)以人工费为计算基础。

$$\text{企业管理费费率}(\%) = \frac{\text{生产工人年平均管理费}}{\text{年有效施工天数} \times \text{人工单价}} \times 100\% \quad (2.17)$$

注意：上述公式适用于施工企业投标报价时自主确定管理费，是工程造价管理机构编制计价定额确定企业管理费的参考依据。

工程造价管理机构在确定计价定额中企业管理费时，应以定额人工费或(定额人工费+定额机械费)作为计算基数，其费率根据历年工程造价积累的资料，辅以调查数据确定列入分部分项工程和措施项目中。

5．利润

(1)施工企业根据企业自身需求并结合建筑市场实际自主确定，列入报价中。

(2)工程造价管理机构在确定计价定额中利润时，应以定额人工费或定额人工费与定额机械费之和作为计算基数，其费率根据历年工程造价积累的资料，并结合建筑市场实际定，以单位(单项)工程测算，利润在税前建筑安装工程费的比重可按不低于5%且不高于7%的费率计算。利润应列入分部分项工程和措施项目中。

6．规费

(1)社会保险费和住房公积金。社会保险费和住房公积金应以定额人工费为计算基础，根据工程所在地省、自治区直辖市或行业建设主管部门规定费率计算。

$$\text{社会保险费和住房公积金} = \sum(\text{工程定额人工费} \times \text{社会保险费率和住房公积金费率}) \quad (2.18)$$

式(2.18)中社会保险费率和住房公积金费率可按每万元发承包价的生产工人人工费、管理人员工资含量与工程所在地规定的缴纳标准综合分析取定。

(2)工程排污费。工程排污费等其他应列而未列入的规费应按工程所在地环境保护等部门规定的标准缴纳，按实计取列入。

7．税金

$$\text{税金} = \text{税前造价} \times \text{综合税率}(\%) \quad (2.19)$$

其中，综合税率如下：

(1)纳税地点在市区的企业。

$$\text{综合税率}(\%) = \frac{1}{1 - 3\% - (3\% \times 7\%) - (3\% \times 3\%) - (3\% \times 2\%)} = 3.48\%$$

(2)纳税地点在县城、镇的企业。

$$\text{综合税率}(\%) = \frac{1}{1 - 3\% - (3\% \times 5\%) - (3\% \times 3\%) - (3\% \times 2\%)} = 3.41\%$$

(3) 纳税地点不在市区、县城、镇的企业。

$$综合税率(\%) = \frac{1}{1-3\%-(3\%\times1\%)-(3\%\times3\%)-(3\%\times2\%)} = 3.28\%$$

(4) 实行营业税改增值税的，按纳税地点现行税率计算。

规费和税金的计价见表2.1。

表2.1　　　　　　　　　　规费、税金项目计价表

工程名称：　　　　　　　　　标段：

序号	项目名称	计算基础	计算基数	金额/元
1	规费	定额人工费		
1.1	社会保障费	定额人工费		
(1)	养老保险费	定额人工费		
(2)	失业保险费	定额人工费		
(3)	医疗保险费	定额人工费		
(4)	工伤保险费	定额人工费		
(5)	生育保险费	定额人工费		
1.2	住房公积金	定额人工费		
1.3	工程排污费	按工程所在地环境保护部门的收取标准，按实计入		
⋮	⋮	⋮		
2	税金	分部分项工程费＋措施项目费＋其他项目费＋规费－按规定不计税的工程设备金额		
合　计				

2.1.4.2　建筑安装工程计价公式

(1) 分部分项工程费。

$$分部分项工程费 = \sum(分部分项工程量 \times 综合单价) \quad (2.20)$$

式（2.20）中综合单价包括人工费、材料费、施工机具使用费、企业管理费和利润以及一定范围的风险费用（下同）。

(2) 措施项目费。

1) 国家计量规范规定应予计量的措施项目，其计算公式如下：

$$措施项目费 = \sum(措施项目工程量 \times 综合单价) \quad (2.21)$$

2) 国家计量规范规定不宜计量的措施项目计算方法如下：

a. 安全文明施工费。

$$安全文明施工费 = 计算基数 \times 安全文明施工费费率(\%) \quad (2.22)$$

计算基数应为定额基价（定额分部分项工程费＋定额中可以计量的措施项目费）、定额人工费或（定额人工费＋定额机械费），其费率由工程造价管理机构根据各专业工程的特点综合确定。

b. 夜间施工增加费。

$$夜间施工增加费 = 计算基数 \times 夜间施工增加费费率(\%) \quad (2.23)$$

c. 二次搬运费。

$$二次搬运费 = 计算基数 \times 二次搬运费费率(\%) \tag{2.24}$$

d. 冬雨期施工增加费。

$$冬雨期施工增加费 = 计算基数 \times 冬雨期施工增加费费率(\%) \tag{2.25}$$

e. 已完工程及设备保护费。

$$已完工程及设备保护费 = 计算基数 \times 已完工程及设备保护费费率(\%) \tag{2.26}$$

上述 b~e 项措施项目的计费基数应为定额人工费或（定额人工费＋定额机械费），其费率由工程造价管理机构根据各专业工程特点和调查资料综合分析后确定。

（3）其他项目费。

1）暂列金额由建设单位根据工程特点，按有关计价规定估算。施工过程中由建设单位掌握使用、扣除合同价款调整后如有余额，归建设单位。

2）计日工由建设单位和施工企业按施工过程中的签证计价。

3）总承包服务费由建设单位在招标控制价中根据总包服务范围和有关计价规定编制，施工企业投标时自主报价，施工过程中按签约合同价执行。

（4）规费和税金。建设单位和施工企业均应按照省、自治区、直辖市或行业建设主管部门发布的标准计算规费和税金，不得作为竞争性费用。

2.1.5 建筑安装工程计价程序

建设单位工程招标控制价计价程序见表 2.2，施工企业工程投标报价计价程序见表 2.3，竣工结算计价程序见表 2.4。

表 2.2　　　　　　　　建设单位工程招标控制价计价程序

工程名称：　　　　　　　　标段：

序号	内　　容	计算方法	金额/元
1	分部分项工程费	按计价规定计算	
1.1			
1.2			
1.3			
⋮			
2	措施项目费	按计价规定计算	
2.1	其中：安全文明施工费	按规定标准计算	
3	其他项目费		
3.1	其中：暂列金额	按计价规定估算	
3.2	其中：专业工程暂估价	按计价规定估算	
3.3	其中：计日工	按计价规定估算	
3.4	其中：总承包服务费	按计价规定估算	
4	规费	按规定标准计算	
5	税金（扣除不列入计税范围的工程设备金额）	(1＋2＋3＋4)×规定税率	
招标控制价合计＝1＋2＋3＋4＋5			

表 2.3　　　　　　　　　　施工企业工程投标报价计价程序

工程名称：　　　　　　　　　　　　　　标段：

序号	内　　容	计算方法	金额/元
1	分部分项工程费	自主报价	
1.1			
1.2			
1.3			
⋮			
2	措施项目费	自主报价	
2.1	其中：安全文明施工费	按规定标准计算	
3	其他项目费		
3.1	其中：暂列金额	按招标文件提供金额计列	
3.2	其中：专业工程暂估价	按招标文件提供金额计列	
3.3	其中：计日工	自主报价	
3.4	其中：总承包服务费	自主报价	
4	规费	按规定标准计算	
5	税金（扣除不列入计税范围的工程设备金额）	（1＋2＋3＋4）×规定税率	

投标报价合计＝1＋2＋3＋4＋5

表 2.4　　　　　　　　　　竣 工 结 算 计 价 程 序

工程名称：　　　　　　　　　　　　　　标段：

序号	汇总内容	计算方法	金额/元
1	分部分项工程费	按合同约定计算	
1.1			
1.2			
1.3			
⋮			
2	措施项目	按合同约定计算	
2.1	其中：安全文明施工费	按规定标准计算	
3	其他项目		
3.1	其中：专业工程结算价	按合同约定计算	
3.2	其中：计日工	按计日工签证计算	
3.3	其中：总承包服务费	按合同约定计算	
3.4	索赔与现场签证	按发承包双方确认数额计算	
4	规费	按规定标准计算	
5	税金（扣除不列入计税范围的工程设备金额）	（1＋2＋3＋4）×规定税率	

竣工结算总价合计＝1＋2＋3＋4＋5

【例 2.2】 某高层商业办公综合楼工程建筑面积为 90000m²。根据计算，建筑工程造价为 2350 元/m²，安装工程造价为 1200 元/m²，装饰装修工程造价为 1000 元/m²，其中定额人工费占分部分项工程造价的 15%。措施费以分部分项工程费为计费基础，其中安全文明施工费费率为 1.5%，其他措施费费率合计 1%。其他项目费合计 800 万元，规费费率为 8%，税率 3.41%，请计算招标控制价。

【解】 计算结果见表 2.5。

表 2.5 招标控制价计算表

序号	内容	计算方法	金额/万元
1	分部分项工程费	(1.1+1.2+1.3)	40950
1.1	建筑工程	90000×2350	21150
1.2	安装工程	90000×1200	10800
1.3	装饰装修工程	90000×1000	9000
2	措施项目费	分部分项工程费×2.5%	1023.75
2.1	其中：安全文明施工费	分部分项工程费×1.5%	614.25
3	其他项目费		800
4	规费	分部分项工程费×1.5%×8%	49.14
5	税金（扣除不列入计税范围的工程设备金额）	(1+2+3+4)×3.41%	1460.26
招标控制价合计=(1+2+3+4+5)=44283.15（万元）			

任务 2.2 设备、工器具购置费用的组成

设备、工器具购置费用是由设备购置费用和工具、器具及生产家具购置费用组成的。在工业建设工程中，设备、工器具费用与资本的有机构成相联系，设备、工器具费用占投资费用的比例大小，意味着生产技术的进步和资本有机构成的程度。

2.2.1 设备购置费的组成

设备购置费是指为建设工程购置或自制的达到固定资产标准的设备、工具、器具的费用。所谓固定资产标准，是指使用年限在一年以上，单位价值在国家或各主管部门规定的限额以上。例如，1992 年财政部规定，大、中、小型工业企业固定资产的限额标准分别为 2000 元、1500 元和 1000 元以上。新建项目和扩建项目的新建车间购置或自制的全部设备、工具、器具，不论是否达到固定资产标准，均计入设备、工器具购置费中。设备购置费包括设备原价和设备运杂费，设备原价系指国产标准设备、非标准设备的原价。设备运杂费系指设备原价中未包括的包装和包装材料费、运输费、装卸费、采购费及仓库保管费、供销部门手续费等。如果设备是由设备成套公司收取的服务费也应计入设备运杂费之中。设备购置费包括设备原价和设备运杂费，即

$$设备购置费 = 设备原价或进口设备抵岸价 + 设备运杂费 \qquad (2.27)$$

1. 国产标准设备原价

国产标准设备是指按照主管部门颁布的标准图纸和技术要求,由设备生产厂批量生产的,符合国家质量检验标准的设备。国产标准设备原价一般指的是设备制造厂的交货价,即出厂价。如设备系由设备成套公司供应,则以订货合同价为设备原价。有的设备有两种出厂价,即带有备件的出厂价和不带有备件的出厂价。在计算设备原价时,一般按带有备件的出厂价计算。

2. 国产非标准设备原价

非标准设备是指国家尚无定型标准,各设备生产厂不可能在工艺过程中采用批量生产,只能按一次订货,并根据具体的设备图纸制造的设备。非标准设备原价有多种不同计算方法,如成本计算估价法、系列设备插入估价法、分部组合估价法、定额估价法等。但无论哪种方法都应该使非标准设备计价的准确度接近实际出厂价,并且计算方法要简便。

3. 进口设备抵岸价的构成

进口设备抵岸价是指抵达买方边境港口或边境车站,且交完关税以后的价格。

进口设备的交货方式可分为内陆交货类、目的地交货类、装运港交货类。

内陆交货类即卖方在出口国内陆的某个地点完成交货任务。在交货地点,卖方及时提交合同规定的货物和有关凭证,并承担交货前的一切费用和风险;买方按时接受货物,交付货款,承担接货后的一切费用和风险,并自行办理出口手续和装运出口。货物的所有权也在交货后由卖方转移给买方。

目的地交货类即卖方要在进口国的港口或内地交货,包括目的港船上交货价、目的港船边交货价(FOS)和目的港码头交货价(关税已付)及完税后交货价(进口国目的地的指定地点)。它们的特点是:买卖双方承担的责任、费用和风险是以目的地约定交货点为分界线,只有当卖方在交货点将货物置于买方控制下方算交货,方能向买方收取货款。这类交货价对卖方来说承担的风险较大,在国际贸易中卖方一般不愿意采用这类交货方式。

装运港交货类即卖方在出口国装运港完成交货任务。主要有装运港船上交货价(FOB),惯称为离岸价;运费在内价(CFR);运费、保险费在内价(CIF),习惯称为到岸价。它们的特点主要是:数方按照约定的时间在装运港交货,只要卖方把合同规定的货物装船后提供货运单据便完成交货任务,并可凭单据收回货款。

采用装运港船上交货价(FOB)时卖方的责任是:负责在合同规定的装运港口和规定的期限内,将货物装上买方指定的船只,并及时通知买方;负责货物装船前的一切费用和风险;负责办理出口手续;提供出口国政府或有关方面签发的证件;负责提供有关装运单据。买方的责任是:负责租船或订舱,支付运费,并将船、船名通知卖方;承担货物装船后的一切费用和风险;负责办理保险及支付保险费,办理在目的港的进口和收货手续;接受买方提供的有关装运单据,并按合同规定支付货款。

2.2.2 工具、器具及生产家具购置费的组成

工器具及生产家具购置费是指新建项目或扩建项目初步设计规定所必须购置的不

够固定资产标准的设备、仪器、工卡模具、器具、生产家具和备品备件的费用。

任务 2.3 工程建设其他费用、预备费、建设期利息、铺底流动资金的组成

2.3.1 工程建设其他费用

工程建设他费用是指从工程筹建到工程竣工验收交付使用止的整个建设期间，除建筑安装工程费用和设备、工器具购置费以外的，为保证工程建设顺利完成和交付使用后能够正常发挥效用而发生的一些费用。

工程建设其他费用，按其内容大体可分三类，第一类为土地使用费，由于工程项目固定于一定地点与地面相连接，必须占用一定量的土地，也就必然要发生为获得建设用地而支付的费用；第二类是与项目建设有关的费用；第三类是与未来企业生产和经营活动有关的费用。

2.3.1.1 土地使用费

1. 农用土地征用费

农用土地征用费由土地补偿费、安置补助费、土地投资补偿费、土地管理费、耕地占用税等组成，并按被征用土地的原用途给予补偿。

征用耕地的补偿费用包括土地补偿费、安置补助费以及地上附着物和青苗的补偿费。

（1）征用耕地的土地补偿费，为该耕地被征用前三年平均年产值的 6～10 倍。

（2）征用耕地的安置补助费，按照需要安置的农业人口数计算。需要安置的农业人口数，按照被征用的耕地数量除以征地前被征用单位平均每人占有耕地的数量计算。每一个需要安置的农业人口的安置补助费标准，为该耕地被征用前三年平均年产值的 4～6 倍。但是，每公顷被征用耕地的安置补助费，最高不得超过被征用前三年平均年产值的 15 倍。

征用其他土地的土地补偿费和安置补助费标准，由各省、自治区、直辖市参照征用耕地的土地补偿费和安置补助费的标准规定。

（3）在用土地上的附着物和青苗的补偿标准，由各省、自治区、直辖市规定。

（4）征用城市郊区的菜地，用地单位应当按照国家有关规定缴纳新菜地开发建设基金。

【例 2.3】 某企业为了某一工程建设项目，需要征用耕地 100 亩，被征用前第一年平均每亩产值 1100 元，征用前第二年平均每亩产值 1000 元，征用前第三年平均每亩产值 900 元，该单位人均耕地 2 亩，地上附着物共有树木 3000 棵，按照 20 元/棵补偿，青苗补偿按照 100 元/亩计取，现试对该土地费用进行估价。

【解】 该耕地征用前三年的平均每亩产值为 (1100+1000+900)/3=1000（元）。根据国家有关规定，取被征用前三年产值的 9 倍计算土地补偿费，则有

$$土地补偿费 = 1000 \times 100 \times 9 = 90（万元）$$

取该耕地被征用前三年平均产值的 5 倍计算安置补助费，则有

需要安置的农业人口＝100/2＝50(人)
安置补助费＝1000×5×50＝25(万元)
地上附着物补偿费＝3000×20＝6(万元)
青苗补偿费＝100×100＝1(万元)
土地费用共计：90＋25＋6＋1＝122(万元)

2. 取得国有土地使用费

取得国有土地使用费包括：土地使用权出让金、城市建设配套费、拆迁补偿与临时安置补助费等。

(1) 土地使用权出让金。是指建设工程通过土地使用权出让方式，取得有限期的土地使用权，依照《中华人民共和国城镇国有土地使用权出让和转让暂行条例》规定支付的土地使用权出让金。

(2) 城市建设配套费。是指因进行城市公共设施的建设而分摊的费用。

(3) 拆迁补偿与临时安置补助费。此项费用由两部分构成，即拆迁补偿费和临时安置补助费或搬迁补助费。拆迁补偿费是指拆迁人对被拆迁人，按照有关规定予以补偿所需的费用。拆迁补偿的形式可分为产权调换和货币补偿两种。产权调换的面积按照所拆迁房屋的建筑面积计算；货币补偿的金额按被拆房屋的结构和折旧程度划档，按平方米单价计算。在过渡期内，被拆迁人或者房屋承租人自行安排住处的，拆迁人应当支付临时安置补助费。

【例 2.4】 某建设单位准备以有偿的方式取得某城区一宗土地的使用权，该宗土地占地面积 15000m^2，土地使用权出让金标准为 5000 元/m^2，该地区拆迁补偿单价为 1500 元/m^2。根据调查，目前该区域尚有平房住户 60 户，建筑面积总计 4000m^2，试对该土地费用进行估价。

【解】 土地使用权出让金＝5000×15000＝7500(万元)
拆迁补偿费用＝1500×4000＝600(万元)
该土地费用＝7500＋600＝8100(万元)

2.3.1.2 与项目建设有关的其他费用

1. 建设单位管理费

建设单位管理费是指建设工程从立项、筹建、建设、联合试运转、竣工验收交付使用及后评估等全过程管理所需的费用。内容包括：

(1) 建设单位开办费。是指新建项目为保证筹建和建设工作正常进行所需办公设备、生活家具、用具、交通工具等购置费用。

(2) 建设单位经费。包括工作人员的基本工资、工资性津贴、职工福利费、劳动保护费、劳动保险费、办公费、差旅交通费、工会经费、职工教育经费、固定资产使用费、工具用具使用费、技术图书资料费、生产人员招募费、工程招标费、合同契约公证费、工程质量监督检测费、工程咨询费、法律顾问费、审计费、业务招待费、排污费、竣工交付使用清理及竣工验收费、后评估等费用；不包括应计入设备、材料预算价格的建设单位采购及保管设备材料所需的费用。其计算公式为

建设单位管理费＝工程费用×建设单位管理费指标　　(2.28)

工程费用是指建筑安装工程费用和设备及工、器具购置费用之和。

2. 可行性研究费

可行性研究费是指在工程项目投资决策阶段，依据调研报告对有关建设方案、技术方案或生产经营方案进行的技术经济论证，以及编制、评审可行性研究报告所需的费用。此项费用应依据前期研究委托合同计列，或参照《国家计委关于印发〈建设项目前期工作咨询收费暂行规定〉的通知》规定计算。

3. 研究试验费

研究试验费是指为建设工程提供或验证设计参数、数据资料等进行必要的研究试验以及设计规定在施工中进行的试验、验证所需费用，包括自行或委托其他部门研究试验所需人工费、材料费、试验设备及仪器使用费，支付的科技成果、先进技术的一次性技术转让费。按照设计单位根据本工程项目的需要提出的研究试验内容和要求计算。

4. 勘察设计费

勘察设计费是指为建设工程提供项目建议书、可行性研究报告及设计文件等所需费用。内容包括：

（1）编制项目建议书、可行性研究报告及投资估算、工程咨询、评价以及为编制上述文件所进行勘察、设计、研究试验等所需费用。

（2）委托勘察、设计单位进行初步设计、施工图设计及概预算编制等所需费用。

（3）在规定范围内由建设单位自行完成的勘察、设计工作所需费用。

勘察设计费应按照国家颁发的工程勘察设计收费标准计算。

5. 环境影响评价费

环境影响评价费是指按照《中华人民共和国环境保护法》《中华人民共和国环境影响评价法》等规定，在工程项目投资决策过程中，为全面、详细评价本建设项目对环境可能产生的污染或造成的重大影响所需的费用，包括编制环境影响报告书（含大纲）、环境影响报告表以及对环境影响报告书（含大纲）、环境影响报告表进行评估等所需的费用。此项费用可参照《关于规范环境影响咨询收费有关问题的通知》规定计算。

6. 劳动安全卫生评价费

劳动安全卫生评价费是指按照《建设项目（工程）劳动安全卫生监察规定》和《建设项目（工程）劳动安全卫生预评价管理办法》的规定，为预测和分析建设项目存在的职业危险、危害因素的种类和危险危害程度，并提出先进、科学、合理可行的劳动安全卫生技术和管理对策所需的费用，包括编制建设项目劳动安全卫生预评价大纲和劳动安全卫生预评价报告书以及为编制上述文件所进行的工程分析和环境现状调查等所需费用。

必须进行劳动安全卫生预评价的项目包括：

（1）属于《国家计划委员会、国家基本建设委员会、财政部关于基本建设项目和大中型划分标准的规定》中规定的大中型建设项目。

（2）属于《建筑设计防火规范》（GB 50016—2014）中规定的火灾危险性生产类

别的建设项目。

(3) 属于《爆炸危险场所安全规定》中规定的爆炸危险场所等级为特别危险场所和高度危险场所的建设项目。

(4) 大量生产或使用《职业性接触毒物危害程度分级》（GBZ/T 230—2010）规定的Ⅰ级、Ⅱ级危害程度的职业性接触毒物的建设项目。

(5) 大量生产或使用石棉粉料或含有10%以上的游离二氧化硅粉料的建设项目。

(6) 其他由劳动行政部门确认的危险、危害因素大的建设项目。

劳动安全卫生评价费依据劳动安全卫生预评价委托合同计列，或按照建设项目所在省、自治区、直辖市劳动行政部门规定的标准计算。

7. 临时设施费

临时设施费是指建设期间建设单位所需临时设施的搭设、维修、摊销费用或租赁费用。

临时设施包括临时宿舍、文化福利及公用事业房屋与构筑物、仓库、办公室、加工以及规定范围内道路、水、电、管线等临时设施和小型临时设施。计算公式为

$$临时设施费 = 建筑安装工程费 \times 临时设施费标准 \qquad (2.29)$$

8. 建设工程监理费

建设工程监理费是指委托工程监理单位对工程实施监理工作所需费用。建设工程监理与相关服务收费根据建设项目性质不同情况，分别实行政府指导价或市场调节价。依法必须实行监理的建设工程施工阶段的监理收费实行政府指导价；其他建设工程施工阶段的监理收费和其他阶段的监理与相关服务收费实行市场调节价。

9. 工程保险费

工程保险费是指建设工程在建设期间根据需要，实施工程保险部分所需费用，包括以各种建筑工程及其在施工过程中的物料、机器设备为保险标的的建筑工程一切险，以安装工程中的各种机器、设备为保险标的的安装工程一切险，以及机器损坏保险等，根据不同的工程类别，分别以其建筑安装工程费乘以建筑、安装工程保险费率计算。

10. 引进技术和进口设备其他费

引进技术及进口设备其他费用包括出国人员费用、国外工程技术人员来华费用、技术引进费、分期或延期付款利息、担保费以及进口设备检验鉴定费。

(1) 出国人员费用。指为引进技术和进口设备派出人员到国外培训和进行设计联络、设备检验等的差旅费、制装费、生活费等。这项费用根据设计规定的出国培训和工作的人数、时间及派往国家，按财政部、外交部规定的临时出国人员费用开支标准及中国民用航空公司现行国际航线票价等进行计算，其中使用外汇部分应计算银行财务费用。

(2) 国外工程技术人员来华费用。指为安装进口设备，引进国外技术等聘用外国工程技术人员进行技术指导工作所发生的费用。包括技术服务费、外国技术人员的在华工资生活补贴、差旅费、医药费、住宿费、交通费、宴请费、参观游览等招待费用。这项费用按每人每月费用指标计算。

(3) 技术引进费。指为引进国外先进技术而支付的费用。包括专利费、专有技术费（技术保密费）、国外设计及技术资料费、计算机软件费等。这项费用根据合同或协议的价格计算。

(4) 分期或延期付款利息。指利用出口信贷引进技术或进口设备采取分期或延期付款的办法所支付的利息。

(5) 担保费。指国内金融机构为买方出具保函的担保费。这项费用按有关金融机构规定的担保率计算（一般按承保金的5‰计算）。

(6) 进口设备检验鉴定费用。指进口设备按规定付给商品检验部门的进口设备检验鉴定费。这项费用按进口设备货价的3‰～5‰计算。

11. 特殊设备安全监督检验费

特殊设备安全监督检验费是指安全监察部门对在施工现场组装的锅炉及压力容器、压力管道、消防设备、燃气设备、电梯等特殊设备和设施实施安全检验收取的费用。此项费用按照建设项目所在省（自治区、直辖市）安全监察部门的规定标准计算。无具体规定的，在编制投资估算和概算时可按受检设备现场安装费的比例估算。

12. 市政公用设施费

市政公用设施费是指使用市政公用设施的工程项目，按照项目所在地省级人民政府有关规定缴纳的市政公用设施建设配套费用，以及绿化工程补偿费用。此项费用按工程所在地人民政府规定的标准计列。

2.3.1.3 与未来企业生产经营有关的其他费用

1. 联合试运转费

联合试运转费是指新建企业或新增加生产工艺过程的扩建企业在竣工验收前，按照设计规定的工程质量标准进行整个车间的负荷试运转发生的费用支出大于试运转收入的亏损部分。费用内容包括：试转运所需的原料、燃料、油料和动力的费用，机械使用费用、低值易耗品及其他物品的购置费用和施工单位参加联合试运转人员的工资等。试运转收入包括试运转产品销售和其他收入，不包括应由设备安装工程费开支的单台设备调试费及无负荷联动试运转费用。以"单项工程费用"总和为基础，按照工程项目的不同规模分别规定的试运转费率计算或以试运转费的总金额包干使用。

2. 生产准备费

生产准备费是指新建企业或新增生产能力的企业，为保证竣工交付使用进行必要的生产准备所发生的费用。费用内容包括：

(1) 生产职工培训费。自行培训、委托其他单位培训人员的工资、工资性补贴、职工福利费、差旅交通费、学习资料费、学费、劳动保护费等。

(2) 生产单位提前进厂参加施工、设备安装、调试等以及熟悉工艺流程及设备性能等人员的工资、工资性补贴、职工福利费、差旅交通费、劳动保护费等。应该指出，生产准备费在实际执行中是一笔在时间上、人数上、培训深度上很难划分的活口很大的支出，尤其要严格掌握。

3. 办公和生活家具购置费

办公和生活家具购置费是指为保证新建、改建、扩建项目初期正常生产、使用和管理所必须购置的办公和生活家具、用具的费用。改、扩建项目所需的办公和生活用具购置费应低于新建项目。其范围包括办公室、会议室、资料档案室、阅览室、文娱室、食堂、浴室、理发室和单身宿舍等。这项费用按照设计定员人数乘以综合指标计算。

2.3.2 预备费

按我国现行规定，包括基本预备费和涨价预备费。

1. 基本预备费

基本预备费是指在项目实施中可能发生难以预料的支出，需要预先预留的费用，又称不可预见费，主要指设计变更及施工过程中可能增加工程量的费用。计算公式为

基本预备费=(设备及工器具购置费+建筑安装工程费+工程建设其他费)×基本预备费率

(2.30)

2. 涨价预备费

涨价预备费是指建设工程在建设期内由于价格等变化引起投资增加，需要事先预留的费用。涨价预备费以建筑安装工程费、设备及工器具购置费之和为计算基数。计算公式为

$$PC = \sum_{t=1}^{n} I_t [(1+f)^t - 1] \tag{2.31}$$

式中　PC——涨价预备费；

　　　I_t——第 t 年的建筑安装工程费、设备及工器具购置费之和；

　　　n——建设期；

　　　f——建设期价格上涨指数。

2.3.3 建设期利息

建设期利息是指项目借款在建设期内发生并计入固定资产的利息。为了简化计算，在制投资估算时通常假定借款均在每年的年中支用，借款第一年按半年计息，其余各年份按全年计息。计算公式为

各年应计利息=(年初借款本息累计+本年借款额/2)×年利率　　(2.32)

【例 2.5】 某新建项目，建设期为 3 年，共向银行贷款 1500 万元，贷款时间为：第一年 500 万元，第二年 700 万元，第三年 300 万元。年利率为 6%，计算建设期利息。

【解】 在建设期，各年利息计算如下：

$$第一年应计利息 = \frac{1}{2} \times 500 \times 6\% = 15(万元)$$

$$第二年应计利息 = \left(500 + 15 + \frac{1}{2} \times 700\right) \times 6\% = 51.9(万元)$$

$$第三年应计利息 = \left(500 + 15 + 700 + 51.9 + \frac{1}{2} \times 300\right) \times 6\% = 85.014(万元)$$

建设期利息总和为 151.914 万元。

2.3.4 铺底流动资金

铺底流动资金是指生产性建设工程为保证生产和经营正常进行，按规定应列入建

设工程总投资的资金。一般按流动资金的30%计算。

【例2.6】 某建设工程在建设期初的建安工程费和设备工器具购置费为50000万元。按本项目实施进度计划，项目建设期为3年，投资分年使用比例为：第一年25%，第二年45%，第三年30%，建设期内预计年平均价格总水平上涨率为5%。建设期贷款利息为1500万元，建设工程其他费用为4000万元，基本预备费率为10%。试估算该项目的建设投资。

【解】（1）计算项目的涨价预备费。

第一年年末的涨价预备费＝$50000×25\%×[(1+0.05)^1-1]=625$（万元）
第二年年末的涨价预备费＝$50000×45\%×[(1+0.05)^2-1]=2306.25$（万元）
第三年年末的涨价预备费＝$50000×30\%×[(1+0.05)^3-1]=2364.375$（万元）
该项目建设期的涨价预备费＝625＋2306.25＋2364.375＝5295.625（万元）

（2）计算项目的建设投资。

建设投资＝静态投资＋建设期贷款利息＋涨价预备费
＝$(50000+4000)×(1+10\%)+1500+5295.625=66195.625$（万元）

【巩固与提高】

模块2 ①
巩固与提高练习题参考答案

一、单选题

1. 建安工程企业管理费中的检验试验费是用于（　　）试验的费用。
   A. 一般材料　　　B. 构件破坏性　　　C. 新材料　　　D. 新构件
2. 下列费用中，属于建筑安装工程费中检验试验费的是（　　）。
   A. 对构件进行一般鉴定、检查所发生的费用
   B. 新材料的试验费
   C. 建设单位委托检测机构进行检验的费用
   D. 对构件进行破坏性试验的费用
3. 施工企业购买施工现场用安全帽的费用应从（　　）列支。
   A. 人工费用　　　B. 材料费用　　　C. 资产使用费　　　D. 管理费用
4. 下列费用中，属于建安工程措施费的是（　　）。
   A. 工程排污费　　　　　　　　　B. 构成工程实体的材料费
   C. 二次搬运费　　　　　　　　　D. 施工现场管理人员的工资

二、多选题

1. 下列费用中，属于建设安装工程人工费的有（　　）。
   A. 生产工人的技能培训费用　　　B. 生产工人的流动施工津贴
   C. 生产工人的增收节支奖金　　　D. 项目管理人员的计时工资
   E. 生产工人在法定节假日的加班工资
2. 建筑安装工程费中的人工费包括（　　）。
   A. 加班加点工资　B. 高空津贴　　C. 失业保险费　　D. 职工福利费
   E. 防暑降温费
3. 下列费用中，属于建筑安装工程费用施工机械使用费的有（　　）。

A. 机械折旧费 B. 机械大修理费
C. 机械经常修理费 D. 大型机械进出场及安拆费
E. 机械操作人员工资

4. 下列费用中，属于建筑安装工程企业管理费的有（   ）。

A. 施工企业集体福利费

B. 施工现场防暑降温费用

C. 施工现场对构件进行常规破坏性试验费用

D. 混凝土坍落度测试费用

E. 安拆及场外运费

5. 根据《建筑安装工程费用项目组成》（建标〔2013〕44号），下列费用中属于规费的有（   ）。

A. 工程排污费　　B. 安全施工费　　C. 环境保护费　　D. 住房公积金

E. 劳动保护费

6. 根据《建筑安装工程费用项目组成》（建标〔2013〕44号），以定额人工费为计费基础的规费有（   ）。

A. 养老保险费　　B. 医疗保险费　　C. 工伤保险费　　D. 工程排污费

E. 住房公积金

7. 根据《建设工程工程量清单计价规范》（GB 50500—2013），安全文明施工费包括（   ）。

A. 环境保护费　　B. 临时设施费　　C. 施工降水费　　D. 二次搬运费

E. 冬雨季施工增加费

8. 根据《建筑安装工程费用项目组成》（建标〔2013〕44号）的规定，建筑安装工程措施费包括（   ）。

A. 建筑材料一般鉴定检查费 B. 施工机械经常修理费
C. 临时设施费 D. 环境保护费
E. 工程定位复测费

模块 3　建设工程投资控制基础知识

【学习目标】

知识目标：掌握绘制现金流量图的方法；掌握资金时间价值计算的方法；掌握资金等值计算的方法；理解建设项目财务评价程序；了解建设项目财务评价报表；掌握建设项目财务评价指标判别；掌握不确定性分析方法；掌握互斥方案比选方法。

能力目标：能够正确绘制现金流量图；能够正确进行资金时间价值的等值计算；能够编制财务评价报表；能够利用评价指标进行财务评价；能够进行不确定性分析及互斥方案比选。

【案例引入】

某项目建设期为 3 年，生产期为 10 年。项目建设投资（含工程费、其他费用、预备费用）4000 万元，预计全部形成固定资产。固定资产折旧年限为 10 年，按平均年限法计算折旧，残值率为 4%。在项目生产期末回收固定资产残值。

建设期第一年投入建设资金的 60%，第二年投入 40%，其中每年投资的 60% 为自有资金，40% 由银行贷款，贷款年利率为 7%，建设期只计息不还款。生产期第一年投入流动资金 370 万元，全部为自有资金。流动资金在计算期末全部回收。

建设单位与银行约定：从生产期开始的 6 年间，按照每年等额本金偿还法进行偿还，同时偿还当年发生的利息。

预计生产期各年的经营成本均为 2600 万元，销售收入在计算期第三年为 4500 万元，第四年为 5120 万元，第五至十年均为 5980 万元。假定销售税金及附加的税率为 6%，所得税率为 25%，行业基准投资回收期（P_c）为 8 年。

请您思考：

(1) 计算期第二年年末的累计借款是多少？
(2) 编制项目还本付息表。
(3) 计算固定资产残值及各年固定资产折旧额。
(4) 编制项目现金流量表。
(5) 计算投资回收期，并评价本项目是否可行。

我们在本模块建设工程投资控制基础中将要讲述与投资控制有关的上述基础知识。

任务 3.1　资金等值计算

3.1.1　资金时间价值的含义

资金时间价值是指资金在生产和流通过程中随着时间推移而产生的增值。假如你有 10 万元钱存入银行 1 年，存入时银行一年定期存款利率为 2.0%，则一年期满银行将付给你 102000 元，比 10 万元多出的 2000 元即为 10 万元钱经过 1 年的时间价值。

但如果你把 10 万元钱放在家中，则不会产生增值，即没有产生时间价值。因此资金的时间价值产生的条件是将资金投入生产或流通领域。

资金一旦投入生产和流通领域，对于消费者或出资者来说，就不能用于近期的消费，因此资金的时间价值可以看做使用稀缺资源——资金的一种机会成本，是放弃近期消费所得的补偿。在工程经济分析时，不仅要着眼于方案资金量的大小（资金收入和支出的多少），而且要考虑资金发生的时点，还常常会遇到：早投资还是晚投资、集中投资还是分期投资、早投产还是晚投产、一次投产还是分期投产等问题，这些问题都存在时间因素的不可比现象，要正确评价工程项目技术方案的经济效果，就必须研究资金的时间价值及其计算。

3.1.2 资金时间价值的计算

3.1.2.1 资金时间价值的衡量尺度

衡量资金时间价值的尺度有两种：一是绝对尺度，即利息、盈利或收益；二是相对尺度，即利率、盈利率或收益率。资金时间价值一般用利息和利率来衡量。通常用利息作为衡量资金时间价值的绝对尺度，用利率作为衡量资金时间价值的相对尺度。

1. 利息

利息是借贷资本的增值额或使用借贷资本的代价，即在借贷过程中，债务人支付给债权人的超过原借款本金的部分。用公式表示为

$$I = F - P \tag{3.1}$$

式中 I——利息；
F——还本付息总额；
P——本金。

在工程经济分析中，利息常常被看做是资金的一种机会成本。这是因为如果一笔资金投入到某一工程项目中，就相当于失去了存入银行从而产生利息的机会，也就是说，使用一笔资金就需要付出一定的代价。当然，将资金投资于项目中就是为了获得比银行利息更多的收益。从投资者的角度来看，利息体现为对放弃现期消费的损失所做的必要经济补偿。比如资金一旦被用于投资，就不能被用于现期消费，而牺牲现期消费又是为了能在将来进行更多的消费。所以，利息就成了投资分析中用来平衡现在与未来的杠杆，投资这个概念本身就包含着现在和未来两方面的含义。事实上，投资就是为了在未来获得更大的回收而对目前的资金进行某种安排，很显然，未来的回收应当超过现在的投资，正是这种预期的价值增长才能刺激人们从事投资活动。因此，在工程经济学中，利息是指占用资金所付出的代价或者是放弃使用资金所得到的补偿。

2. 利率

利率是在单位时间内所得利息与原借贷金额之比，通常用百分数表示。即利率可以表示为

$$i = \frac{I}{P} \times 100\% \tag{3.2}$$

式中 i——利率；

I——单位时间内的利息；

P——本金。

用于表示计算利息的时间单位称为计息周期，计息周期 t 通常为年、半年、季、月、周或天。

【例 3.1】 某人年初借入 10000 元，一年后应付利息 420 元，试求这笔借款的年利率。

【解】 利用公式（3.2）可得

$$i=\frac{I}{P}\times 100\%=\frac{420}{10000}\times 100\%=4.2\%$$

在经济学中，利率的定义是从利息的定义衍生出来的。在理论上先承认了利息再以利息来解释利率。但在实际计算中，正好相反，常根据利率计算利息。利息大小用利率来表示。利率由国家根据不同时期的社会经济情况有计划地进行调整，是国家有计划地发展国民经济、协调各部门经济的有效杠杆之一。利率的高低由以下因素决定：

（1）利率的高低首先取决于社会平均利润的高低，并随之变动。通常情况下，平均利润率是利率的最高界限。因为如果利率高于平均利润率，借款者就会因无利可图而不去借款。

（2）在平均利润率不变的情况下，利率的高低取决于金融市场上借款资本的供求情况。借款资本供过于求，利率便下降；反之，供不应求，利率便会提高。

（3）借出资本要承担一定的风险，而风险的大小也影响利率的高低。风险越大，借出方要求的利率也就越高。

（4）借出资本的期限长短对利率也有重大影响。贷款期限长，不可预见因素多，风险大，利率也就高；反之，贷款期限短，不可预见因素少，风险小，利率也就低。

3.1.2.2 资金时间价值的基本计算方法

资金时间价值的基本计算方法有两种，单利法和复利法。

1. 单利法

单利法是指每期利息的计算都是以本金作为基数进行的，本金产生的利息不累加到本金中，即利息不再计算利息。因此，本金每期产生的利息是固定不变的，其多个计息周期的总利息与利息的计息期数成正比。其相关计算公式为：

3.2
单利

n 个计息周期后的利息为

$$I=P\cdot n\cdot i \tag{3.3}$$

n 个计息周期后的本利和为

$$F=p+I=P(1+i\cdot n) \tag{3.4}$$

式中　i——利率；

n——计息期数；

P——本金；

I——利息；

F——本利和，即本金与利息之和。

【例 3.2】 某人在银行存款 10000 元，存期 3 年，银行 3 年期存款年利率为 4.0%，问 3 年后他可从银行支取的利息为多少元？

【解】 银行存款均按单利计算，见表 3.1。

表 3.1　　　　　　　　　银行存款单利计算表　　　　　　　　　单位：元

存期/年	年初款额	年末利息	年末本利和	年末支取利息
1	10000	10000×4.0%=400	10000+400=10400	0
2	10400	10000×4.0%=400	10400+400=10800	0
3	10800	10000×4.0%=400	10800+400=11200	1200

由上例可知，单利的年利息额仅由本金产生，其新产生的利息不计入本金产生利息。这不符合客观的经济发展规律，没有反映每期所得利息再进入社会再生产过程从而实现增值的可能性，也没有完全反映资金的时间价值。所以单利法在应用上存在着局限性，在工程经济分析中单利使用较少，通常仅限于短期投资及期限不超过一年的借款项目。

2. 复利法

复利法是指在一个计息周期内本金所产生的利息加入本金后作为下一个计息周期的本金再计算下期利息，直至计算周期末的一种计息方法。由于复利法不仅对本金计算利息，也对利息计算利息，即息生息、利滚利，因此，每个计息期的利息额都是不断改变的。

根据复利法计算原理，利息的计算公式为

$$F = P(1+i)^n \tag{3.5}$$
$$I = F - P = P[(1+i)^n - 1] \tag{3.6}$$

3.3 复利

【例 3.3】 某人向银行贷款 10000 元，银行贷款年利率 4.0%，以复利计算，问 3 年后他应支付的利息为多少？

【解】 银行贷款均按复利计算，见表 3.2。

表 3.2　　　　　　　　　银行存款复利计算表　　　　　　　　　单位：元

年份	年初本金	年末利息	年末本利和	年末偿还利息
第 1 年	10000	10000×4.0%=400	10000+400=10400	0
第 2 年	10400	10400×4%=416	10400+416=10816	0
第 3 年	10816	10816×4%=432.64	10816+432.64=11248.64	1248.64

由［例 3.2］和［例 3.3］可以看出，数额相同的一笔资金，在年利率和计息期数均相同的情况下，用复利计算出的利息金额数比用单利计算出的利息金额数大。如果本金越大、利率越高、计息期数越多，两者差距就越大。复利计息比较符合资金在社会再生产过程中资金运动的实际状况，因此，在工程经济分析中，一般采用复利计算。

3.4 名义利率和实际利率

3.1.2.3 名义利率和实际利率

利率周期通常是按年计算的。但在实际工作中，利率周期与计息周期可能会不完全相同，计算复利的次数有时会多于计息期数，也就是说，计算复利时，有时是一年计息一次，有时是半年计息一次，或每季度、每月计算一次。在伦敦、纽约、巴黎等的金融市场上，短期利率通常以日计算。也就是说，计算周期可以是年、半年、季、月、周、日等。由于复利计算次数与计息期数不同，就会使计算得出的利息数额产生差异。因此，当计息周期小于一年时就出现了名义利率和实际利率。

一般来说，金融机构习惯以年为期限表示利率，即公布的利率都是年利率。因此，如不特别指出是月利率或季利率，则都应认为是年利率。

1. 名义利率

名义利率是不考虑年内复利效果的利率，即为计息周期的利率 i 与一年的计息次数 m 的乘积所得利率。表达式为

$$r = i \times m \tag{3.7}$$

例如："年利率为 12%，每月计息一次"，即计息周期为月，那么 12% 就是名义利率，而月利率为 1%。

金融机构公布的年利率即为名义利率。

2. 实际利率

实际利率，又称有效利率，是考虑复利效果的利率，把不同于年为计息周期的利率采用复利的计算方法换成以年为计息周期的利率，计算所得利率即为实际利率。

根据利率的概念，即可推导出实际利率的计算式。

设名义利率为 r，一个利率周期内计息 m 次，由式（3.7）可得一个计息周期的利率为

$$i = \frac{r}{m} \tag{3.8}$$

则一年后本利和即为 $F = P\left(1 + \frac{r}{m}\right)^m$

其利息 I 为 $I = F - P = P\left(1 + \frac{r}{m}\right)^m - P$

实际年利率是一年的利息额与本金之比，因此年实际利率为

$$i = \frac{I}{P} = \frac{P\left(1 + \frac{r}{m}\right)^m - P}{P} = \left(1 + \frac{r}{m}\right)^m - 1 \tag{3.9}$$

在复利计算中，对于名义利率有两种处理方法：一是将名义利率换算成实际利率，以年为计算周期进行复利计算；二是用名义利率计算出计算周期利率，将计息周期利率直接代入复利公式，复利次数更改为 $n \times m$。

【例 3.4】 有 3 家银行可以为某企业提供贷款。甲银行年利率为 8.7%，按月计息；乙银行年利率为 8.9%，按半年计息；丙银行年利率为 9.0%，按年计息。试问：该企业应选择向哪家银行申请贷款？

【解】 这家企业应该向具有较低年实际利率的银行申请贷款。

分别计算甲、乙、丙3家银行的实际利率：

甲银行：$i_甲 = \left(1+\dfrac{r}{m}\right)^m - 1 = \left(1+\dfrac{0.087}{12}\right)^{12} - 1 = 9.06\%$

乙银行：$i_乙 = \left(1+\dfrac{r}{m}\right)^m - 1 = \left(1+\dfrac{0.089}{2}\right)^2 - 1 = 9.10\%$

丙银行：计息周期为1年，所以实际利率为9.0%

由于$i_丙 < i_甲 < i_乙$，所以该企业应选择向丙银行申请贷款。

通过上述分析和计算，可以得出名义利率和实际利率存在以下关系：

(1) 当计息周期为一年时名义利率与实际利率相等，计息周期短于一年时，实际利率大于名义利率。

(2) 名义利率不能完全地反映资金的时间价值，实际利率才能真实反映资金的时间价值。

(3) 实际计息周期越短，实际利率与名义利率的差值就越大。

在进行技术经济分析时，每年计算利息次数不同的名义利率，相互之间没有可比性，应首先将它们转化为年实际利率后再进行比较，否则会得出不正确的结论。实际利率代表了所获得的实际收益，因而可以用它来比较不同名义利率的收益。

3.1.2.4 资金时间价值的影响因素

(1) 资金数量的大小。在其他条件不变的情况下，资金数量越大，资金的时间价值就越大；反之，资金的时间价值则越小。例如，如果银行一年期存款年利率为2.0%，那么将10000元存入银行，一年后的价值为10200元；20000元存入银行，一年后的价值为20400元。显然，20000元的时间价值比10000元的时间价值大。

(2) 利率（或收益率）的大小。一般来讲，在其他条件不变的情况下，利率越大，资金时间价值越大；利率越小，资金时间价值越小。当然利率越大，一般风险也越大。例如，如果银行存款年利率为2.0%时，将10000元存入银行，一年的时间价值是200元；如果银行存款年利率为5.0%，将10000元存入银行，一年的时间价值是500元。显然，银行存款年利率为5.0%时的时间价值比存款年利率为2.0%时的时间价值大。

(3) 资金的使用时间。在单位时间的资金增值率一定的条件下，资金使用时间越长，则资金的时间价值就越大；使用时间越短，则资金的时间价值就越小。

(4) 资金周转的速度。资金周转越快，在一定的时间内等量资金的时间价值越大；反之，资金的时间价值就越小。

(5) 资金投入和回收的特点。投入特点：在总资金一定的前提下，前期投入资金越多，则资金的负效益就越大；反之，后期投入的资金越多，资金的负效益越小。回收特点：在资金回收额一定的前提下，离现在越近的时间回收的资金越多，资金的时间价值就越多；反之，离现在越远的时间回收的资金越多，资金的时间价值就越少。因此，应合理分配建设项目各年投资额，在不影响项目正常实施的前提下，尽量减少建设初期投资额，加大建设后期投资比重；同时，应使建设项目早日投产，早日达到设计生产能力，早获收益，多获收益，才能达到最佳经济效益。

总之，资金的时间价值是客观存在的，投资经营的一项基本原则就是充分利用资金的时间价值并最大限度地获得其时间价值，这就要加速资金周转，早期回收资金，并不断进行高利润的投资活动；而任何积压资金或闲置资金不用，就是白白地损失资金的时间价值。

3.1.3 绘制现金流量图

为了正确进行经济核算，必须考虑资金的时间价值。为此，在工程的建设期（包括投产期）和生产期的各个阶段，都要知道资金的数量和运用这些资金的具体时间。

3.5 现金流量

工程项目建设和生产运营的目的是投入资本、劳务和技术等生产要素，向社会提供有用的物品或服务。工程经济分析的任务就是根据所考察系统的预期目标和所拥有的资源条件，分析该系统的现金流量情况，对工程项目进行经济评估，或选择合适的技术方案，以获得最佳的经济效果。这就需要用货币量化项目的投入和产出，通过分析比较投入产出的经济价值来判断工程项目的效益。因此，分析工程项目收入和产出的经济价值是工程经济分析最重要的基础工作，也是正确计算工程项目经济效果评价指标的前提。

3.1.3.1 现金流量的含义

在经济活动中，任何方案和工程项目的实现过程总要伴随着现金的流入与流出。现金流量是指拟建项目在整个项目计算期内各个时点上实际发生的以现金或现金等价物表现的资金流入和资金流出的总称。某一时点上流出系统的资金称之为现金流出，用符号 $(CO)_t$ 表示；如建设投资、流动资金、经营成本、销售税金及附加等。某一时点上流入系统的资金称之为现金流入，用符号 $(CI)_t$ 表示；主要包括营业收入、回收固定资产余值、回收流动资金及其他现金流入等。同一时点上的现金流入和现金流出之差，称为净现金流量，用符号 $(CI-CO)_t$ 表示。

现金流量是以项目方案作为一个独立系统，反映项目在整个计算期内的实际收入或实际支出的现金活动。项目计算期也称项目寿命期，是指对拟建项目进行现金流量分析时应确定的项目的服务年限。一般分为四个期间（阶段）：建设期、投产期、达产期和回收处理期。建设期是指项目从开始施工到建成投产所需的时间；投产期是指项目投产开始到项目达到设计生产能力的时间；达产期是指项目达到设计生产能力后持续发挥生产能力的时间；回收处理期是指项目完成预计的寿命周期后停产并进行善后处理的时间。

3.1.3.2 现金流量表和现金流量图

在项目寿命期内，各种现金流入和现金流出的数额和发生的时点不尽相同。为了便于分析，通常采用表格和图的形式表示特定系统在一段时间内发生的现金流量。

1. 现金流量表

现金流量表是指能够直接、清楚地反映出项目在整个计算期内各年现金流量（资金收支）情况的一种表格。现金流量表是评价项目投资方案经济效果的主要依据，利用它可以进行现金流量分析，计算各项静态和动态评价指标。现金流量表的一般形式见表 3.3。

表3.3 现金流量表 单位：万元

序号	项目	建设期/年		投产期/年		达到生产能力生产期/年				合计
		1	2	3	4	5	6	...	n	
1	现金流入									
1.1	产品销售（营业收入）									
1.2	回收固定资产余值									
1.3	回收流动资金									
2	现金流出									
2.1	固定资产投资（含投资方向调节税）									
2.2	流动资金									
2.3	经营成本									
2.4	销售税金及附加									
2.5	所得税									
3	净现金流量（1－2）									
4	累计净现金流量									
5	所得税前净现金流量（3＋2.5）									
6	所得税前累计净现金流量									

从表3.3中可以看出，现金流量表中的第二列是现金流量的项目，其安排按现金流入、现金流出、净现金流量等的顺序进行；第三列后为按项目计算期的各个时点发生的现金流量。在整个现金流量表中，既包含现金流量各个项目的基础数据，又包含计算的结果；既可纵向看各年的现金流动情况，又可横向看各个项目的发展变化，直观方便，综合性强。根据现金流量表中的净现金流量，我们可直接计算净现值、静态投资回收期、动态投资回收期等主要的经济评价指标，非常直观、清晰。现金流量表是实际经济操作中常用的分析工具。

2. 现金流量图

现金流量图就是一种反映经济系统资金运动状态的图式，即把项目经济系统的现金流量绘入一时间坐标图中，表示出各现金流入、现金流出与相应时点的对应关系。

现金流量图包括资金大小、流向、时间点三大要素。其中，资金大小表示资金数额，用箭线的相对长短表示；流向表示项目的现金流入或流出，用箭线的方向表示；时间点表示现金流入或流出所发生的时间，用箭线与时间轴的交点表示，示例如图3.1所示。

现以图3.1为例说明现金流量图的作图方法和规则。

（1）以横轴为时间轴，向右延伸表示时间的延伸，时间轴等分成若干间隔，每一间隔代表一个时间单位，可取年、半年、季度或月等。箭线与时间轴的交点即为现金流量发生的时点。时间序列中某一期的期末正好是下一期的期初。零时点表示时间序列的起点，是计算为"现值"的时点。

（2）垂直于时间坐标的箭线代表不同时点的现金流量的大小和方向。一般规定：

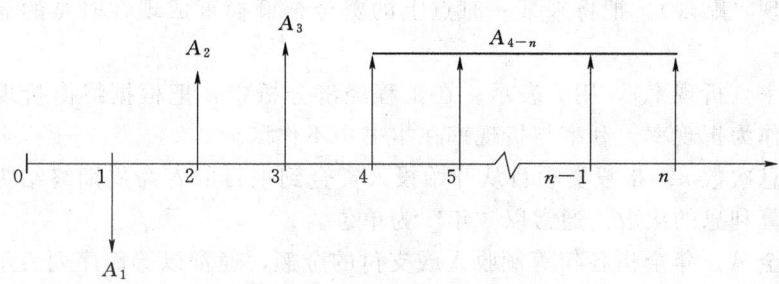

图 3.1 现金流量图

箭头向上的箭线表示现金流入,即表示收益;箭头向下的箭线表示现金流出,即表示费用或损失。

(3) 现金流量的方向(流入与流出)是对特定的系统而言的。贷款方的流入就是借款方的流出;反之亦然。通常工程项目现金流量的方向是针对资金使用者的系统而言的。

(4) 在现金流量图中,箭线的相对长短表示现金流量数值的大小。箭线长短与现金流量数值大小本应成比例,但由于经济系统中各时点现金流量的数额常常相差非常悬殊而无法严格按比例绘制,故在现金流量图的绘制中,箭线长短只是示意性地体现了各时点现金流量数额多少的差异,并在各箭线的箭头位置标明其现金流量的数值。

由此可知,要正确绘制现金流量图,必须把握好现金流量的三要素,即现金流量的大小(现金流量的数额)、方向(现金流入或流出)和作用点(现金流入或流出的发生时点)。

3.1.4 资金等值计算

3.1.4.1 资金等值

3.6 资金等值计算

由前述已知,资金具有时间价值。即因相同的金额发生的时点不同,其价值会不相同;反之,绝对值不等的资金发生在不同时点时,在时间价值的作用下则可能具有相等的价值。

资金等值是指与发生在某一时间点上的资金金额在发生在另一时间点上的资金金额具有相等的实际经济价值。例如,2018 年 1 月 1 日将 10000 元钱存入银行,年利率为 1.9%,一年后的 2019 年 1 月 1 日可取出 10190 元。由此可知,一年后的 10190 元与现在的 10000 元钱是等值的。

在工程经济分析中,资金等值是一个十分重要的概念,利用资金等值的概念,可以把在不同时点发生的资金金额折算成同一时点的资金金额,可以方便进行比较。

在资金等值计算中涉及以下几个重要概念:

(1) 现值,又称初值,用 P 表示。即在资金运动结束时把将来一定时间收支的资金金额折算成计息周期开始时的数额。如上述的 2018 年 1 月 1 日时存入银行的 10000 元即为现值。

(2) 终值,用 F 表示。即与现值相等的将来某一时点上的资金金额。如上述的 2019 年 1 月 1 日可从银行取出的 10190 元即为终值。

(3) 折现（贴现）。把将来某一时点上的资金金额换算成现在时点的等值金额的过程。

(4) 利率（折现率），用 i 表示。在工程经济分析中，把根据终值折现为现值所使用的利率作为折现率。利率与折现率在本书中不作区分。

(5) 计息次数 n。指投资项目从开始投入资金到项目的寿命周期终结为止的整个期限内，计算利息的次数。通常以"年"为单位。

(6) 年金 A。年金指各年等额收入或支付的金额，通常以等额序列表示，即在某一特定时间序列期内每隔相同时间收支的等额款项。

3.1.4.2 资金等值计算公式

依据资金时间等值原理，把在一个（或一系列）时间点上发生的资金金额转换成另一个（或一系列）时间点上的等值的资金金额，这样的一个转换过程称为资金的等值计算。

在工程经济分析中，为了正确地计算和评价投资项目的经济效益，必须计算项目整个寿命期内各个时期发生的现金流量的真实价值。但由于资金存在时间价值，因此在项目的整个寿命期内的不同时期发生的现金流量是不能直接相加的。在工程经济分析中，方案比选就是通过资金等值计算来进行分析、评价和选定。

根据支付方式和等值换算点的不同，资金等值计算公式可分为 4 类：一次支付类型、等额支付类型、等差支付类型和等比支付类型。常用的资金等值计算方法主要有一次支付类型和等额支付类型。分别介绍如下：

1. 一次支付类型

一次支付又称整存整付，是指所分析系统的现金流量无论是现金流入或是现金流出，分别在某时点上只发生一次，这种支付形式是复利计算的基本形式。它包括一次支付终值公式和一次支付现值公式两个计算公式。

(1) 一次支付终值公式（已知 P、i、n，求 F）。一次支付终值公式，其经济含义是期初发生的一笔资金 P，计息周期利率为 i，经过 n 次计息后的价值是多少。其现金流量图如图 3.2 所示。

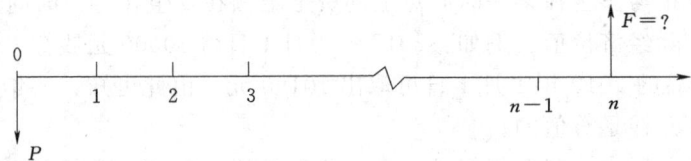

图 3.2 一次支付终值现金流量图

一次支付终值公式相当于复利计算中本利和的计算公式。即计算公式为

$$F = P(1+i)^n \tag{3.10}$$

其中 $(1+i)^n$ 又被称为一次支付终值系数，用符号 $(F/P, i, n)$ 表示，一次支付终值系数可查复利系数表求得。式（3.10）也可以表达为

$$F = P(F/P, i, n) \tag{3.11}$$

【例 3.5】 某建筑公司进行技术改造，2016 年年初向某银行贷款 100 万元，年利

率为10%,2019年年末一次性偿还,问该建筑公司共需要向银行还款多少万元?

【解】 根据题意画出现金流量图,如图3.3所示。

按一次终值计算公式得

$$F=P(F/P,i,n)=100(F/P,10\%,4)=100\times1.464=146.4(万元)$$

(2) 一次支付现值的计算(已知 F、i、n,求 P)。该公式是一次支付终值公式的逆运算。由式(3.10)可直接导出,其现金流量图如图3.4所示。

一次支付现值公式为

$$P=F\frac{1}{(1+i)^n}=F(1+i)^{-n} \quad (3.12)$$

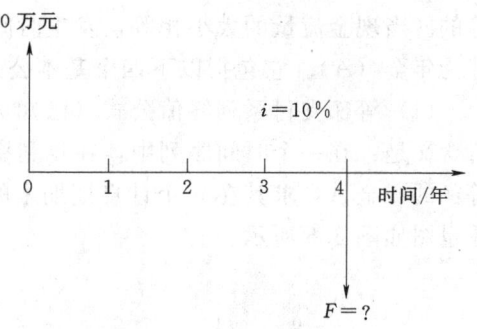

图 3.3 现金流量图

3.9

一次支付现值公式

式中 $(1+i)^{-n}$ 称为一次支付现值系数,或称贴现系数,用符号 $(P/F,i,$

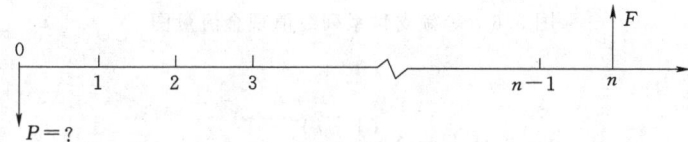

图 3.4 一次支付现值现金流量图

$n)$ 表示,一次支付现值系数值可查复利系数表求得。式(3.12)也可以表达为

$$P=F(P/F,i,n) \quad (3.13)$$

其含义是 n 年后的一笔资金 F,折算成现在的价值。在经济分析中,一般是将未来值折现到初期。

【例 3.6】 某投资项目预计 5 年后可获得收益 600 万元,按年利率 10% 计算,问现在应投入多少万元?

【解】 根据题意画出现金流量图,如图3.5所示。

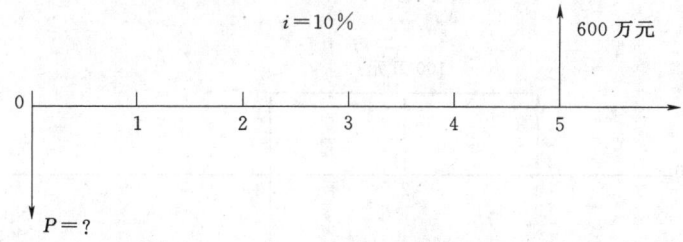

图 3.5 [例 3.6] 现金流量图

按用一次支付现值系数表达公式(3.13)可得

$$P=F(P/F,i,n)=600\times(P/F,10\%,5)=600\times0.5645=338.7(万元)$$

从上面计算可知，一次支付现值与一次支付终值的概念和计算方法正好相反，现值系数与终值系数是互为倒数。

2. 等额支付类型

等额支付系列是多次收付形式的一种。多次收付是指现金流量不是集中在一个时点上发生，而是发生在多个时点上。现金流量的数额大小可以是不等的，也可以是相等的。当现金流量的大小相等，发生时间连续时，就称为等额支付系列，其现金流量即为年金（A）。它包括以下四个基本公式：

(1) 等额支付系列终值公式（已知 A、i、n，求 F）。等额支付的终值公式的经济含义是：在一个时间序列中，在年利率为 i 的情况下连续每个计息期期末支付一笔等额的资金 A，求其在 n 个计息期期末的本利和 F。即已知 A、i、n，求 F。其现金流量图如图 3.6 所示。

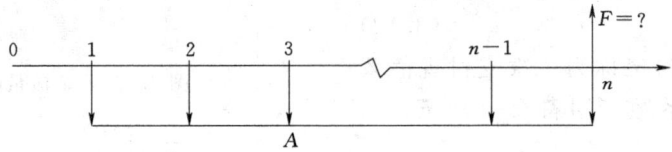

图 3.6 等额支付系列终值现金流量图

其计算公式为

$$F = A \frac{(1+i)^n - 1}{i} \tag{3.14}$$

式 (3.14) 中 $\frac{(1+i)^n - 1}{i}$ 称为等额支付的终值系数，用符号 $(F/A, i, n)$ 表示，其数值可从复利系数表中查得。式 (3.14) 也可以表达为

$$F = A(F/A, i, n) \tag{3.15}$$

【例 3.7】 建筑公司在建设某工程项目时，由于自有资金紧张，在 3 年内每年年末需向银行借款 100 万元，以保证项目的顺利完工，第 3 年年末项目建成投产时一次偿还，借款利率为 8%。问该公司在第 3 年年末应向银行偿还多少万元？

【解】 根据题意可知，这是等额支付终值计算问题，其现金流量图如图 3.7 所示。

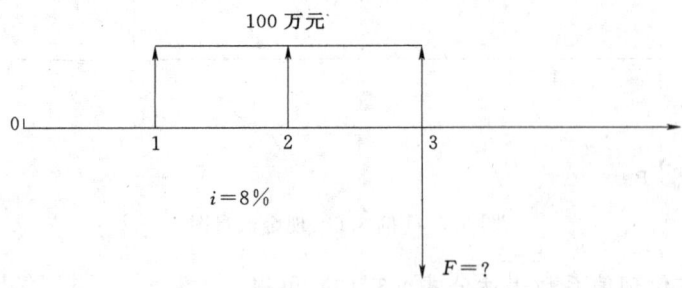

图 3.7 [例 3.7] 现金流量图

根据式（3.14）可得

$$F = A\frac{(1+i)^n - 1}{i} = 100 \times \frac{(1+8\%)^3 - 1}{8\%} = 324.64(万元)$$

查复利系数表得等额支付的终值系数，依据等额支付终值系数表达的等额支付终值公式来计算：

$$F = A(F/A, i, n) = 100 \times (F/A, 8\%, 3) = 100 \times 3.2464 = 324.64(万元)$$

应用此公式时必须注意：普通年金收付的时点是在每个计息期期末，是等额的，每期间隔为1个计息期，第1次收付发生在第1期期末，最后一次收付发在最后1个收付期期末，终值与最后一次收付发生在同一时点。

(2) 等额支付系列偿债基金公式（已知 F、i、n，求 A）。等额支付系列偿债基金公式的经济含义是：为了在 n 个计息期末能够筹集到一定数额的资金 F，在计息期利率为 i 的情况下，应从现在起每计息期期末等额存储的资金 A。它是等额支付系列终值公式的逆运算，即已知 F、i、n，求 A，其现金流量图如图3.8所示。

3.11

等额支付系列偿债基金公式

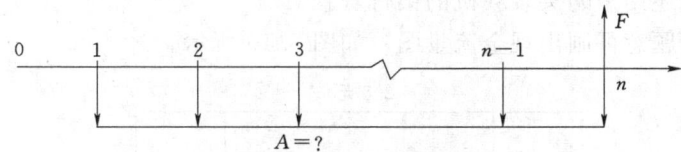

图3.8 等额支付系列偿债基金现金流量图

其计算公式为

$$A = F\frac{i}{(1+i)^n - 1} \tag{3.16}$$

式（3.16）中 $\frac{i}{(1+i)^n - 1}$ 称为等额支付偿债基金系数，用符号 $(A/F, i, n)$ 表示，它与等额支付系列终值系数互为倒数，等额支付偿债基金系数值可从复利系数表中查得。式（3.16）也可以表达为

$$A = F(A/F, i, n) \tag{3.17}$$

【例3.8】 某项目的资金收益率为20%，为了在第5年年末得到80万元资金。问：需要从现在起每年年末投入该项目多少万元资金？

【解】 根据题意知符合等额支付系列偿债基金公式。查复利系数表可知 $(A/F, 20\%, 5) = 0.1344$。

$$A = F(A/F, i, n) = 100 \times (A/F, 20\%, 5) = 100 \times 0.1344 = 13.44(万元)$$

(3) 等额支付系列现值公式（已知 A、i、n，求 P）。等额支付系列现值公式的经济含义是：欲在 n 个计息期内的每个计息期期末等额收支一笔资金 A，在计息期利率为 i 的情况下，需要在期初投入的投资数额。其现金流量图如图3.9所示。

3.12

等额支付系列年金现值公式

其计算公式为

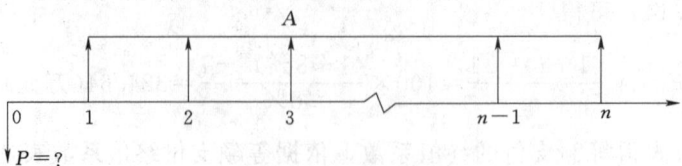

图 3.9 等额支付系列现值现金流量图

$$P = A \frac{(1+i)^n - 1}{i(1+i)^n} \tag{3.18}$$

式（3.18）中 $\frac{(1+i)^n-1}{i(1+i)^n}$ 称为等额支付现值系数，也称等额支付年金现值系数，用符号 $(P/A, i, n)$ 表示，其系数值可从复利系数表中查得，因此式（3.18）也可以表达为

$$P = A(P/A, i, n) \tag{3.19}$$

【例 3.9】 某建筑公司计划贷款购得一台装载机，价值 10 万元，银行贷款利率为 10%。据预测，此机械使用年限为 10 年，每年可平均获净利润为 2 万元。问所得净利润是否能够偿还用于购买装载机的银行贷款？

【解】 根据题意可画出现金流量图，如图 3.10 所示。

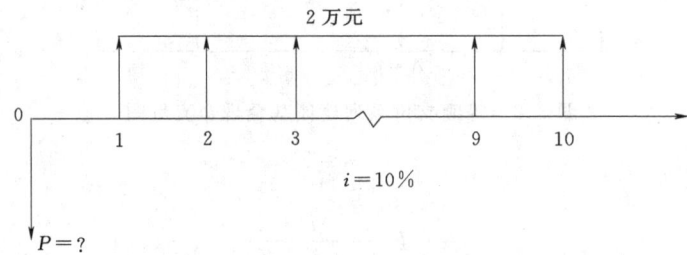

图 3.10 ［例 3.9］现金流量图

3.13
等额支付系列
资金回收公式

查复利系数表可得 $i=10\%$，$n=10$ 时，$(P/A, i, n) = 6.1446$，则

$P = A(P/A, i, n) = 2 \times 6.1446 = 12.2892$（万元）> 10 万元，因此所得净利润能够偿还用于购买装载机的银行贷款。

（4）等额支付系列资金回收公式（已知 P、i、n，求 A）。等额支付系列资金回收公式的经济含义是：期初一次投资数额为 P，欲在 n 个计息期内将投入的资金全部收回，则在计息期利率为 i 的情况下，求每个计息期可以等额回收的资金。其现金流量图如图 3.11 所示。

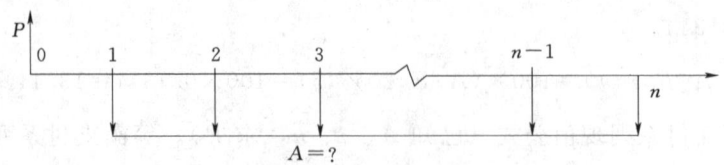

图 3.11 等额支付系列资金回收现金流量图

其计算公式为

$$A = P\frac{i(1+i)^n}{(1+i)^n-1} \tag{3.20}$$

式（3.20）中 $\frac{i(1+i)^n}{(1+i)^n-1}$ 称为等额支付资金回收系数，用符号 $(A/P, i, n)$ 表示，其系数值可从复利系数表中查得，因此式（3.20）也可以表达为

$$A = P(A/P, i, n) \tag{3.21}$$

【例 3.10】 某建筑公司从银行贷款 100 万元，年利率为 8%，银行要求在贷款后的 5 年内每年年末等额偿还本利和，求该建筑公司每年年末应偿还的数额是多少万元？

【解】 由题意可知该问题为等额支付系列资金回收公式，其现金流量图如图 3.12 所示。

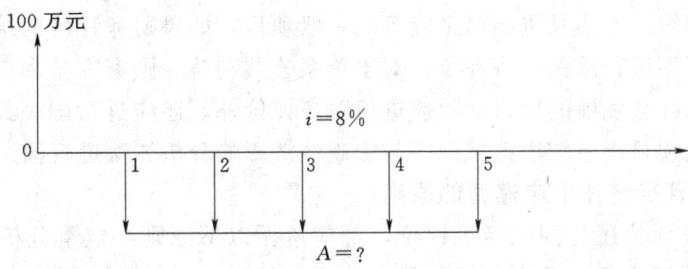

图 3.12 ［例 3.10］现金流量图

查复利系数表，知 $i=8\%$，$n=5$ 时，$(A/P, i, n)=0.2505$，则
$$A = P(A/P, i, n) = 100 \times 0.2505 = 25.05(万元)$$

资金时间价值是工程经济分析的基本原理，资金等值计算是这个原理的具体应用。在进行计算时要注意严格按照基本公式应用的条件进行套用，不能直接应用公式时，可以适当进行变换。

任务 3.2 建设项目经济评价

3.2.1 建设项目经济评价

建设项目经济评价是建设项目决策阶段的核心内容和进行项目决策的主要依据，指根据国民经济与社会发展以及行业、地区发展规划的要求，在项目初步方案的基础上，采用科学、规范的分析方法，对拟建项目建设期、生产期内投入产出诸多经济因素进行调查、预测、研究、计算和验证，对其财务可行性和经济合理性进行分析论证，作出全面评价，为项目的科学决策提供经济方面的依据。建设项目经济评价是项目前期工作的重要内容，对于加强固定资产投资宏观控制，提高投资决策的科学化水平，引导和促进各类资源合理配置，优化投资结构，减少和规避投资风险，充分发挥投资效益，具有重要作用。

建设项目经济评价在决策工作的不同阶段其经济评价的要求是不同的。也就是说，在不同的决策工作阶段，应该按照其相应的经济评价方法与参数，进行相应的经济评价工作。项目建议书阶段的经济评价重点是围绕项目立项建设的必要性和可能性

分析论证项目的经济条件及经济状况，采用的基础数据、评价指标和经济参数可适当简化。可行性研究阶段则必须按照建设项目经济评价方法和建设项目经济评价参数的要求，对建设的必要性和可能性做出全面、详细、完整的经济评价。做好项目经济评价其目的在于最大限度地避免风险，提高投资效益。

建设项目的经济评价包括财务评价和国民经济评价。财务评价属于微观经济效果分析，是从企业的利益出发，分析项目建成后，在财务上的获利状况及借款偿还能力。而国民经济评价则属于宏观经济评价，是从国民经济的整体利益出发，计算分析项目给国民经济带来的净效益，评价项目经济上的合理性。

建设项目经济评价的内容应根据项目性质、项目目标、项目投资者、项目财务主体以及项目对经济与社会的影响程度等具体情况确定。对于费用效益计算比较简单、建设期和运营期比较短、不涉及进出口平衡等的一般项目，如果财务评价的结论能够满足投资决策需要，可不进行国民经济评价；对于关系公共利益、国家安全和市场不能有效配置资源的经济和社会发展的项目，除应进行财务评价外，还应进行国民经济评价；对于特别重大的建设项目尚应辅以区域经济与宏观经济影响分析方法进行国民经济评价。

3.2.2 建设项目经济评价应遵循的原则

无论是财务评价还是国民经济评价，都应遵循以下原则：定量分析与定性分析相结合、以定量分析为主；动态分析与静态分析相结合，以动态分析为主。

对于财务评价结论和国民经济评价结论都可行的项目，可予以通过，反之予以否定。对于国民经济评价结论不可行的项目，一般应予否定。

（1）财务评价是从企业的角度，根据国家现行财政、税收制度和现行市场价格，计算项目的投资、费用、产品成本与产品营业收入、税金等财务数据，进而据此计算、分析项目的盈利状况、收益水平及清偿能力、贷款偿还能力等财务状况，据此分析建设项目的财务可行性，并得出财务评价的结论。财务评价是建设项目经济评价中的微观层次，它主要从微观投资主体的角度分析项目可以给投资主体带来的效益以及投资风险。作为市场经济微观主体的企业进行投资时，一般都进行项目财务评价。

（2）国民经济评价是从国家和社会的角度，采用影子价格、影子工资、影子汇率、社会折现率等经济参数，计算项目需要国家付出的代价和项目对促进和实现国家经济发展的战略目标和对社会效益的贡献大小，对增加国民收入、增强国民经济实力、创收外汇、充分合理地利用国家资源、提供就业机会、促进科学技术进步等方面的贡献程度，即从国民经济的角度来判别建设项目的经济效果。国民经济评价的目的，在于寻求用尽可能少的社会费用，取得尽可能大的社会效益的最佳方案。对于财务现金流量不能全面、真实地反映其经济价值，需要进行费用效益分析的项目，应将国民经济评价的结论作为项目决策的主要依据之一。

3.2.3 财务评价

3.2.3.1 财务评价含义

财务评价，又称财务分析，是在国家现行财税制度和价格体系的前提下，从项目的角度出发，计算项目范围内的财务效益和费用，分析项目的盈利能力和清偿能力，评价项目在财务上的可行性。其评价结论是决定项目取舍的重要依据，是国民经济评

3.14
财务评价

价的基础。财务评价是从投资者自身能否获利及获利程度的大小来取舍项目，做出评价，它并不涉及一个项目建成投产后对国民经济、社会发展的影响。因而，一个项目在企业财务上可行，只是达到了作为直接受益的投资者的要求，至于是否达到整个国民经济和社会发展要求，尚需做进一步的评价。

进行建设项目的财务评价，首先要估算或计算出项目的投资、成本、各项税金和利润等基础数据，然后据此编制必要的财务报表，计算出相应的技术经济指标，并与有关标准进行比较，考察项目盈利能力、清偿能力以及外汇平衡等财务状况，对工程建设方案的财务可行性和经济合理性进行分析论证，以此判断项目是否可行或从中选择最佳方案。

财务评价的作用体现在以下几点：
（1）衡量项目的盈利能力和清偿能力。
（2）项目资金规划的重要依据。
（3）为协调企业利益和国家利益提供依据。

3.2.3.2　财务评价内容

（1）收集、整理和计算有关基础财务数据资料。根据项目市场研究和技术研究的结果、现行价格体系及现行财税制度进行财务预测，获得项目投资支出、投资进度、营业收入、生产成本、利润、税金及项目计算期等一系列财务基础数据。

（2）编制财务评价报表。将分析和估算所需数据汇总，编制财务评价报表。财务评价报表包括财务评价辅助报表和财务评价报表。为分析项目的盈利能力需编制的主要报表有现金流量表、利润与利润分配表及相应的辅助报表；为分析项目的清偿能力需编制的主要报表有资产负债表、借款还本付息计划表以及相应的辅助报表。

（3）计算财务评价指标与分析财务生存能力。根据财务报表可以比较方便地计算出各财务评价指标，其中包括赢利能力的指标计算分析、偿债能力指标计算分析、不确定性分析。财务评价的盈利能力分析是分析测算项目的财务盈利能力和盈利水平，包括财务内部收益率、总投资收益率、资本金净利润率等主要评价指标。清偿能力分析是分析测算项目偿还贷款能力，包括资产负债率、利息备付率、偿债备付率等指标。不确定性分析是分析项目在计算期内不确定性因素可能对项目产生的影响，包括盈亏平衡分析和敏感性分析。财务生存能力的分析是分析项目是否有足够的净现金流量维持正常运营，以实现财务可持续性。

（4）将计算出的财务评价指标与评价标准或基准值对比分析，即可对项目的盈利能力、清偿能力、财务生存能力等财务状况作出评价，判别项目的财务可行性。

3.2.3.3　财务评价程序

财务分析可分为融资前分析和融资后分析，一般宜先进行融资前分析，在融资前分析结论满足要求的情况下，初步设定融资方案，再进行融资后分析。在项目建议书阶段，可只进行融资前分析。

融资前分析应以营业收入、建设投资、经营成本和流动资金的估算为基础，考察整个计算期内现金流入和现金流出，编制项目投资现金流量表，利用资金时间价值的原理进行折现，计算项目投资内部收益率和净现值等指标。融资前分析排除了融资方案变化的影响,从项目投资总获利能力的角度,考察项目方案设计的合理性。融资前分析计算的相关指标,应作为初步投资决策与融资方案研究的依据和基础。

融资后分析应以融资前分析和初步的融资方案为基础,考察项目在拟定融资条件下的盈利能力、偿债能力和财务生存能力,判断项目方案在融资条件下的可行性。融资后分析用于比选融资方案,帮助投资者作出融资决策。

建设项目财务评价的具体程序如图3.13所示。

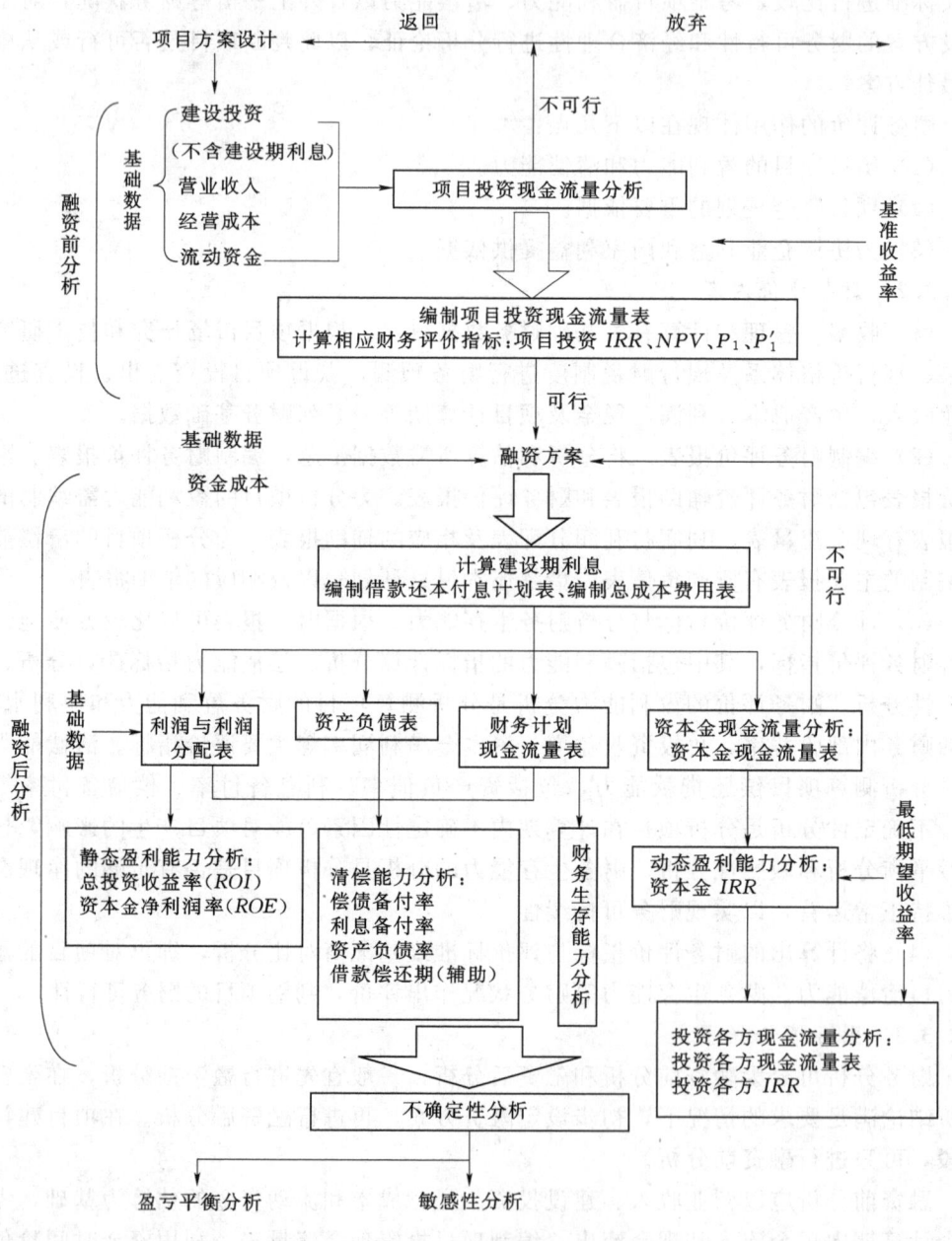

图3.13 财务评价程序图

3.2.3.4 财务评价报表

根据《建设项目经济评价方法与参数》(第三版) 第 4.10 条：财务评价报表包括下列各类现金流量表、利润与利润分配表、财务计划现金流量表、资产负债表和借款还本付息估算表。

3.15
财务评价报表

(1) 现金流量表。现金流量表反映建设项目生产经营期内各期的现金流入和现金流出，用以计算各项动态评价指标和静态评价指标，进行建设项目财务盈利能力分析。按投资计算基础的不同，现金流量表具体分为以下三种类型：

1) 全部投资现金流量表（表3.4）。不分投资资金来源，以全部投资作为计算基础，用以计算全部投资财务内部收益率、财务净现值及投资回收期等评价指标。

表 3.4　　　　　　　　　　　项目投资现金流量表　　　　　　　　　　单位：万元

序号	项　　目	合计	计　算　期				
			1	2	3	…	n
1	现金流入						
1.1	营业收入						
1.2	补贴收入						
1.3	回收固定资产余额						
1.4	回收流动资金						
2	现金流出						
2.1	建设投资						
2.2	流动资金						
2.3	经营成本						
2.4	营业税金及附加						
2.5	维持运营投资						
3	所得税前净现金流量（1−2）						
4	累计所得税前净现金流量						
5	调整所得税						
6	所得税后净现金流量（3−5）						
7	累计所得税后净现金流量						

计算指标：
①项目投资财务内部收益率（%）（所得税前）；②项目投资财务内部收益率（%）（所得税后）；③项目投资财务净现值（所得税前）（$i_c=\%$）；④项目投资财务净现值（所得税后）（$i_c=\%$）；⑤项目投资回收期（年）（所得税前）；⑥项目投资回收期（年）（所得税后）

注 1. 本表适用于新设法人项目与既有法人项目的增量和"有项目"的现金流量分析。
　　2. 调整所得税为以息税前利润为基数计算的所得税，区别于"利润与利润分配表""项目资本金现金流量表"和"财务计划现金流量表"中的所得税。

由于项目各个融资方案的不同，所采用的利率也是不同的，所以编制项目投资现金流量表时，不考虑融资即利息因素对项目的影响。此外，由于项目的建设性质和建设内容不同，项目的所得税税率和享受的国家优惠政策也是不相同的，因此在编制项目投资现金流量表时，一般要计算所得税税前及税后的财务内部收益率、财务净现值和投资回收期等指标。计算息税前的财务内部收益率、财务净现值和静态投资回收期的目的是考察项目方案设计本身的财务盈利能力，反映项目的可行性，因其不受融资方案和所得税的影响，可以供决策者对项目的可行性做出基本判断。由于不考虑资金来源和所得税的高低，从而也为各个投资方案的比较建立了共同基础。

2）项目资本金现金流量表（表3.5）。从投资者整体的角度出发，以投资者的出资额作为计算基础，将借款本金偿还和利息支付视为现金流出，用以计算资本金财务内部收益率、财务净现值等评价指标，目的是考察项目资本金的盈利能力。项目资本金现金流量表的净现金流量是项目在缴税和还本付息后所剩余的收益（含投资应分得的利润），也即项目的净利润，又是投资者的权益性收益。

表 3.5　　　　　　　　　　　　项目资本金现金流量表　　　　　　　　　　单位：万元

序号	项　　目	合计	计　算　期				
			1	2	3	…	n
1	现金流入						
1.1	营业收入						
1.2	补贴收入						
1.3	回收固定资产余值						
1.4	回收流动资金						
2	现金流出						
2.1	项目资本金						
2.2	借款本金偿还						
2.3	借款利息支付						
2.4	经营成本						
2.5	营业税金及附加						
2.6	所得税						
2.7	维持运营投资						
3	净现金流量						

计算指标：资本金财务内部收益率（%）

3）投资各方现金流量表（表3.6）。为了考察投资各方的具体收益情况，还应从投资各方实际收入和支出的角度，确定其现金流入和现金流出，分别编制投资各方现金流量表，计算投资各方的财务内部收益率。

表 3.6　　　　　　　　　　　　投资各方金现金流量表　　　　　　　　　　单位：万元

序号	项　　目	合计	计　算　期				
			1	2	3	…	n
1	现金流入						
1.1	实分利润						
1.2	资产处置收益分配						
1.3	租赁费收入						
1.4	技术转让或使用收入						

续表

序号	项 目	合计	计 算 期				
			1	2	3	…	n
1.5	其他现金流入						
2	现金流出						
2.1	实缴资本						
2.2	租赁资产支出						
2.3	其他现金流出						
3	净现金流量（1－2）						
计算指标：投资各方财务内部收益率（%）							

注 本表可按不同投资方分别编制。

投资各方现金流量表可按不同投资方分别编制。投资各方现金流量表中现金流入是指出资方因该项目的实施将实际获得的各种收入。现金流出是指出资方因该项目的实施将实际投入的各种支出。资产处置收益分配是指对有明确的合营期限或合资期限的项目，在期满时对资产余值按股比或约定比例分配。租赁费收入是指出资方将自己的资产租赁给项目使用所获得的收入，此时应将资产价值作为现金流出，列为租赁资产支出科目。技术转让或使用收入是指出资方将专利或专有技术转让或允许该项目使用所获得的收入。

（2）利润与利润分配表（表3.7）。反映项目计算期内各年营业收入、总成本费用、利润总额等情况，以及所得税后利润分配，用于计算总投资收益率、项目资本金净利润率等指标。

表 3.7　　　　　　　　利 润 与 利 润 分 配 表　　　　　　　　单位：万元

序号	项 目	合计	计 算 期				
			1	2	3	…	n
1	营业收入						
2	营业税金及附加						
3	总成本费用						
4	补贴收入						
5	利润总额（1－2－3＋4）						
6	弥补以前年度亏损						
7	应纳税所得额（5－6）						
8	所得税						
9	净利润（5－8）						
10	期初未分配利润						
11	可供分配的利润（9＋10）						
12	提取法定盈余公积金						
13	可供投资者分配的利润（11－12）						

续表

序号	项目	合计	计算期				
			1	2	3	...	n
14	应付优先股股利						
15	提取任意盈余公积金						
16	应付普通股股利（13－14－15）						
17	各投资方利润分配						
	其中：××方						
	××方						
18	未分配利润（13－14－15－17）						
19	息税前利润（利润总额＋利息支出）						
20	息税折旧摊销前利润（息税前利润＋折旧＋摊销）						

利润与利润分配表反映项目计算期内各年的利润总额、所得税和税后利润及其分配情况，用以计算投资利润率、投资利税率、资本金利润率等指标。

（3）财务计划现金流量表（表3.8）。反映项目计算期内各年的投资、融资及经营活动的现金流入和流出，用于计算累计盈余资金，分析项目是否有足够的净现金流量维持正常运营，即项目的财务生存能力。该表用于选择资金筹措方案，制订适宜的借款及偿还计划，并为编制资产负债表提供依据。

表3.8 财务计划现金流量表 单位：万元

序号	项目	合计	计算期				
			1	2	3	...	n
1	经营活动净现金流量						
1.1	现金流入						
1.1.1	营业收入						
1.1.2	增值税销项税额						
1.1.3	补贴收入						
1.1.4	其他流入						
1.2	现金流出						
1.2.1	经营成本						
1.2.2	增值税进项税						
1.2.3	营业税及附加						
1.2.4	增值税						
1.2.5	所得税						
1.2.6	其他流出						

续表

序号	项目	合计	计算期				
			1	2	3	...	n
2	投资活动净现金流量（2.1−2.2）						
2.1	现金流入						
2.2	现金流出						
2.2.1	建设投资						
2.2.2	维持运营投资						
2.2.3	流动资金						
2.2.4	其他流出						
3	筹资活动净现金流量（3.1−3.2）						
3.1	现金流入						
3.1.1	项目资本金投入						
3.1.2	建设投资借款						
3.1.3	流动资金借款						
3.1.4	债券						
3.1.5	短期借款						
3.1.6	其他流入						
3.2	现金流出						
3.2.1	各种利息支出						
3.2.2	偿还债务本金						
3.2.3	应付利润（股利分配）						
3.2.4	其他流出						
4	净现金流量（1+2+3）						
5	累计盈余资金						

通过"累计盈余资金"项反映项目计算期内各年的资金是否充裕（是盈余还是短缺），是否有足够的能力清偿债务等。若累计盈余资金大于零，则表明当年有资金盈余；若累计盈余资金小于零，则表明当年会出现资金短缺，需要筹措资金或调整借款及还款计划。

（4）资产负债表（表3.9）。用于综合反映项目计算期内各年年末资产、负债和所有者权益的增减变化及对应关系，计算资产负债率。用以考察项目资产、负债、所有者权益的结构是否合理，进行清偿能力分析。在建设项目进行独立的财务评价时，不需要编制资产负债表。但当投资一个新的项目时，通常需要编制该项目的资产负债表，以计算资产负债率、流动比率、速动比率等反映项目资金流动性和清偿能力的指标。

表 3.9　　　　　　　　　　　资　产　负　债　表　　　　　　　　　　　单位：万元

序号	项目	合计	计算期				
			1	2	3	…	n
1	资产						
1.1	流动资产总额						
1.1.1	货币资金						
1.1.2	应收账款						
1.1.3	预付账款						
1.1.4	存货						
1.1.5	其他						
1.2	在建工程						
1.3	固定资产净值						
1.4	无形资产及其他资产净值						
2	负债及所有者权益（2.4＋2.5）						
2.1	流动负债总额						
2.1.1	短期借款						
2.1.2	应付账款						
2.1.3	预收账款						
2.1.4	其他						
2.2	建设投资借款						
2.3	流动资金借款						
2.4	负债小计（2.1+2.2+2.3）						
2.5	所有者权益						
2.5.1	资本金						
2.5.2	资本公积金						
2.5.3	累计盈余公积金						
2.5.4	累计未分配利润						

计算指标：利息备付率（%）、偿债备付率（%）

(5) 借款还本付息计划表（表 3.10）。反映项目计算期内各年借款本金偿还和利息支付情况，用于计算偿债备付率和利息备付率。

表 3.10　　　　　　　　　　借款还本付息计划表　　　　　　　　　　单位：万元

序号	项目	计算期				合计
		1	2	…	n	
1	借款					
1.1	期初借款余额					
1.2	当期借款					

续表

序号	项目	计算期				合计
		1	2	...	n	
1.3	当期应付利息					
1.4	当期还本付息					
	其中：还本					
	付息					
1.5	期末本息月					
2	债券					
2.1	期初债务余额					
2.2	当期发行债券					
2.3	当期应计利息					
2.4	当期还本付息					
	其中：还本					
	付息					
2.5	期末本息余额					
3	借款和债券的合计					
3.1	期初余额					
3.2	当期借款					
3.3	当期应计利息					
3.4	当期还本付息					
	其中：还本					
	付息					
3.5	期末余额					
4	还本资金来源					
4.1	当期可用于还本的未分配利润					
4.2	当期可用于还本的折旧和摊销					
4.3	以前年度结余可用于还本资金					
4.4	用于还本的短期借款					
4.5	可用于还款的其他资金					

3.2.3.5 财务评价主要指标计算与判据

项目财务评价效果的好坏，一方面取决于基础数据的可靠性，另一方面则取决于选取的评价指标体系的合理性。只有选取正确的指标体系，项目的财务分析结果才能与客观实际情况相吻合，才具有实际意义。一般来讲，投资人的投资目标不止一个，因此项目财务指标体系也不是唯一的。利用财务评价基本报表，可以计算出相关的评价指标。财务评价主要包括盈利能力评价和清偿能力评价。按其是否考虑资金的时间价值可分为静态评价指标和动态评价指标。静态指标主要用于数据不完备和不精确的方案初选；动态指标则用于方案的详细可行性研究阶段的评价。

1. 财务盈利能力评价和指标的计算

盈利能力是反映项目财务效益的主要标志。在财务评价中，应当考察拟投资（开发）项目竣工后是否盈利、盈利能力有多大、盈利能力是否足以满足项目可行的要求条件。财务盈利能力评价，根据编制的全部投资现金流量表、自有资金流量表和利润与利润分配表，计算财务净现值、财务内部收益率、投资回收期等主要评价指标。根据项目的特点及实际需要，也可计算总投资收益率、项目资本金净利润率等指标。

(1) 静态投资回收期 P_t。

1) 静态投资回收期概念及计算公式。静态投资回收期是指在不考虑资金时间价值的条件下，以项目的净收益抵偿全部投资（包括建设投资和流动资金投资）所需要的时间。也就是在现金流量表上累计净现金流量等于 0 时所对应的时间。静态投资回收期的起点一般应从项目投资建设之日算起，有时也从投产之日算起，其单位通常为年。其计算公式为

$$\sum_{t=1}^{P_t}(CI-CO)_t = 0 \qquad (3.22)$$

式中　　P_t——静态投资回收期；

　　　　CI——现金流入量；

　　　　CO——现金流出量；

$(CI-CO)_t$——第 t 年的净现金流量。

2) 计算方法。静态投资回收期的计算需要借助现金流量表。其具体计算方法可分为两种情况。

a. 一般情况下是根据现金流量表计算出净现金流量，然后将净现金流量累加，计算公式如下：

$$P_t = (累计净现金流量开始正值的年份数-1) + \frac{|上一年累计净现金流量|}{当年净现金流量} \qquad (3.23)$$

b. 当项目建成投产后各年的净收益（即净现金流量）均相同时，静态投资回收期的计算公式可简化为

$$P_t = \frac{项目总投资}{每年的净收益} \qquad (3.24)$$

3) 判别准则。计算出的静态投资回收期 P_t 与行业的基准投资回收期 P_c 进行比较。基准投资回收期 P_c 是国家根据国民经济各部门、各地区的具体经济条件，按照行业和部门的特点，结合财务会计上的有关制度及规定颁布的并进行不定期修订的建设项目经济评价参数，是对投资方案进行经济评价的重要标准。

$P_t \leqslant P_c$ 时，表明项目投资能在规定的时间内回收，则方案可行；若 $P_t > P_c$，则

表明方案不可行。

【例 3.11】 根据现金流量表 3.11，计算该项目的静态投资回收期。

【解】 根据表 3.11 中的现金流入与现金流出计算出净现金流量和累计净现金流量，计算结果见表 3.11。

表 3.11　　　　　　　　　　[例 3.11]的现金流量表　　　　　　　　　单位：万元

项目年份	0	1	2	3	4	5	6
现金流入			70	100	100	100	100
现金流出	160	90	10	20	20	20	20
净现金流量	−160	−90	60	80	80	80	80
累计净现金流量	−160	−250	−190	−110	−30	50	130

根据式（3.23）中累计净现金流量计算该项目的静态投资回收期。

$$P_t = (5-1) + \frac{|-30|}{80} = 4.38(年)$$

该项目静态投资回收期为 4.38 年。

4）静态投资回收期指标的优缺点。静态投资回收期是考察项目在财务上的投资回收能力的主要静态评价指标，是一种不考虑资金的时间价值的计算指标，也是一种粗略分析项目可行性的指标。其特点是直观、易于理解、经济含义清楚、计算简单。但由于不考虑资金的时间价值，实际上它夸大了收益的价值，有一定的失真。另外，它也不能反映回收之后的项目情况及项目的总体盈利水平，因此有很大的局限性。

（2）动态投资回收期。

1）概念。所谓动态投资回收期（p'_t），是指在考虑资金时间价值的情况下，按照给定的基准收益率 i_c，用项目或方案每年的净收益的现值将全部投资额现值回收所需的时间。

动态投资回收期克服了静态投资回收期没有考虑资金时间价值的缺点，在投资项目评价中被广泛采用。

2）计算方法。实际计算时，往往根据方案的现金流量表，并用下列公式计算：

$$p'_t = (累计净现金流量现值开始出现正值的年份-1) + \frac{|上一年累计现金流量现值|}{当年净现金流量现值}$$

(3.25)

3）判别准则。用动态投资回收期 p'_t 评价投资项目的可行性时，需要与根据同类项目的历史数据和投资者意愿确定的基准动态投资回收期 p'_c 相比较，若 $p'_t \leq p'_c$，则可以考虑接受项目；若 $p'_t > p'_c$，则应拒绝项目。

当多个方案进行比较，在每个方案自身满足 $p_t^* \leq p_b'$ 时，动态投资回收期越短的方案越好。

【例 3.12】 某项目的现金流量表如表 3.12 所示。基准折现率为 10%，基准动态投资回收期 p_b^* 为 5 年，试判断该项目是否可行。

表 3.12 项目的现金流量现值表   单位：万元

年份	0	1	2	3	4	5	6	7	8
（1）总投资	1000								
（2）收入			300	500	600	700	700	700	700
（3）支出（不包括投资）			200	300	350	400	400	400	400
（4）净现金流量	−1000		100	200	250	300	300	300	300
（5）净现金流量现值	−1000		82.64	150.26	170.75	186.27	169.35	153.96	139.95
（6）累计净现金流量现值	−1000	−1000	−917.36	−767.10	−596.35	−410.08	−240.70	−86.74	53.21

【解】根据表 3.12 数据，该项目的动态投资回收期为

$$p_t^* = 8 - 1 + \frac{|-86.74|}{139.95} = 7.62(年) > 5 \text{ 年}$$

根据动态投资回收期的判别准则，该项目不可行。

从计算来看，动态投资回收期长于静态投资回收期。其原因是计算动态投资回收期时考虑了资金的时间价值，先投资的资金比未来的资金价值更大。

4) 动态投资回收期指标的优缺点。优点是动态投资回收期指标在一定程度上反映了项目的盈利能力和风险大小。它是一项投资的原始费用得到补偿的速度。缺点是动态投资回收期尽管考虑了资金的时间价值，但仍未考虑回收期以后的现金流量，未能反映方案在整个寿命期的盈利情况。因此，它只能被广泛用作辅助指标。

(3) 财务净现值。

3.18 财务净现值

1) 概念。财务净现值（FNPV）是指项目按行业的基准收益率或设定的目标收益率 i_c，将项目计算期内各年的净现金流量折算到建设初期的现值之和，是反映项目在计算期内获利能力的动态评价指标。

基准收益率是净现值计算中反映资金时间价值的基准参数，是导致投资行为发生所要求的最低投资回报率，也称最低要求收益率。决定基准收益率大小的因素主要是资金成本和项目风险。

3.19 财务净现值计算

2) 表达式。财务净现值的表达式为

$$FNPV = \sum_{t=1}^{n}(CI - CO)_t (1 + i_c)^{-t} \tag{3.26}$$

式中 $FNPV$——项目在起始时间点的财务净现值；

i_c——基准收益率或设定的目标收益率。

3) 财务净现值指标判别标准。如果 $FNPV \geq 0$，说明该项目的获利能力达到或超过了基准收益率或设定的折现率水平，因而在财务上是可以接受的；如果 $FNPV < 0$，表明项目的盈利能力达不到基准收益率或设定的折现率的水平，则项目不可接受。一般情况下，财务盈利能力分析指计算项目投资财务净现值，可根据需要选择计算所得税前或税后的净现值。

【例 3.13】某投资方案各年的现金流量见表 3.13 所示，设基准收益率 $i_c = 10\%$，试用财务净现值指标判断该方案是否可行。

表 3.13　　　　　　　　　　　　[例 3.13] 的现金流量表　　　　　　　　　　单位：万元

年序	0	1	2	3～10
投资	800	1000		
收益			280	550
年经营成本			70	70
净现金流量	−800	−1000	210	480

【解】 计算投资方案的财务净现值

$$FNPV = -800 - 1000(P/F,10\%,1) + 210(P/F,10\%,2)$$
$$+ 480(P/A,10\%,8)(P/F,10\%,2)$$
$$= -800 - 100 \times 0.9091 + 210 \times 0.8264 + 480 \times 5.3349 \times 0.0.8264$$
$$= 580.65 (万元) > 0$$

所以该项目在财务上是可行的。

(4) 财务内部收益率。

1) 概念。财务内部收益率（$FIRR$）是指项目在整个计算期内，各年净现金流量现值累计等于零时的折现率，是用以反映项目盈利能力的重要动态指标。

2) 表达式。

$$\sum_{t=0}^{n}(CI-CO)_t(1+FIRR)^{-t}=0 \qquad (3.27)$$

式中　$FIRR$——财务内部收益率；

其他符号同前。

项目投资财务内部收益率、项目资本金财务内部收益率和投资各方财务内部收益率都依据上式计算，但所用的现金流入和流出不同。

财务内部收益率可以根据现金流量表（项目投资现金流量表和项目资本金现金流量表）中的净现金流量数据，用线性内插法求得，其计算方法与内部收益率相同。

3) 财务内部收益率的判别准则。

当 $FIRR \geqslant i_c$ 时，则 $FNPV \geqslant 0$，表明项目的收益率已达到或超过设定折现率水平，项目可行，可以考虑接受。

当 $FIRR < i_c$ 时，则 $FNPV < 0$，表明项目的收益率未达到设定折现率水平，项目不可行，应予以拒绝。

行业基准收益率 i_c 可参考下列值：供水项目取 7%；水力发电项目 10%。综合利用工程可根据开发任务加权平均估计 i_c 值。

4) 内部收益率的计算。

在实际应用中，可采用线性插值试算法来求财务内部收益率的近似值。

由图 3.14 可以看出，财务净现值与折现率的关系如图中弧线 AD 所示。财务净现值 $FNPV$ 为折现率 i 的函数，且随着 i 值增大，$FNPV$ 为一单调递减连续函数，财务净现值 $FNPV$ 由正值递减为负值，其间有一个它在 F 处与横轴相交，交点处的折现率就是实时的收益率 $FIRR$，即为财务内部收益率。在 i_1 和 i_2 之间，用直线 AD 近似替代弧线段 AD（在 $i_2 - i_1$ 很小时，这样做误差不大），然后用几何方法求

3.20
财务内部收益率（1）

3.21
财务内部收益率（2）

3.22
交互——财务内部收益率

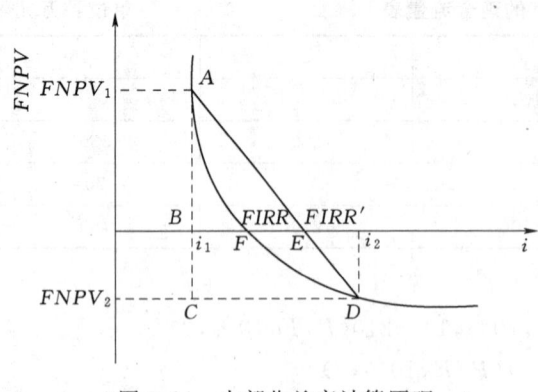

图 3.14 内部收益率计算原理

出直线 AD 与横轴的交点处的折现率 $FIRR'$，用 $FIRR'$ 作为 $FIRR$ 的近似值。基本步骤如下：

第一步：首先选定一个适当的折现率 i_0。

第二步：用选定的折现率 i_0，求出该方案的财务净现值。

a. 若财务净现值 $FNPV=0$，则该方案的财务内部收益率就是所选定的折现率 i_0。

b. 若财务净现值 $FNPV>0$，则适当使 i 增大，重新计算该方案的财务净现值。

c. 若财务净现值 $FNPV<0$，则适当使 i 减小，重新计算该方案的财务净现值。

重复第二步中的 b. 或 c.，直至找到这样两个折现率 i_1 和 i_2，使其对应求出的财务净现值 $FNPV(i_1)>0$，$FNPV(i_2)<0$，其中一般要求 $2\%<|i_1-i_2|<5\%$。

第三步：用线性插值公式求出财务内部收益率的近似值，其公式如下：

$$FIRR \approx FIRR' = i_1 + \frac{FNPV_1}{FNPV_1+|FNPV_2|}(i_2-i_1) \tag{3.28}$$

5) 内部收益率的优缺点。

a. 内部收益率的优点。考虑了资金的时间价值及项目在整个寿命期内的经济状况；比较直观，概念清晰、明确，并可直接表明项目投资的盈利能力和反映投资使用效率的水平；避免了需事先确定基准收益率的难题，而只需要知道基准收益率的大致范围即可。

b. 内部收益率的不足。内部收益率指标计算需要大量的与投资项目有关的数据，计算过程烦琐，对于非常规项目有多解和无解问题，分析、检验和判别比较复杂；只适用于独立方案的经济评价和可行性判断，但多方案分析时，一般不能直接用于比较和选优。

财务基准收益率是财务评价中一个重要的参数。它是投资者自主确定的其在相应项目上投资最低可接受的财务收益水平，是项目财务可行性和方案比选的主要判据，不同的投资者对同一项目的收益水平的期望值不尽相同，所以选用财务基准收益率应遵循下列原则：

（a）政府投资项目的财务评价必须采用国家行政主管部门发布的行业财务基准收益率。

（b）政府以外其他各类投资主体投资的项目的财务评价，既可使用由投资者自行测定的项目最低可按受的财务收益率，也可选用国家或行业主管部门发布的行业财务基准收益率。根据投资人意图和项目的具体情况，项目最低可接受财务收益率的取值可高于、等于或低于行业财务基准收益率。

【例 3.14】 某项目投资方案各年的净现金流量见表 3.14，当基准收益率 $i_c=$

12%时，试用财务内部收益率指标判断该方案是否可行。

表3.14　　　　　　　　　［例3.14］项目现金流量表　　　　　　单位：万元

年序	0	1	2	3	4	5	6	7	8
净现金流量	-200	-40	70	70	70	70	70	70	70

【解】　令 $i=12\%$，计算相应的财务净现值：

$$FNPV=-200-40(P/F,12\%,1)+70(P/A,12\%,7)(P/F,12\%,1)$$
$$=-200-40\times0.893+70\times4.564\times0.893=49.58(万元)>0$$

再令 $i=16\%$，计算相应的财务净现值：

$$FNPV=-200-40(P/F,16\%,1)+70(P/A,16\%,7)(P/F,16\%,1)$$
$$=-200-40\times0.860+70\times4.039\times0.860=8.75(万元)>0$$

又令 $i=18\%$，计算相应的财务净现值：

$$FNPV=-200-40(P/F,18\%,1)+70(P/A,18\%,7)(P/F,18\%,1)$$
$$=-200-40\times0.847+70\times3.812\times0.847=-7.87(万元)<0$$

用线性插值法算出该方案的财务内部收益率的近似值为

$$FIRR'=i_1+\frac{FNPV_1}{FNPV_1+|FNPV_2|}(i_2-i_1)$$

$$\approx16\%+\frac{8.75}{8.75+|-7.87|}\times(18\%-16\%)\approx17.1\%$$

该方案的财务内部收益率约为 $17.1\%>i_c=12\%$（基准收益率）。

(5) 总投资收益率。总投资收益率是衡量技术方案盈利水平的静态评价指标，是技术方案建成投产达到设计生产能力后一个正常生产年份的年息税前利润或年平均息税前利润与项目总投资的比率。它表明项目投资方案在正常生产年份中，单位投资每年所创造的年净收益额。对生产期内各年的净收益额变化幅度较大的技术方案，可计算生产期年平均净收益额与技术方案投资的比率。其计算公式为

$$投资收益率=\frac{项目正常年份的年息税前利润或年平均息税前利润}{项目总投资}\times100\% \quad (3.29)$$

式（3.29）中所需的财务数据，均可从相关的财务报表中获得。

(6) 项目资本金净利润率（ROE）。资本金净利润率（ROE）表示技术方案资本金的盈利水平，是指项目达到设计能力后正常年份的年净利润或运营期内年平均净利润与项目资本金的比率。它是项目盈利能力分析的静态指标。按式（3.30）计算：

$$资本金净利润率=\frac{项目正常年份的年净利润或年平均净利润}{项目资本金}\times100\% \quad (3.30)$$

其中　　　　　　　　净利润＝利润总额－所得税

式（3.30）中所需的财务数据均可从相关的财务报表中获得。资本金净利润率高于同行业的净利润率参考值，表明用资本金净利润表示的技术方案的盈利能力满足要求。

2. 偿债能力分析指标计算与判别标准

偿债能力分析指标是对于有借款的项目，用于考察项目能否按期偿还借款，判断项目的偿债能力。偿债能力分析指标主要有借款偿还期、利息备付率、偿债备付率、资产负债率、流动比率和速动比率。

(1) 利息备付率（ICR）。利息备付率是指项目在借款偿还期内，各年可用于支付利息的息税前利润与计入总成本费用的当期应付利息的比值。其计算式为

$$利息备付率 = \frac{息税前利润}{当期应付利息} \tag{3.31}$$

式中 息税前利润——利润总额与计入总成本费用的利息费用之和；

当期应付利息——当期计入总成本费用的全部利息。

利息备付率是从付息资金来源的充裕性角度反映项目偿付债务利息的保障程度，表示企业使用息税前利润偿付利息的保证倍率。利息备付率应分年计算。利息备付率高，表明利息偿付的保障程度高。对于正常运营的企业，利息备付率应当大于1，并结合债权人的要求确定。尤其是当利息备付率低于1时，表示企业没有足够资金支付利息，偿债风险很大。

【例 3.15】 某企业在正常生产年份，没有其他业务收入，主营业务收入为 800 万元，年经营成本 500 万元，固定资产折旧 10 万元，应计利息 8 万元，所得税率 40%，则该企业的利息备付率为多少？

【解】

$$利息备付率 = \frac{税息前利润}{当期应还利息} = \frac{(800-500-10-8)+8}{8} = 36.25$$

(2) 偿债备付率（DSCR）。偿债备付率是指项目在借款偿还期内，各年可用于还本付息的资金与当期应还本付息金额的比值。其计算公式为

$$偿债备付率 = \frac{可用于还本付息资金}{当期应还本付息金额} \tag{3.32}$$

其中 可用于还本付息资金 = 息税前利润 + 折旧 + 摊销 − 企业所得税

当期应还本付息金额 = 当期应还本金 + 计入总成本费用的全部利息

偿债备付率表示可用于还本付息的资金偿还借款本息的保障程度。偿债备付率应分年计算，偿债备付率高，表明可用于还本付息的资金保障程度高。在正常情况下，偿债备付率应当大于1。当偿债备付率指标小于1时，表示当年资金来源不足以偿付当期债务，需要通过短期借款偿付已到期债务。

【例 3.16】 某企业在正常生产年份，没有其他业务收入，主营业务收入为 800 万元，年经营成本 500 万元，固定资产折旧 10 万元，应计利息 8 万元，所得税率 40%，假设税后利润可全部用于还款，当期应还本金 12 万元，则该企业的偿债备付率为多少？

【解】

$$偿债备付率 = \frac{可用于还本付息资金}{当期还本付息额}$$
$$= \frac{10+8+(800-500-10-8)\times(1-40\%)}{12+8} = 9.36 > 1.0$$

根据计算知：偿债备付能力可以。

（3）资产负债率（LOAR）。资产负债率是指各期末负债总额同资产总额的比率。其计算公式为

$$资产负债率 = \frac{期末负债总额}{期末资本总额} \times 100\% \tag{3.33}$$

适度的资产负债率，表明企业经营安全、稳健，具有较强的筹资能力，也表明企业和债权人的风险较小。对该指标的分析，应结合国家宏观经济状况、行业发展趋势、企业所处竞争环境等具体条件。项目财务分析中，在长期债务还清后，可不再计算资产负债率。

3.2.4 国民经济评价

3.2.4.1 国民经济评价的意义

国民经济评价是在合理配置社会资源的前提下，从国家经济整体利益的角度出发，计算项目对国民经济的贡献，分析项目的经济效率、效果和对社会的影响，评价项目在宏观经济上的合理性。

国家发展改革委与建设部共同发布的《建设项目经济评价方法与参数》（第三版）中指出："建设项目的经济评价，对于财务评价结论和国民经济评价结论都可行的建设项目，可予以通过；反之应予否定。对于国民经济评价结论不可行的项目，一般应予否定；对于关系公共利益、国家安全和市场不能有效配置资源的经济和社会发展的项目，如果国民经济评价结论可行，但财务评价结论不可行，应重新考虑方案，必要时可提出经济优惠措施的建议，使项目具有财务生存能力。"

建设项目国民经济评价的意义主要体现在以下四个方面：

1）进行国民经济评价可以保证拟建项目符合社会发展的要求。国民经济评价是以社会需求作为项目取舍的依据，而不是单纯地看项目是否盈利。

2）进行国民经济评价有利于引导投资方向、控制投资规模、提高计划质量，可以避免项目的重复和盲目建设，使项目投资决策科学化。国民经济评价是从宏观角度（即国家的角度）出发考察项目的收益和费用，合理运用经济净现值、经济内部收益率等指标以及影子汇率、影子价格、社会折现率等参数，避免拟建项目的重复和盲目建设，并有利于避免投资决策的失误。

3）进行国民经济评价可以全面评价投资项目的综合收益。国民经济评价既要分析与计算项目的直接经济收益，也要分析与计算项目的间接经济收益。

4）进行国民经济评价可以确定项目消耗社会资源的真实价值。有些项目的投入物和产出物的国内市场价格往往不能反映真实的经济价值，从而会导致项目财务收益的虚拟性。国民经济评价可以通过影子价格对财务价格进行修正，真实地反映出项目消耗社会资源的价值量。

3.2.4.2 经济费用效益分析的对象

国家发展改革委与建设部共同发布的《建设项目经济评价方法与参数》（第三版）中指出："对于财务价格扭曲，不能真实反映项目产出的经济价值，财务成本不能包含项目对资源的全部消耗，财务效益不能包含项目产出的全部经济效果的项目，需要

进行经济费用效益分析。"下列类型项目应做经济费用效益分析：①具有垄断特征的项目；②产出具有公共产品特征的项目；③外部效果显著的项目；④资源开发项目；⑤涉及国家经济安全的项目；⑥受过度行政干预的项目。

（1）从投资管理的角度，现阶段需要进行经济费用效益分析的项目可以分为以下几类：

1）政府预算内投资（包括国债资金）的用于关系国家安全、国土开发和市场不能有效配置资源的公益性项目和公共基础设施建设项目、保护和改善生态环境项目、重大战略性资源开发项目。

2）政府各类专项建设基金投资的用于交通运输、农林水利等基础设施、基础产业建设项目。

3）利用国际金融组织和外国政府贷款，需要政府主权信用担保的建设项目。

4）法律、法规规定的其他政府性资金投资的建设项目。

5）企业投资建设的涉及国家经济安全、影响环境资源、公共利益、可能出现垄断、涉及整体布局等公共性问题，需要政府核准的建设项目。

（2）对于上述无法完全依靠市场配置资源的项目，往往具有下列特征：

1）项目的产出物不具有市场价格。由于公共产品和外部效果等因素的影响，无法对其进行市场定价。

2）市场价格虽然存在，但无法确切地反映投入物和产出物的边际社会效益和成本，因而在竞争性市场上提供这些服务得到的收益将无法充分地反映这些供给所产生的社会净效益。

3.2.4.3 财务评价和国民经济评价的区别和联系

（1）建设项目的财务评价和国民经济评价是互相联系的，它们之间有若干相同之处，表现在以下几个方面：

1）两者的评价目的相同。它们都要寻求以最小的投入获得最大的产出。

2）两者的评价基础相同。它们都是在完成市场需求预测、工程技术方案、资金筹措等的基础上进行评价。

3）两者的计算期相同。它们都要通过计算包括项目的建设期、生产期全过程的费用和效益来评价项目方案的优劣，从而得出项目方案是否可行的结论。

（2）国民经济评价与财务评价虽然联系密切，但二者也有不同，表现在以下几个方面：

1）评价的角度不同。财务评价是站在项目自身的立场上，从财务的角度考察项目的货币收支和财务盈利水平，以及借款偿还能力，以确定投资行为的财务可行性。它是以企业净收入最大化为目标的盈利性评价，属于微观经济评价。国民经济评价是站在国民经济综合平衡的立场上，考察项目需要国家付出的代价和对实现国家经济发展的战略目标以及对社会福利的贡献大小，即考察项目方案的国民经济效益，以确定投资行为的宏观可行性。它是以全社会的资源获得最优配置，从而使国民收入最大化为目标的盈利性评价，属于宏观经济评价。

2）费用和收益的范围不同。财务评价中的费用和收益，由财务评价的目标所决定，是根据企业直接发生的财务收支计算项目的费用和收益，即只考虑项目的直接货币效益。凡是增加企业收入的就是财务收益，凡是减少企业收入的就是财务费用。国民经济评价中的费用和收益，是由国民经济评价的目标所决定的，凡是增加国民收入的就是国民经济收益，凡是减少国民收入的就是国民经济费用。它根据项目所消耗的全社会有用资源和对社会提供的有用产品（包括劳务）来考察项目的费用和收益，即除考虑项目的直接经济效果之外，还要考虑项目的间接效果（包括定量效果和定性效果），考虑项目对全社会的全面的费用与收益状况。

3) 费用和收益的划分不同。财务评价根据项目的实际收支确定项目的费用和收益，项目的收益仅包括净利润和折旧，而利息、税金则作为项目的费用支出。进行国民经济评价时，税金、国内借款利息视为国民经济内部转移支付，不列入项目的费用或收益。

4) 采用的价格不同。财务评价对投入物和产出物采用现行的市场实际价格。国民经济评价则采用根据机会成本和供求关系确定的影子价格。

5) 采用的折现率不同。财务评价采用因行业而异的基准收益率作为折现率。国民经济评价采用国家统一测定的社会折现率。

6) 采用的汇率不同。财务评价采用官方汇率。国民经济评价采用同家统一测定的影子汇率。

7) 采用的工资不同。财务评价采用当地通常的工资水平。国民经济评价采用影子工资。

3.2.4.4 经济费用效益分析的内容

经济费用效益分析一般包括以下内容：

（1）经济效益与费用的识别与处理。经济费用效益分析中的费用与效益不同于财务评价中的费用与效益的划分范围。经济费用效益分析以工程项目耗费资源的多少，以及项目给国民经济带来的收益来界定项目的费用与效益，无论最终由谁支付和获取，都视为该项目的费用与效益，而不仅仅是考察项目账面上直接显现的收支。因此，在经济费用效益分析中，需要对这些直接或间接的费用与效益逐一加以识别、归类和处理。

（2）计算费用和效益所采用的影子价格的确定和基础数据的调整。影子价格是采用通过现行市场价格调整计算而获得的，并能够反映资源真实价值和市场供求关系的价格。与项目有关的各项基础数据，都必须以影子价格为基础进行调整，才能正确计算出项目的各项国民经济费用与效益，保证国民经济评价的科学性。

（3）进行国民经济效果分析。根据所确定的各项国民经济费用与效益，结合相关经济参数，计算建设项目的经济费用效益分析指标并进行方案比选，编制国民经济评价报表，对建设项目的国民经济效果进行分析，做出建设项目经济上是否合理的结论。

3.2.4.5 经济费用效益分析参数

经济参数是进行国民经济评价的重要工具。正确理解和使用这些参数，对正确估算经济效益和费用、计算经济费用效益分析指标并进行经济合理性的判断以及方案的比选和优化都是十分重要的。经济费用效益分析参数由国家行政主管部门统一测定发布,并实行阶段性的调整,主要包括社会折现率、影子汇率、土地影子价格、影子工资等。社会折现率和影子汇率是必须采用的参数,土地影子价格、影子工资是可参考采用的参数。经济费用效益分析参数可从国家发展改革委和建设部联合批准发布的《建设项目经济评价方法与参数》(第三版)中取得。

1. 社会折现率

社会折现率是社会对资金时间价值的估算,是从整个国民经济角度所要求的资金投资收益率标准,代表占用社会资金所应获得的最低收益水平。项目投资产生的社会收益率如果达不到这一最低水平,项目不应当被接受。

社会折现率需要根据国家社会经济发展目标、发展战略、发展优先顺序、发展水平、宏观调控意图、社会成员的费用效益时间偏好、社会投资收益水平、资金供应状况、资金机会成本等因素综合测定。2006年发布的《建设项目经济评价方法与参数》(第三版)中规定社会折现率为8%,但对于受益率长的建设项目,如果远期效益较大,效益实现的风险较小,社会折现率可适当降低,但不应低于6%。

社会折现率是经济费用效益分析的重要通用参数,既用作经济内部收益率的判别基准,也用作计算经济净现值的折现率,因此,社会折现率同时具有判别准则参数和计算参数两种职能。

2. 影子汇率

影子汇率是指能正确反映国家外汇经济价值的汇率,体现了从国民经济角度对外汇价格的估量。在项目经济费用效益分析中使用影子汇率,是为了正确计算外汇的真实经济价值。

影子汇率是项目国民经济评价的重要参数,由国家统一测定发布,并且定期调整。建设项目经济费用效益分析中,项目的进口投入物和出口产出物,应采用影子汇率换算系数调整计算进出口外汇收支的价值。影子汇率的发布有两种形式,一种是直接发布影子汇率,另一种则是将影子汇率与国家外汇牌价挂钩,发布影子汇率换算系数。

$$影子汇率 = 外汇牌价 \times 影子汇率换算系数 \tag{3.34}$$

2006年,国家发展改革委与建设部发布的《建设项目经济评价方法与参数》(第三版)中的影子汇率换算系数确定为1.08。如美元兑人民币的外汇牌价为7.0元/美元时,美元的影子汇率为7.56元/美元。

影子汇率在项目的国民经济评价中,除用于外汇与本国货币之间的换算外,还是经济换汇和经济节汇成本的判据。国家可以利用影子汇率作为经济杠杆来影响项目方案的选择和项目的取舍。比如某项目的投入物既可以使用国产设备也可以使用进口设备,当影子汇率较高时,就有利于前一种方案。

3. 影子工资

影子工资是指建设项目使用劳动力资源而使社会付出的代价,在建设项目经济费用效益分析中以影子工资计算劳动力费用。影子工资可由财务工资乘以影子工资换算系数得到。影子工资换算系数是指影子工资与项目财务分析中的劳动力工资之比。技术性工作的劳动力的工资报酬一般由市场供求决定，影子工资换算系数一般取值为1，即影子工资可等同于财务分析中使用的工资。根据我国非技术劳动力就业状况，非技术劳动力的影子工资换算系数为 0.25～0.8。考虑到我国各地经济发展不平衡，劳动力供求关系有一定差别，规定影子工资换算系数应当按照当地非技术劳动力供给富余程度进行调整。非技术劳动力较为富余的地区可取较低值，不太富余的地区可取较高值，中间状况可取 0.5。

4. 影子价格

影子价格是经济费用效益分析时专用的计算价格，进行经济费用效益分析时，项目的主要投入物和产出物原则上应采用影子价格。影子价格反映项目的投入物和产出物的真实经济价值、市场供求关系、资源稀缺程度和资源合理配置的要求。影子价格理论最初来自求解数学规划，在求解一个"目标"最大化数学规划的过程中，发现每种"资源"对于"目标"都有着不同的边际贡献。这种"资源"对于目标的边际贡献被定义为"资源"的影子价格。影子价格从理论上说就是在资源最优配置的生产组织条件下，市场供给和需求达到均衡时产品和投入资源的价格，它只有在完全竞争的市场中才能实现。

3.2.4.6 经济费用效益分析指标

如果项目的经济费用和效益能够进行货币化，应在费用效益识别和计算的基础上，编制经济费用效益流量表，计算下列经济费用效益分析指标，分析项目投资的经济效率。经济费用效益分析以盈利能力为主，评价指标包括经济净现值、经济内部收益率和经济效益费用比。

1. 经济净现值（ENPV）

经济净现值是反映项目对国民经济净贡献的绝对指标。它是指用社会折现率将项目计算期内各年的净收益流量折算到建设期初的现值之和。其表达式为

$$ENPV = \sum_{t=1}^{n}(B-C)_t(1+i_s)^{-t} \tag{3.35}$$

式中　B——经济效益流量；

　　　C——经济费用流量；

$(B-C)_t$——第 t 年的经济净效益流量；

　　　i_s——社会折现率；

　　　n——项目计算期。

在经济费用效益分析中当工程项目经济净现值等于或大于 0，表明项目可以得到符合社会折现率的社会盈余，认为该项目从经济资源配置的角度是可以考虑接受的。反之，应予以拒绝。

2. 经济内部收益率（EIRR）

经济内部收益率是反映项目对国民经济净贡献的相对指标。它是项目在计算期内经济净效益流量的现值累计等于零时的折现率。其表达式为

$$\sum_{t=1}^{n}(B-C)_t(1+EIRR)^{-t} = 0 \tag{3.36}$$

式中 $EIRR$——经济内部收益率；

其他符号同上。

经济内部收益率等于或大于社会折现率，表明项目对国民经济的净贡献达到或超过了要求的水平，这时应认为项目是可以接受的。

3. 经济效益费用比（R_{BC}）

经济效益费用比系指项目在计算期内效益流量的现值与费用流量的现值之比，应按式（3.37）计算：

$$R_{BC} = \frac{\sum_{t=1}^{n} B_t (1+i_s)^{-t}}{\sum_{t=1}^{n} C_t (1+i_s)^{-t}} \tag{3.37}$$

式中 B_t——第 t 期的经济效益；

C_t——第 t 期的经济费用。

如果经济效益费用比大于1，表明项目资源配置的经济效率达到了可以被接受的水平。

任务 3.3 不确定性分析

不确定性分析与风险分析是项目经济评价中的重要内容。项目经济评价所采用的数据大部分来自预测和估算，具有一定程度的不确定性。在项目实施的整个过程中，有些因素可能会发生变化，一旦这些因素发生变化，将会对项目经济效果产生影响。为分析不确定性因素变化对评价指标的影响，估计项目可能承担的风险，应进行不确定性分析与经济风险分析，提出项目风险的预警、预报和相应的对策，为投资决策服务。

3.3.1 不确定性因素及其影响

不确定性与确定性是相对的概念，是指某一时间，活动在未来可能发生，也可能不发生，其发生状况、时间及其结果的可能性或概率是未知的。

进行不确定性分析，就是要找出影响项目的主要不确定性因素，分析其影响程度，研究预防应变措施，减少和消除对项目的不利影响，以达到项目的预期效果。建设项目主要的不确定性因素及其对项目的影响如下：

（1）物价的变化。由于通货膨胀、供求关系的变化及其他原因会引起大部分项目投入物、产出物价格的变化，如原材料费用的上涨、劳务费用的增加、产品价格的波动。

（2）投资额的变化。投资额增加使项目的投入增大并降低项目的经济效益。

（3）建设工期的变化。建设工期延长不仅使项目的投入增大，而且可能使项目错过良好商机，影响项目的经济效益。

（4）项目产出达不到正常的生产能力，会使项目的产出减小并降低项目的经济效益。

(5) 项目经营成本的变化。

(6) 年利率的变化。

3.3.2 建设项目不确定性分析方法

建设项目不确定性分析方法主要包括盈亏平衡分析和敏感性分析。

3.3.2.1 盈亏平衡分析

盈亏平衡分析也叫量本利分析或收支平衡分析，主要研究项目投产后正常年份的产品业务量（产量或销量）、成本、利润之间的相互制约平衡关系，是用来预测利润、控制成本、判断经营状况的一种数理分析方法。

盈亏平衡分析法是通过盈亏平衡点，分析项目成本与收益平衡关系的一种方法，各种不确定因素，如投资、成本、销售量、产品价格等的变化，会影响投资方案的经济效果，当这些因素的变化达到某一临界值时，就会影响方案的取舍。这一临界值即为盈亏平衡点，在盈亏平衡点上项目的销售收入扣除销售税金及附加后正好等于总成本费用，达到盈亏平衡。因此盈亏平衡分析的目的就是寻找这种临界值——盈亏平衡点，以判断方案对不确定因素变化的承受能力，为项目决策提供依据。

根据产量、成本和利润之间是否呈线性关系，盈亏平衡分析可分为线性盈亏平衡分析和非线性盈亏平衡分析。这里只要求掌握线性盈亏平衡分析。

线性盈亏平衡分析的前提条件：①产量等于销售量，即当年生产的产品当年全部销售出去；②产量变化，单位可变成本不变，总量可变成本是产量的线性函数；③产量变化，销售单价不变，销售收入是销售量的线性函数；④只生产单一产品，或者生产多种产品，但可以换算为单一产品计算，不同产品生产负荷率的变化应保持一致。

线性盈亏平衡分析的方法有解析法和图解法两种方法。

1. 解析法

项目盈亏平衡点的表达形式有多种，可以以实物产量、年销售额、单位产品售价、单位产品的可变成本等的绝对量表示，也可以用某些相对值表示，如生产能力利用率。其中，以产量和生产能力利用率表示的盈亏平衡点，应用最为广泛。

（1）用产量表示的盈亏平衡点：

$$盈亏平衡点产量 = \frac{固定成本}{单位产品价格 - 单位产品销售税金及附加 - 单位产品可变成本}$$

(3.38)

盈亏平衡点产量表示项目可以接受的最低产量，低于此产量水平该项目就会亏损。盈亏平衡点产量越低，表明项目适应市场变化的能力越大，抗风险能力越强。

（2）用生产能力利用率表示的盈亏平衡点：

$$盈亏平衡点生产能力利用率 = \frac{盈亏平衡点产量}{设计生产能力} \times 100\%$$

(3.39)

生产能力利用率是度量项目生产能力状况的重要指标，盈亏平衡点的生产利用率越低，即盈亏平衡点产量与设计生产能力的差距越大，则项目的风险越小，抗风险能力越强。在项目运营中，只要生产能力利用率高于盈亏平衡点生产能力利用率，项目即可盈利；反之项目就存在风险。

根据成本总额对产量的依存关系，全部成本可以分成固定成本和变动成本两部分。固定成本是不受产品产量及销售量影响的成本，即不随产品产量及销售量的增减发生变化的各项成本费用，如非生产人员工资、折旧费、无形资产及其他资产摊销费、办公费、管理费等。

变动成本是随产品产量及销售量的变化而成正比例变化的各项成本，如原材料、燃料、动力消耗、包装费和生产人员工资等。长期借款利息应看作固定成本，短期利息如果用于购置流动资产，可能部分与产品产量、销售量相关，为简化计算，其利息也可看做固定成本。

2. 图解法

图解法是以横坐标表示产量，以纵坐标表示销售收入或总成本费用，由年销售收入、年可变成本、年固定成本绘出三条关系线分别为：①年销售净收入－产量，年销售净收入＝（单位产品价格－单位产品销售税金及附加）×产量；②年总成本－产量，总成本＝固定成本＋可变成本＝固定成本＋单位产品可变成本×产量；③年固定成本－产量，年固定成本与产量无关，为一水平线。

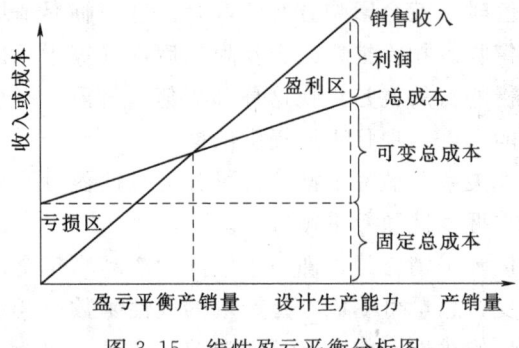

图 3.15 线性盈亏平衡分析图

如图 3.15 所示。显然，两线的交点即为盈亏平衡点。盈亏平衡点对应的横坐标即盈亏平衡点产量。

由线性盈亏平衡分析图可知，当产量低于盈亏平衡点产量时，销售收入线在总成本线下方，即销售收入小于总成本，项目亏损；当产量高于盈亏平衡点产量时，销售收入线在总成本线上方，即销售收入大于总成本，项目盈利。盈亏平衡点越低，达到此点的盈亏平衡点产量与成本也就越少，则项目的盈利机会就越大，亏损的风险就越小。

【例 3.17】 某投资方案的设计生产能力 200 万件，固定成本为 300 万元，单位产品价格为 6.80 元/件，单位产品销售税金及附加为 0.64 元/件，单位产品可变成本为 2.90 元/件。试分别计算用产量、生产能力利用率表示的盈亏平衡点。

【解法 1】 图解法。

固定成本＝300 万元

总成本＝300＋2.90×200＝880（万元）

销售净收入＝（6.80－0.64）×200＝1232（万元）

绘出销售净收入－产量、年总成本－产量、年固定成本－产量三条直线，如图

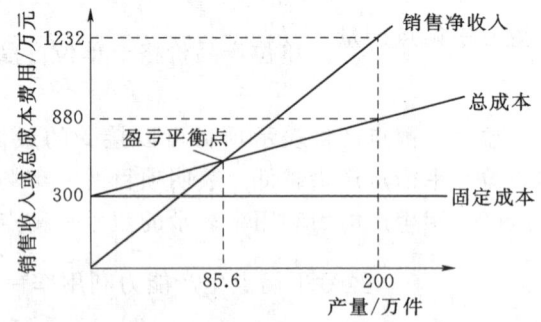

图 3.16 ［例 3.17］线性盈亏平衡分析图

3.16 所示。

由图 3.16 可知：用产量表示的盈亏平衡点为 85.6 万件；

用生产能力利用率表示的盈亏平衡点为 85.6/200×100%＝42.8%。

【**解法 2**】 解析法。

(1) 用产量表示的盈亏平衡点：

$$\text{盈亏平衡点产量} = \frac{\text{固定成本}}{\text{单位产品价格} - \text{单位产品销售税金及附加} - \text{单位产品可变成本}}$$

$$= \frac{328}{6.45 - 0.52 - 2.10} = 85.6(\text{万件})$$

(2) 用生产能力利用率表示的盈亏平衡点：

$$\text{生产能力利用率} = \frac{\text{盈亏平衡点产量}}{\text{设计生产能力}} \times 100\%$$

$$= \frac{85.6}{200} \times 100\% = 42.8\%$$

3.3.2.2 敏感性分析

3.26
敏感性分析

敏感性分析是投资项目评价中最常用的一种不确定性分析方法。敏感性分析系指通过分析不确定性因素发生增减变化时，对财务或经济评价指标的影响，并计算敏感度系数和临界点，找出敏感因素。一个建设项目在其建设与生产经营的过程中，由于项目内外环境的变化，许多因素都会发生变化。若某些因素仅发生较小幅度的变化就会引起经济评价指标发生较大幅度的变动，称之为敏感性因素；而另一些因素即使发生了较大幅度的变化，对经济评价指标的影响也不是太大，则称之为非敏感性因素。投资者需要把握敏感性因素，对其进行敏感性分析，从而分析项目的风险大小。敏感性分析的目的就是通过分析及预测影响工程项目经济评价指标的主要因素（投资、成本、价格、折现率、建设工期等）发生变化时对这些经济评价指标（如净现值、内部收益率、偿还期等）的影响，从中找出敏感因素，并确定其敏感程度，从而对外部条件发生不利变化时投资方案的承受能力做出判断。

敏感性分析通常只进行单因素敏感性分析。单因素敏感性分析是指在进行敏感性分析时，假定只有一个因素是变化的，其他的因素均保持不变，分析这个可变因素对经济评价指标的影响程度和敏感程度。

敏感性分析按以下步骤进行：

(1) 确定进行敏感性分析的经济评价指标，并计算各因素不变时的评价指标数值。

在技术经济分析评价实践中，最常用的敏感性分析指标主要有投资回收期、财务净现值和财务内部收益率等。一般针对进行分析的目标和任务，根据项目的特点、不同的研究阶段、实际需求情况和指标的重要程度来选择。如果主要分析方案状态和参数变化对方案投资回收快慢的影响，则可选用投资回收期作为分析指标；如果主要分析产品价格波动对方案超额净收益的影响，则可选用财务净现值作为分析指标；如果主要分析投资大小对方案资金回收能力的影响，则可选用财务内部收益率指标等。

(2) 选择需要分析的不确定性因素，设定其变化幅度。从众多影响技术项目方案经济指标的因素中选定需要分析的不确定因素,可从以下两个方面考虑:第一,这些因素在可能的变化范围内,对投资效果影响较大;第二,这些因素发生变化的可能性较大。通常设定的不确定性因素有:产品产量、产品单价、可变成本、固定资产投资、建设期贷款利率等。对于各主要因素的变化幅度可根据项目的具体情况进行设定,一般变化幅度为±5%、±10%、±15%、±20%等;也可参照下列变化范围选用:

固定资产投资:±10%~±20%;

工程效益:±15%~±25%;

施工年限:提前或推后1~2年。

(3) 依据设定的不确定性因素的变化幅度,重新计算经济评价指标数值,列出敏感性分析表(表3.15)或绘制敏感性分析图(图3.17)。

表 3.15　　　　　　　　敏 感 性 分 析 表

变化因素变化率	-30%	-20%	0%	10%	20%	30%
基准折现率						
建设投资						
销售价格						
原材料成本						
汇率						
……						

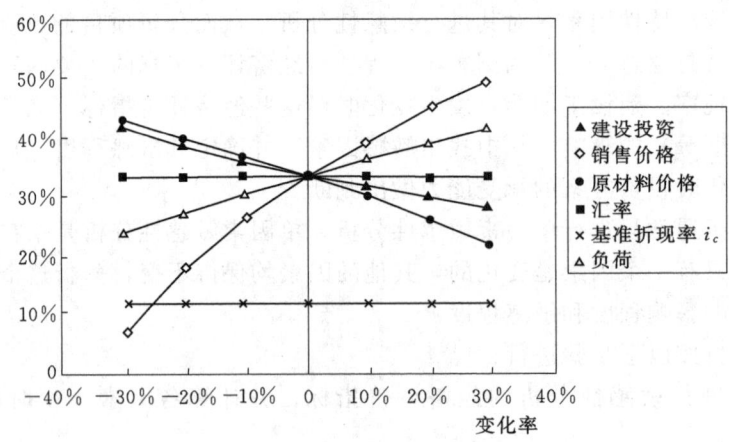

图 3.17　敏感性分析图

(4) 计算敏感度系数或临界点分析指标,对分析的不确定性因素进行排序,找出敏感性因素。

1) 敏感度系数 S_{AF}。敏感度系数 (S_{AF}) 系指项目评价指标变化率与不确定性因素变化率之比,可按式(3.40)计算:

$$S_{AF} = \frac{\Delta A/A}{\Delta F/F} \tag{3.40}$$

式中　$\Delta F/F$——不确定性因素，F 的变化率；

$\Delta A/A$——不确定性因素 F 发生 ΔF 变化时，评价指标 A 的相应变化率。

S_{AF} 大于 0 表示评价指标与不确定性因素同方向变化；敏感度系数小于 0 表示反方向变化。$|S_{AF}|$ 越大表示敏感性越高。

2) 临界点。临界点（转换值）系指不确定性因素的变化使项目由可行变为不可行的临界数值，一般采用不确定性因素相对基本方案的变化率或其对应的具体数值表示。不确定性因素的变化超过临界点，则项目将不可行。临界点可通过敏感性分析图得到近似值，或用专用软件的财务函数计算，也可采用试算法求解。临界点的绝对值越小越敏感。

敏感性分析在一定程度上就各种不确定因素的变动对方案经济效果的影响作了定量描述，有助于决策者了解方案的不确定程度，有助于确定在决策过程中及方案实施过程中需要重点研究与控制的因素，对提高方案经济评价的可靠性具有重要意义。

但是，敏感性分析具有其局限性，它只考虑了各个不确定因素对方案经济效果的影响程度，而没有考虑各不确定因素在未来发生变动的概率，这可能会影响分析结论的准确性。实际上，各个不确定因素在未来发生变动的概率一般是不同的，有些因素非常敏感，一旦发生变动对方案的经济效果影响很大，但它发生变动的可能性很小，以至于可以忽略不计，而另一些因素可能不是很敏感，但它发生变动的可能性很大，实际所带来的不确定性比那些敏感因素更大。这个问题是敏感性分析所无法解决的，必须借助于风险概率分析方法。

【例 3.18】　某地拟建一提水灌区，投资 1500 万元，当年投资当年受益。根据类似灌区资料分析，多年平均灌溉效益及年运行费用预测值分别为 600 万元和 250 万元，工程有效使用期为 6 年，预计期末残值为 200 万元，基准收益率为 8%。对该项目进行敏感性分析。

【解】

第 1 步：以投资额、灌溉效益，年运行费用为不确定因素。

第 2 步：选择财务净现值指标为分析对象。

第 3 步：计算投资额、灌溉效益、年运行费用等单因素变化对财务净现值的影响（进行单因素敏感性分析）。

(1) 确定性条件下项目的财务净现值。首先绘制现金流量图（图 3.18）。

$FNPV=-1500+(600-250)\times(P/A,8\%,6)+100\times(P/F,8\%,6)=244.09$（万元）

(2) 计算投资额变动时的财务净现值。

投资额变动 +10% 时，投资额为 $1500\times(1+10\%)=1650$（万元）。

$FNPV=-1650+(600-250)\times(P/A,8\%,6)+100\times(P/F,8\%,6)=94.09$（万元）

投资额变动 -10% 时，投资额为 $1500\times(1-10\%)=1350$（万元）。

$FNPV=-1350+(600-250)\times(P/A,8\%,6)+100\times(P/F,8\%,6)=394.09$（万元）

(3) 计算灌溉效益变动时的财务净现值。

灌溉效益变动 +10% 时，灌溉效益 $=600\times(1+10\%)=660$（万元）。

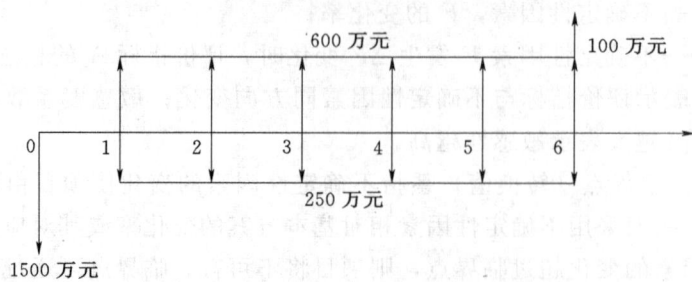

图 3.18 [例 3.18] 现金流量图

$FNPV=-1500+(660-250)\times(P/A,8\%,6)+100\times(P/F,8\%,6)=521.47(万元)$

灌溉效益变动-10%时，灌溉效益=600×(1-10%)=540(万元)。

$FNPV=-1500+(540-250)\times(P/A,8\%,6)+100\times(P/F,8\%,6)=-33.29(万元)$

（4）计算年运行费用变动时的财务净现值。

年运行费用变动+10%时，年运行费用=250×(1+10%)=275(万元)。

$FNPV=-1500+(600-275)\times(P/A,8\%,6)+100\times(P/F,8\%,6)=128.52(万元)$

年运行费用变动-10%时，年运行费用=250×(1-10%)=225(万元)。

$FNPV=-1500+(600-225)\times(P/A,8\%,6)+100\times(P/F,8\%,6)=359.67(万元)$

第 4 步：绘制单因素敏感性分析图（图 3.19），计算各因素的敏感度系数。

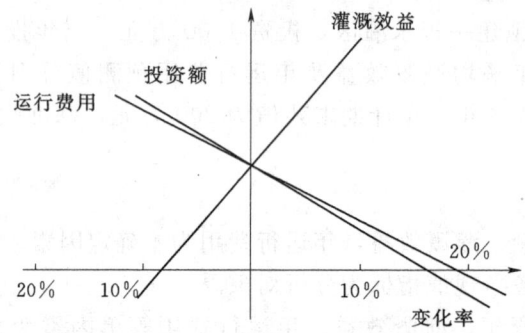

图 3.19 [例 3.18] 单因素敏感性分析图

敏感度系数计算公式为

$$敏感度系数=\frac{评价指标变化的幅度(\%)}{不确定性因素变化的幅度(\%)}$$

$$投资额的敏感度系数=\frac{394.09-244.09}{244.09}\div 10\%=6.15$$

$$灌溉效益的敏感度系数=\frac{-33.29-244.09}{244.09}\div 10\%=-11.36$$

$$年运行费用的敏感度系数=\frac{359.665-244.09}{244.09}\div 10\%=4.73$$

第 5 步：从单因素敏感性分析图可知，灌溉效益是最敏感的因素，其次是投资额,最后是年运行费用。

任务 3.4　项目投资方案的经济比选

一个建设项目往往会有多个备选的投资方案,也就必然面临着对这些投资方案的选择问题。建设项目的投资决策和项目的可行性研究的过程是对建设项目多个方案进行分析、评价和比较的过程,以便选出最佳投资方案。项目投资方案的经济比选就是寻求合理的经济和技术方案的必要手段,也是建设项目评价的重要内容。由于不同的项目投资方案在投资、收益、费用及方案的寿命期各不相同,因此多方案的比选比单方案评价复杂得多,使得在单方案经济评价中所使用的方法和得出的一些结论不能直接用于多方案的比较和选择。

为了正确进行方案的比较和评选,首先要明确各方案之间的相互关系,一般备选方案之间存在着三种关系:独立关系、互斥关系、相关关系。

(1) 独立关系。是指各方案间互不干扰,即一个方案的选择不影响另一个方案的选择,在选择方案时可以任意组合,直到资源得到充分运用为止。一般情况下,企业高层决策人员遇到的多属独立型方案选择的问题。如建筑施工企业采购挖掘机、采购混凝土搅拌机、配置信息管理系统等,这些项目(方案)之间就是独立关系。

(2) 互斥关系。指方案互相关联,互相排斥,即在若干备选技术方案中,各个方案彼此可以相互代替,因此方案具有排他性,选择其中的一个方案则这组方案中的其他方案必然被排斥。方案的互斥关系使得只能在若干个备选方案中选择一个技术方案实施,因此需要通过方案间比选,选择经济效果最优的方案。

(3) 相关关系。在若干备选技术方案中,方案之间不完全是排斥关系,也不完全是独立关系,但一方案的取舍会导致其他方案现金流量的变化,则称这一组方案为相关型多方案。例如:在市区某一地块上投资建设高档公寓,如果其相邻地块上建设污染性严重的工厂必然影响高档公寓的投资效果,对其现金流量产生负的影响。相反,若投资建设大型休闲娱乐场所或者医疗教育配套设施,那将对其现金流量产生正的影响。相关型方案比选处理的基本思路,也是将相关型关系转化为互斥型关系。

要对互斥关系型方案进行比较,就要注意各方案之间要有可比性,一般来说,应考虑以下几个方面的可比性:

1) 满足需要的可比性。各个方案在产品数量、质量、时间,地点和可靠性方面,需同等程度地满足国民经济发展的需要。例如为了满足某一地区的供电要求,可以修建水电站,也可以修建火电站,但要考虑水、火电站不同的厂用电要求(包括电力与电量两个方面)以及输变电损失。为了满足某一城市的供水要求,可以修建水库蓄水,然后输送到城市,经沉淀、过滤、消毒等水质处理措施后供给各个用户;也可以就地开凿深井,抽汲地下水,分别供给各个用户。这两个方案的水量、水质等各个方面,均应满足规定的要求。

2) 满足费用的可比性。所谓费用,应包括工程一次性造价和经常性年运行费两个部分,且应包括主体工程、配套工程等全部费用。例如在电力开发工程中,无论考虑水电站还是火电站方案，其费用都应从一次能源开发工程计算起，至二次能源转变完成并输送至负荷中心地区为止。因此水电站方案的费用应包括水库、输水建筑物、电厂、输变电工程等各部分的费用，火电站方案的费用则应包括煤矿和铁路、电厂、输变电工程等各部分的费用。灌溉工程亦有类似情况，每亩水浇地的投资往往忽视各级渠系工程及田间工程等配套部分所需的投资。

3) 满足价值的可比性。当前在经济比较分析中存在一个重要的问题，就是我国某些工农业产品的现行价格不能反映其价值，即价格与价值之间存在着相当大的背离。因此，由国家发展改革委和建设部于2006年7月3日批准发布的《建设项目经济评价方法与参数》（第三版）中明确规定：在经济费用效益分析中，经济效益和经济费用应采用影子价格计算。对于影子价格，国家计委对许多重要货物都已制定了影子价格。

4) 满足时间价值的可比性。由于各个比较的方案可能会有不同的建设期，而在各年投资的分配比例也可能不相同；投入运行后各方案的经济寿命、各年的效益和年运行费也不相同，为了便于比较，必须把各年的投资、运行费支出和效益收入根据规定的社会折现率或利率统一折现到同一计算基准年，求出各方案的总现值或者折算为平均年值后进行方案比较，这样各个方案才具有可比性。

5) 满足环境保护，生态平衡等要求的可比性。修建电站无论采用哪个方案，都应同等程度满足国民经济对环境保护、生态平衡等方面的要求，或者采取补偿措施，使各比较方案都能满足国家规定的要求。例如，水电站方案一般均有水库淹没损失和工程移民安置问题，此时应考虑各种补偿投资费用，以便安置库区移民，使他们搬迁后的生产和生活水平不低于原来水平，对淹没对象应考虑防护工程费或恢复改建费。火电站方案当燃烧煤炭时，必然对四周环境产生污染，因此应及早考虑设置消烟、除尘、去硫设备以及灰渣清除工程，保证环境质量，为此增加的费用均应计入火电站的基本建设投资中。

根据《建设项目经济评价方法与参数》（第三版）：项目经济评价中宜对互斥方案和可转化为互斥型方案的方案进行比选。方案经济比选可采用效益比选法、费用比选法和最低价格法。

3.4.1 计算期相同互斥方案的比选

3.4.1.1 效益比选法

3.27 计算期相同的互斥方案的比选

(1) 效益比选法包括净现值比较法、净年值比较法、差额投资内部收益率比较法。

1) 净现值比较法。比较备选方案的净现值，以净现值大的方案为优。比较净现值时应采用相同的折现率。操作步骤如下：

3.28 效益比选法

a. 绝对经济效果检验。计算各方案的NPV，并加以检验，若$NPV>0$，方案通过绝对经济效果检验，可以作为备选方案；反之，则没有资格进行下一步的选优。

b. 相对经济效果检验。比较通过绝对经济效果检验的方案的NPV的大小，选择净现值大的为较优方案。

c. 选出最优方案。相对效果检验最后保留的方案为最优方案。判别准则：$NPV_i \geqslant 0$

且 $\max(NPV_i)$ 所对应的方案为最优方案。

2）净年值比较法。比较备选方案的净年值，以净年值大的方案为优。比较净年值时应采用相同的折现率。操作步骤与净现值法相同。判别准则：$NAV_i \geqslant 0$ 且 $\max(NAV_i)$ 所对应的方案为最优方案。

3）差额投资财务内部收益率比较法。就是把备选方案按投资大小，由小到大排序，依次就相邻方案差额现金流计算差额投资财务内部收益率，然后与设定的基准内部收益率进行比较。如果计算所得差额投资财务内部收益率大于或等于设定的基准内部收益率，则投资大的方案为两方案中的较优方案，反之则投资小的方案为两方案中的较优方案，这样两两方案进行比较，从备选方案选出最优方案。该方法适用于寿命期相同的互斥方案的比选。差额投资财务内部收益率应按式（3.41）计算：

$$\sum_{t=0}^{n}[(CI-CO)_{\text{大}}-(CI-CO)_{\text{小}}](1+\Delta FIRR)^{-t}=0 \qquad (3.41)$$

式中 $(CI-CO)_{\text{大}}$——为投资大的方案的财务净现金流量；

$(CI-CO)_{\text{小}}$——为投资小的方案的财务净现金流量；

$\Delta FIRR$——差额投资财务内部收益率。

计算步骤如下：

第1步：排序：将各方案按投资大小由小到大顺序排列。

第2步：确定基准收益率 i_c（或社会折现率 i_s）。

第3步：将方案2与方案1进行比较，计算此两方案的差额投资财务内部收益率 $\Delta FIRR$，选出两方案中的较优方案。若计算所得 $\Delta FIRR \geqslant i_c$（或 i_s），则方案1（两方案中投资大的方案）较优，反之，方案2（两方案中投资小的方案）较优。

第4步：将第3步中选出的较优方案与排序中的方案3进行比较（重复第3步），选出其中的较优方案。

第5步：依次优选直至选出最优方案。

4）差额投资经济内部收益率（$\Delta EIRR$）法。方法与差额投资财务内部收益率法相同，用经济净现金流量代替计算公式中的财务净现金流量，两两方案进行比较，从而选出备用方案中的最优方案。

【例 3.19】 方案Ⅰ、Ⅱ、Ⅲ三个投资方案是互斥方案，各年现金流量见表 3.16。各投资方案的寿命期均为10年，10年后残值额为0，基准收益率为15%，试选择最优方案。

表 3.16 Ⅰ、Ⅱ、Ⅲ三个投资方案收益和费用表 单位：万元

投资方案	初期投资	年销售收益	年费用
Ⅰ	4500	2300	1000
Ⅱ	8200	3200	1300
Ⅲ	9700	4200	1800

【解】 为了正确计算，首先画出三个方案的现金流量图，如图 3.20 所示。

方法1：净现值法。

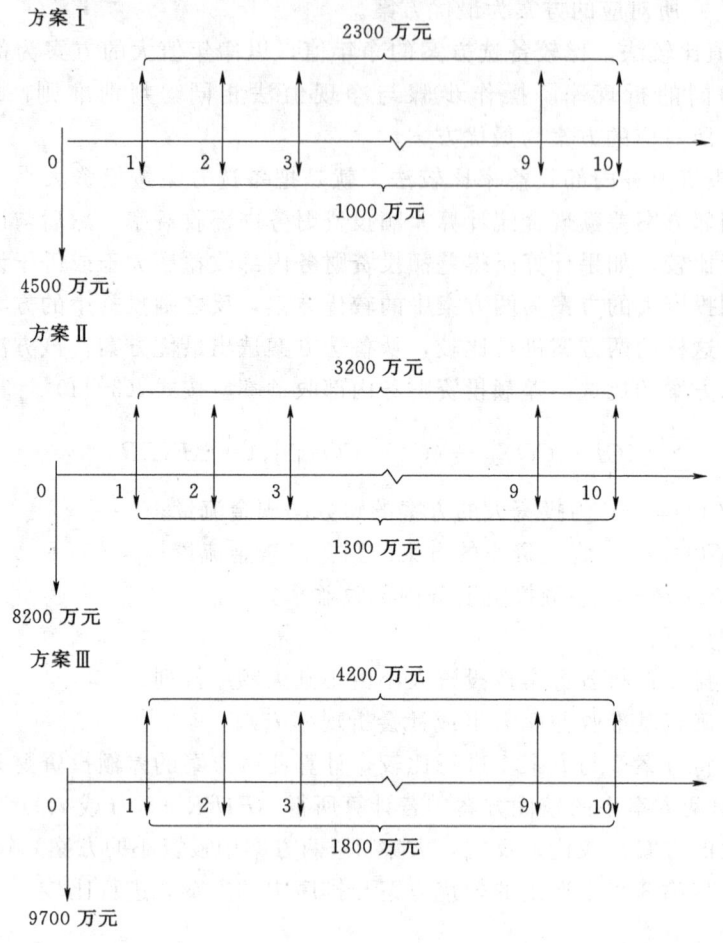

图 3.20 [例 3.19] 三个投资方案现金流量图

第 1 步：计算各方案的净现值，进行绝对效果检验。

各方案的净现值分别计算如下：

$$NPV_{\mathrm{I}} = -4500 + (2300-1000)(P/A,15\%,10) = 2024.44(万元)$$
$$NPV_{\mathrm{II}} = -8200 + (3200-1300)(P/A,15\%,10) = 1335.72(万元)$$
$$NPV_{\mathrm{III}} = -9700 + (4200-1800)(P/A,15\%,10) = 2345.12(万元)$$

由于 3 个方案的净现值均大于 0，因此 3 个方案均通过了绝对效果检验。

第 2 步：相对效果检验。

由净现值的计算结果可知：$NPV_{\mathrm{III}} > NPV_{\mathrm{I}} > NPV_{\mathrm{II}}$

第 3 步：选出最优方案。

$NPV_{\mathrm{III}} \geqslant 0$ 且 NPV_{III} 是 3 个方案中最大的，因此方案Ⅲ是 3 个方案中的最优方案，所以应采用方案Ⅲ，而拒绝方案Ⅰ和方案Ⅱ。

方法 2：净年值法。

第 1 步：计算各方案的净年值，进行绝对效果评价。

各方案的净年值分别计算如下：

$$NAV_{\text{I}} = -4500(A/P, 15\%, 10) + (2300 - 1000) = 403.15(万元)$$
$$NAV_{\text{II}} = -8200(A/P, 15\%, 10) + (3200 - 1300) = 265.74(万元)$$
$$NAV_{\text{III}} = -9700(A/P, 15\%, 10) + 4200 - 1800 = 466.79(万元)$$

第 2 步：相对效果评价。

由净年值的计算结果可知：$NAV_{\text{III}} > NAV_{\text{I}} > NAV_{\text{II}}$。

第 3 步：选出最优方案。

$NAV_{\text{III}} \geqslant 0$，$NAV_{\text{III}}$ 是 3 个方案中最大的，因此方案Ⅲ是 3 个方案中的最优方案，所以应采用方案Ⅲ，而拒绝方案Ⅰ和方案Ⅱ。

方法 3：差额投资财务内部收益率法。

第 1 步：按投资额大小从小到大排序，顺序为Ⅰ、Ⅱ、Ⅲ。

第 2 步：确定基准收益率 $i_c = 15\%$。

第 3 步：计算方案Ⅱ与方案Ⅰ差额投资财务内部收益率。
$$FNPV_{\text{II-I}} = -(8200 - 4500) + (1900 - 1300)(P/A, \Delta FIRR, 10) = 0$$

$i = 9\%$ 时，
$$FNPV_{\text{II-I}} = -(8200 - 4500) + (1900 - 1300)(P/A, 9\%, 10) = 150.62(万元)$$

$i = 11\%$ 时，
$$FNPV_{\text{II-I}} = -(8200 - 4500) + (1900 - 1300)(P/A, 11\%, 10) = -166.48(万元)$$

$$\Delta FIRR = 9\% + \frac{150.62}{150.62 + |-166.48|} \times 2\% = 9.5\% < i_c = 15\%$$

因此，投资小的方案Ⅰ优于投资大的方案Ⅱ。

第 4 步：计算方案Ⅲ与方案Ⅰ差额投资财务内部收益率。
$$FNPV_{\text{III-I}} = -(9700 - 4500) + (2400 - 1300)(P/A, \Delta FIRR_{\text{III-I}}, 10) = 0$$

$i = 16\%$ 时，
$$FNPV_{\text{III-I}} = -(9700 - 4500) + (2400 - 1300)(P/A, 16\%, 10) = 116.52(万元)$$

$i = 18\%$ 时，
$$FNPV_{\text{III-I}} = -(9700 - 4500) + (2400 - 1300)(P/A, 18\%, 10) = -256.49(万元)$$

$$\Delta FIRR = 16\% + \frac{116.52}{116.52 + |-256.49|} \times 2\% = 16.6\% > i_c = 15\%$$

因此，投资大的方案Ⅲ优于投资小的方案Ⅰ，应选择投资方案Ⅲ。

第 5 步：选出最优方案。依据上面比选结果可知方案Ⅲ为 3 个方案中的最优方案。

3.4.1.2 费用比选法

在项目方案的比选中，常常会遇到以下问题：水力发电与火力发电方案比选、铁路运输与公路运输方案比选、钢结构人行天桥与钢筋混凝土结构人行天桥方案比选等。对效益相同或效益基本相同但难以具体估算的方案进行比选时，在方案组中各方案寿命是相等的条件下，可采用费用比选方法。

费用比选方法包括费用现值比较法和费用年值比较法。

1. 费用现值比较法

(1) 费用现值概念。费用现值就是把各方案计算期内的现金流出按基准收益率折算为基准年的现值。费用现值法实际上是净现值法的一个特例，计算出来的净现值只包括费用和投资部分，适用于寿命期相同的方案。

（2）计算公式。

$$PC = \sum_{t=1}^{n} (CO)_t (P/F, i, t) \tag{3.42}$$

式中 $(CO)_t$——第 t 期现金流出量；

n——计算期；

i——折现率；

$(P/F, i, t)$——现值系数。

（3）费用现值比较法判别准则。对于各方案产出价值相同或者产出价值难以衡量但能满足相同需求且寿命期相同的多方案，可采用费用现值方法进行选优。费用现值较低的方案为较优方案，方案的经济效益较好。

2. 费用年值比较法

（1）费用年值的概念。费用年值是将各方案计算期内不同时点发生的所有现金流出，按基准收益率折算成与其等值的等额支付序列年费用。

（2）计算公式。

$$AC = \left[\sum_{t=1}^{n} (CO)_t (P/F, i, t) \right] (A/P, i, n) \tag{3.43}$$

式中 $(A/P, i, n)$——资金回收系数，计算式为 $\dfrac{i(1+i)^n}{(1+i)^n - 1}$；

其他符号同费用现值公式。

（3）费用年值比较法判别准则。与费用现值相同，对于各方案产出价值相同或者产出价值难以衡量但具有等同功能且寿命期相同的多方案，可采用费用年值方法进行选优。费用年值较低的方案为较优方案，方案的经济效益较好。

【例 3.20】 某项目有 A、B 两个互斥方案，其效益相近，有关费用如表 3.17 所示，基准收益率为 15%，试选出较优方案。

表 3.17　　　　　　　［例 3.20］互斥方案现金流量表

方　案	初始投资/万元	年经营成本/万元	寿命/年
A	3600	980	8
B	3200	1150	8

【解】 方法 1：费用现值法。

首先计算两方案的费用现值。

$PC_A = 3600 + 980 \times (P/A, 15\%, 8) = 3600 + 980 \times 4.487 = 7997.26$（万元）

$PC_B = 3600 + 1150 \times (P/A, 15\%, 8) = 3600 + 1150 \times 4.487 = 8360.05$（万元）

然后比较两方案的费用现值：$PC_A < PC_B$。

由以上计算可知，A 方案为较优方案。

方法 2：费用年值法。

首先计算两方案的费用年值。

$AC_A = 980 + 3600 \times (A/P, 15\%, 8) = 980 + 3600 \times 0.2229 = 1782.44(万元)$

$AC_B = 1150 + 3200 \times (A/P, 15\%, 8) = 1150 + 3200 \times 0.2229 = 1863.28(万元)$

然后比较两方案的费用年值：$AC_A < AC_B$。

由以上计算可知，A方案为较优方案。

通过上例计算可知：采用费用年值比较法与费用现值比较法对方案进行比选的结论是一致的。实际上，费用现值 PC 和等额年费用 AC 之间可以很容易进行转换，即

$$AC = PC(A/P, i, n) \text{ 或 } PC = AC(P/A, i, n)$$

实际应用中，对于效益相同或基本相同但又难以具体估算的互斥方案进行比选时，若方案的寿命期相同，则任意选择其中的一种方法即可。

3. 指标评价注意事项

在运用费用比选方法进行多方案比选时，应注意以下三点：

（1）对效益相同但难以具体估算现金流的方案进行比选时，可以采用费用比选方法进行方案比选。

（2）各方案除费用指标外，其他指标和有关因素应基本相同，如产量、质量、收入应基本相同，或者应具有等同功能（如公用项目），在此基础上比较费用的大小。

（3）被比较的各方案，特别是费用现值（年值）最小的方案，应是能够达到盈利目的的方案。因为费用法只能反映费用的大小，而不能反映净收益情况，所以这种方法只能比较方案优劣，而不能用于判断方案是否可行。

3.4.2 计算期不同的互斥方案的比选

以上所讨论方法都是适用于寿命期相同的对比方案。然而，现实中很多进行比选的方案寿命期往往是不相同的。对于互斥方案，若其寿命期不相同，两方案的净现值就不具有可比性，因而不能直接采用净现值等方法比较。因此，为了满足时间可比的要求，就需要对各备选方案的计算期和计算公式进行适当的处理，使各个对比方案在相同的条件下进行比较，才能得出合理的结论。

3.29
计算期不等的互斥方案的比选

根据《建设项目经济评价方法与参数》（第三版）：备选方案的计算期不同时，宜采用净年值法和费用年值法。如果采用差额投资内部收益率法，可将各方案计算期的最小公倍数作为比较方案的计算期，或者以各方案中最短的计算期作为比较方案的计算期。在某些情况下还可采用研究期法。

1. 净年值法（或费用年值法）

在对寿命不等的互斥方案比选时，净年值法（或费用年值法）是最为简便的方法。净年值法（或费用年值法）以年为时间单位比较各方案的经济效果，从而使寿命期不等的互斥方案具有可比性。其评价准则为 $NAV \geq 0$，且 NAV 最大者（或 AC 最小者）为最优方案。

2. 差额投资内部收益率法

差额投资内部收益率法适用于寿命期相同的互斥方案，对于寿命期不同的方案必须对方案的寿命期作适当处理，以保证时间上的可比性。保证时间可比性的方法有多种，最常用的是最小公倍数法和研究期法。

可以将各方案计算期的最小公倍数作为比较方案的计算期（最小公倍数法），或者以各方案中最短的计算期作为比较方案的计算期（研究期法）。

(1) 最小公倍数法。最小公倍数法也叫方案重复法，是将相比较的各方案重复执行若干次，直到彼此期限相等为止。即各备选方案在其计算期结束后，均可按与其原方案计算期内完全相同的现金流量系列周而复始地循环下去，直至共同的计算期，显然这一相等的期限就是各方案寿命期的最小公倍数。然后使用差额投资内部收益率法进行比选。

比如，有两个互斥方案 A 和 B，方案 A 的寿命期为 4 年，方案 B 的寿命期为 6 年，则共同的计算期为 12 年（4 与 6 的最小公倍数）。在这个计算期内方案 A 重复实施 3 次，方案 B 重复实施 2 次。然后就可以采用前述所讲的差额投资内部收益率法进行比选。

(2) 研究期法。最小公倍数法主要是采取"重复投资"的方式达到共同分析期，这种方法在最小公倍数较小的情况下是具有一定合理性的，当最小公倍数很大时，这种假设就不符合实际了。如有寿命期分别为 7 年、8 年、9 年的 3 个方案，则采用上述方法就要计算到最小公倍数 504 年（7 年、8 年和 9 年的最小公倍数）为止。在实际投资项目中，会存在一些项目方案如储量有限且不可再生的资源的开采问题、无形磨损设备的更新换代问题等，这些方案在各自寿命期末不可能重复实施。再者，因为技术在不断地进步，完全相同的方案在一段较长的时期内反复实施的可能性不大，此时用最小公倍数法得出的方案评价结论就不太令人信服。

所谓研究期法，就是对寿命期不相等的互斥方案直接选取一个适当的分析期作为各个方案共同的计算期，通过采用差额投资内部收益率法对方案进行比选，依据差额投资内部收益率的判别准则选择最佳方案。其中，计算期的确定要综合考虑各种因素。在实际应用中，为简便起见，往往直接选取诸方案中最短的计算期为各个方案共同的计算期，所以研究期法又称最小计算期法。

【例 3.21】 某一投资项目有 A、B 两个投资方案，相关数据见表 3.18。若 $i_c=12\%$，试确定较优方案。

表 3.18　　　　　　　　　各方案基础数据　　　　　　　　　单位：万元

方案	初始投资	年净收益	残值	寿命期/年
A	160	60	28	4
B	270	70	32	8

【解法 1】 净年值法。

首先计算两方案的净年值：

$NPV_A = -160 + 60(P/A, 12\%, 4) + 28(P/F, 12\%, 4) = 40.03(万元)$

$NPV_B = -270 + 70(P/A, 12\%, 8) + 32(P/F, 12\%, 8) = 90.65(万元)$

然后计算两方案的净年值：

$NAV_A = 40.03(A/P, 12\%, 4) = 13.18(万元)$

$NAV_B = 90.65(A/P, 12\%, 8) = 18.25(万元)$

由于 $NAV_B > NAV_A > 0$，两方案可行，方案 B 为较优方案。

【解法 2】 差额投资内部收益率法。

(1) 最小公倍数法确定共同计算期。为了计算明了，首先绘制两方案的现金流量图，如图 3.21 和图 3.22 所示。

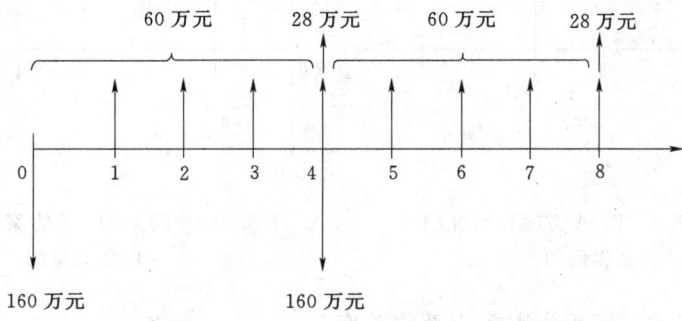

图 3.21 ［例 3.21］A 方案重复实施 2 次现金流量图

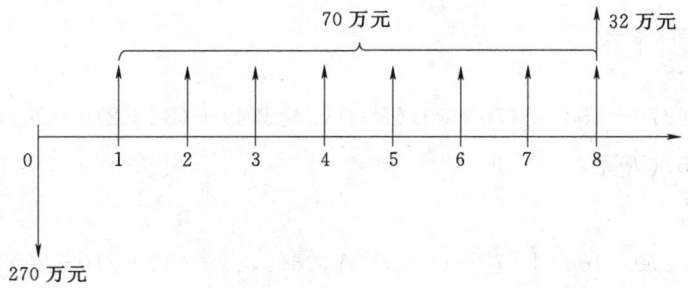

图 3.22 ［例 3.21］B 方案重复实施 1 次现金流量图

计算两方案的差额投资财务内部收益率：
$$FNPV_{B-A} = -(270-160) + (70-60)(P/A, \Delta FIRR, 8) + (0-28)(P/F, FIRR, 4)$$
$$- (0-160)(P/F, FIRR, 4) + (32-28)(P/F, FIRR, 8) = 0$$

$i = 17\%$ 时，
$$FNPV_{B-A} = -(270-160) + (70-60)(P/A, 17\%, 8) + (0-28)(P/F, 17\%, 4)$$
$$- (0-160)(P/F, 17\%, 4) + (32-28)(P/F, 17\%, 8) = 3.66(万元)$$

$i = 19\%$ 时，
$$FNPV_{B-A} = -(270-160) + (70-60)(P/A, 19\%, 8) + (0-28)(P/F, 19\%, 4)$$
$$- (0-160)(P/F, 19\%, 4) + (32-28)(P/F, 19\%, 8) = -3.63(万元)$$

$$\Delta FIRR = 17\% + \frac{3.66}{3.66 + |-3.63|} \times 2\% = 18.0\% > i_c = 12\%$$

因此，B 方案为两方案中的较优方案。

(2) 研究期法。A 方案计算期为 4 年，为两方案中最小的，因此以 4 年为两方案的共同计算期。根据 B 方案情况，假定在共同计算期末可回收资金估计为 210 万元。

为计算明了，首先绘制在研究期内的现金流量图（图 3.23 和图 3.24）。

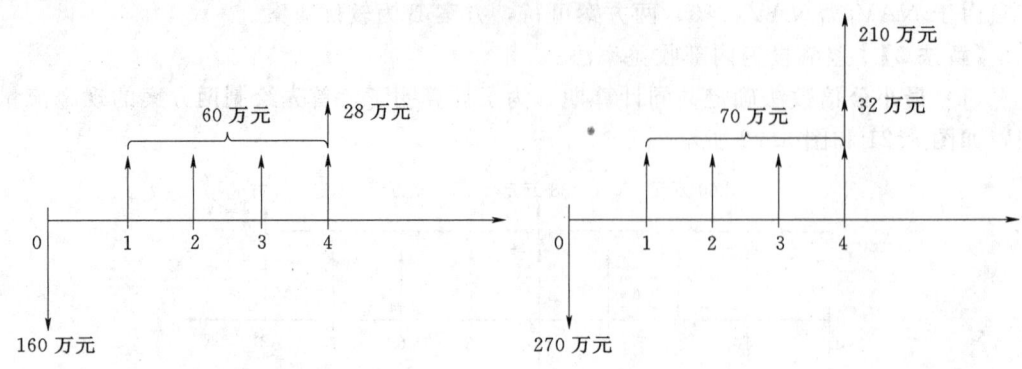

图 3.23 [例 3.21] A 方案在研究期内现金流量图

图 3.24 [例 3.21] B 方案在研究期内现金流量图

计算两方案的差额投资财务内部收益率：

$FNPV_{B-A} = -(270-160)+(70-60)(P/A,\Delta FIRR,4)+(32+210-28)(P/F,FIRR,4)$
$= 0$

$i = 24\%$ 时，

$FNPV_{B-A} = -(270-160)+(70-60)(P/A,24\%,4)+(32+210-28)(P/F,24\%,4)$
$= 4.57(万元)$

$i = 26\%$ 时，

$FNPV_{B-A} = -(270-160)+(70-60)(P/A,26\%,4)+(32+210-28)(P/F,26\%,4)$
$= -1.88(万元)$

$$\Delta FIRR = 24\% + \frac{4.57}{4.57+|-1.88|} \times 2\% = 25.4\% > i_c = 12\%$$

因此，B 方案为较优方案。

任务 3.5 案 例 分 析

3.5.1 基本情况

1. 投资与资金筹措

某枢纽工程项目建设期 3 年，第 4 年投产，第 5 年进入正常运行期。投产期生产能力达设计能力的 85%，工程使用寿命 10 年，计算期为 13 年。财务基准折现率取 8%。

项目建设投资估算额为 2580 万元，正常运行期流动资金估算额为 77 万元。流动资金估算见表 3.19。固定资产投资中，自有资金 1200 万元，其余由银行贷款。贷款偿还投产期后 7 年等额本金偿还。流动资金 1/3 自筹，2/3 由银行贷款。两种贷款年利率均为 7.5%。流动资金本金在寿命期末一次偿还。项目点投资使用计划与资金筹措见表 3.20。

任务 3.5 案 例 分 析

表 3.19　　　　　　　　　　　流动资金估算表　　　　　　　　　　单位：万元

序号	项目	运行期	正常运行期								
		4	5	6	7	8	9	10	11	12	13
1	流动资金	81	94	94	94	94	94	94	94	94	94
1.1	应收账款	16	16	16	16	16	16	16	16	16	16
1.2	存货	55	68	68	68	68	68	68	68	68	68
1.3	现金	10	10	10	10	10	10	10	10	10	10
1.4	预付账款	0	0	0	0	0	0	0	0	0	0
2	流动负债	17	17	17	17	17	17	17	17	17	17
2.1	应付账款	17	17	17	17	17	17	17	17	17	17
2.2	预收账款	0	0	0	0	0	0	0	0	0	0
3	流动资金	64	77	77	77	77	77	77	77	77	77

表 3.20　　　　　　　　项目总投资使用计划与资金筹措表　　　　　　　　单位：万元

序号	项 目	建 设 期			运 行 期		合计
		1	2	3	4	5	
1	总投资	877.3	913.0	951.5	64	17	2822.8
1.1	建设投资	860.0	860.0	860.0			2580.0
1.2	建设期利息	17.3	53.0	91.5			161.8
1.3	流动资金				64	17	81.0
2	资金筹措	877.3	913.0	951.5	64	17	2822.8
2.1	项目资本金	417.3	453.0	491.5	19.2	17	1398.0
2.1.1	用于建设投资	400.0	400.0	400.0			1200.0
2.1.2	用于流动资金				19.2	17	36.2
2.1.3	用于建设期利息（7.5%）	17.3	53.0	91.5			161.8
2.2	债务资金（贷款）	460	460	460	44.8	0	1424.8
2.2.1	用于建设投资	460	460	460			1380.0
2.2.2	用于流动资金				44.8	0	44.8

2. 总成本费用估算

（1）材料费。运行初期和正常运行年份外购原材料费分别为 8.4 万元和 9.7 万元。

（2）燃料及动力费。运行初期和正常运行年份外购燃料及动力费分别为 75 万元和 88 万元。

（3）工资及福利费。项目工作人员工资总额 94 万元/年，福利费按工资总额的 20% 计取，则全年工资及福利费为 110 万元。

（4）修理费。维护修理费按固定资产原值的 3.0%，每年 78.5 万元。

（5）其他费用。其他费用按以上费用的 10% 估算。

（6）固定资产折旧。固定资产余值按固定资产原值的 5% 考虑，采用直线折旧法计算年折旧费。各年折旧费及固定资产净值计算结果填入表3.21中。表3.21中固定资产原值等于表3.20中建设投资加建设期利息，再减去无形资产和其他资产。

表 3.21　　　　　　　　　　　总 成 本 费 用 估 算 表　　　　　　　　　　单位：万元

序号	项　　目	合计	初运期	正 常 运 行 期								
			4	5	6	7	8	9	10	11	12	13
	生产负荷		85	100	100	100	100	100	100	100	100	100
1	材料费	95.7	8.4	9.7	9.7	9.7	9.7	9.7	9.7	9.7	9.7	9.7
2	燃料及动力费	867	75	88	88	88	88	88	88	88	88	88
3	工资及福利费	1100	110	110	110	110	110	110	110	110	110	110
4	修理费	786.7	78.5	78.6	78.6	78.6	78.7	78.7	78.7	78.7	78.8	78.8
5	其他费用	284.9	27.2	28.6	28.6	28.6	28.6	28.6	28.6	28.6	28.6	28.7
6	年运行费（经营成本）	3134.3	299.1	314.9	314.9	315.0	315.0	315.0	315.1	315.1	315.1	315.2
7	折旧费	2462.2	246.2	246.2	246.2	246.2	246.2	246.2	246.2	246.2	246.2	246.2
8	摊销费	150.0	18.0	18.0	18.0	18.0	18.0	12.0	12.0	12.0	12.0	12.0
9	利息支出	474.6	113.6	97.9	82.1	66.4	50.6	34.9	19.1	3.4	3.4	3.4
10	总成本费用	6221.2	677.0	677.0	661.3	645.5	629.8	608.1	592.4	576.7	576.7	576.7

(7) 无形资产摊销。无形资产为200万元，按10年摊销。其他资产为30万元，按5年摊销。摊销计算结果填入表3.22。

表 3.22　　　　　　　　　无 形 资 产 及 递 延 资 产 摊 销 估 算 表　　　　　　　　单位：万元

序号	项　　目	合计	初运期	正 常 运 行 期							
			4	5	6	7	8	9	10	11	12	13
1	无形资产											
	原值	120										
	当期摊销费		12	12	12	12	12	12	12	12	12	12
	净值		108	96	84	72	60	48	36	24	12	0
2	递延资产											
	原值	30										
	当期摊销费		6	6	6	6	6					
	净值		24	18	12	6	0					
3	合计											
	原值	150										
	当期摊销费		18	18	18	18	18	12	12	12	12	12
	净值		132	114	96	78	60	48	36	24	12	0

(8) 利息支出。

3. 营业收入

项目正常运行收入为1250万元，投产期营业收入按正常运行期营业收入的80%

估计。

4. 营业税金及附加

营业税税率为3.0%，城市维护建设税和教育费附加分别为营业税的5%和3%，因此得综合税率为3.24%。

5. 利润与利润分配

营业收入减去总成本费用、营业税金及附加，得利润总额。所得税金按利润总额的25%计取，法定盈余公积金按当年净利润的10%提取，任意盈余公积金不考虑提取。本项目提取的年折旧费和摊销费足够用来偿还长期贷款本金，因此可供投资者分配的利润全部用于利润分配，不考虑未分配利润。利润与利润分配见表3.23，总成本费用、利息支出、折旧、摊销见表3.24。

表 3.23　　　　　　　利 润 与 利 润 分 配 表　　　　　　单位：万元

序号	项　　目	合计	初运期	正 常 运 行 期								
			4	5	6	7	8	9	10	11	12	13
	生产负荷		80	100	100	100	100	100	100	100	100	100
1	营业收入	12250.0	1000.0	1250.0	1250.0	1250.0	1250.0	1250.0	1250.0	1250.0	1250.0	1250.0
2	营业税金及附加	396.9	32.4	40.5	40.5	40.5	40.5	40.5	40.5	40.5	40.5	40.5
3	总成本费用	6221.2	677.0	677.0	661.3	645.5	629.8	608.1	592.4	576.7	576.7	576.7
4	补贴收入											
5	利润总额（1-2-3+4）	5631.9	290.6	532.5	548.2	564.0	579.7	601.4	617.1	632.8	632.8	632.8
6	弥补以前年度亏损											
7	应纳税所得额（5-6）	5631.9	290.6	532.5	548.2	564.0	579.7	601.4	617.1	632.8	632.8	632.8
8	所得税（25%）	1408.0	72.7	133.1	137.1	141.0	144.9	150.3	154.3	158.2	158.2	158.2
9	净利润（5-8）	4224.0	218.0	399.4	411.2	423.0	434.8	451.0	462.8	474.6	474.6	474.6
10	期初未分配利润											
11	可供分配的利润（9+10）	4224.0	218.0	399.4	411.2	423.0	434.8	451.0	462.8	474.6	474.6	474.6
12	提取法定盈余公积金（10%）	422.4	21.8	39.9	41.1	42.3	43.5	45.1	46.3	47.5	47.5	47.5
13	可供投资者分配的利润（11-12）	3801.6	196.2	359.5	370.1	380.7	391.3	405.9	416.6	427.2	427.1	427.1
15	提取任意盈余公积金											
17	各投资方利润分配	3801.6	196.2	359.5	370.1	380.7	391.3	405.9	416.6	427.2	427.1	427.1
18	未分配利润（13-15-17）	0.0	0.0	0.0	0.0	0.0	0.0	0.0	0.0	0.0	0.0	0.0
19	息税前利润（利润总额+利息支出）	6106.5	404.2	630.4	630.4	630.3	630.3	636.3	636.2	636.2	636.2	636.1
20	息税折旧摊销前利润（息税前利润+折旧+摊销）	8718.8	668.5	894.6	894.6	894.5	894.5	894.5	894.4	894.4	894.4	894.3

表 3.24　　　　　　　　　　　固定资产折旧估算表　　　　　　　　　　单位：万元

项　目	合计	运行期	正常运行期							
		4	5	6	7	8	9	10	11	12	13
固定资产原值	2591.8										
当前折旧费	2462.2	246.2	246.2	246.2	246.2	246.2	246.2	246.2	246.2	246.2	246.2
净值	129.6	2345.6	2099.4	1853.1	1606.9	1360.7	1114.5	868.3	622.0	375.8	129.6

3.5.2 要求

(1) 根据已知条件完成表 3.23 和表 3.24。

(2) 进行财务盈利能力分析：制作项目投资财务现金流量表 3.25（融资前）；计算所得税前内部收益率、财务净现值、投资回收期；所得税后内部收益率、财务净现值、投资回收期。制作融资后项目资本金现金流量表 3.26；计算内部收益率、财务净现值、投资回收期。

(3) 进行财务偿债能力分析，制作资产负债表 3.27 和借款还本付息计算表 3.28，计算利息备付率和偿债备付率。

(4) 进行财务生存能力分析，制作财务计划现金流量表 3.29。

3.5.3 财务分析

1. 财务盈利能力分析

编制项目投资财务现金流量表，见表 3.25。表中营业收入、营业税金及附加、所得税取自表 3.23，回收固定资产余值取自表 3.21，建设投资，流动资金取自表 3.20，经营成本取自表 3.24。

根据财务现金流量表，所得税前财务内部收益率为 16.2%，财务净现值为 695.45 万元，投资回收期为 6.2 年。所得税后财务内部收益率为 13.4%，财务净现值为 475.36 万元，投资回收期为 6.7 年。

融资后项目资本金现金流量表，见表 3.26。表中权益投资取自表 3.20，借款本金偿还、借款利息支付取自表 3.28。根据项目资本金现金流量表，资本金内部收益率为 15.7%，净现值 617.61 万元。

以上结果表明，本项目具有较好的盈利能力。

2. 财务偿还能力分析

编制资产负债表，见表 3.27。表中货币资金、应收账款、存货、应付账款取自表 3.19，累计盈余资金取自表 3.29，建设投资借款、流动资金借款取自表 3.28，资本金根据表 3.20 各年投入的资本金确定，累计盈余公积金、累计未分配利润根据表 3.23 确定。

经计算，还贷期各年负债率表 3.27 最后一行。各年资产负债率均在 60% 以下，因此债权人风险小。

编制项目借款还本付息计算表，见表 3.28。表中利息备付率等于表 3.23 中息税前利润除以本表中付息，偿付备付率等于表 3.23 中息税折旧摊销前利润除以表 3.28 中当期还本付息。根据借款还本付息计算表，项目在正常运行期的每年利息备付率均

任务3.5 案例分析

表3.25 项目投资财务现金流量表

单位：万元

序号	项目	合计	建设期 1	建设期 2	建设期 3	初运期 4	运行期 5	运行期 6	运行期 7	运行期 8	运行期 9	运行期 10	运行期 11	运行期 12	运行期 13
	生产负荷					80	100	100	100	100	100	100	100	100	100
1	现金流入	12451.9				1000	1250	1250	1250	1250	1250	1250	1250	1250	1451.9
1.1	营业收入	12250				1000.0	1250.0	1250.0	1250.0	1250.0	1250.0	1250.0	1250.0	1250.0	1250.0
1.2	补贴收入														
1.3	回收固定资产余额	120.9													120.9
1.4	回收流动资金	81													81
2	现金流出	2661	860	860	860	395.5	372.4	355.4	355.5	355.5	355.5	355.6	355.6	355.6	355.7
2.1	建设投资	2580	860	860	860										
2.2	流动资金	81				64	17								
2.3	经营成本					299.1	314.9	314.9	315.0	315.0	315.0	315.1	315.1	315.1	315.2
2.4	营业税金及附加					32.4	40.5	40.5	40.5	40.5	40.5	40.5	40.5	40.5	40.5
2.5	维持运营资														
3	所得税前净现金流量（1－2）	9790.9	−860	−860	−860	604.5	877.6	894.6	894.5	894.5	894.5	894.4	894.4	894.4	1096.2
4	累计所得税前净现金流量		−860.0	−1720.0	−2580.0	−1975.5	−1097.9	−203.3	691.2	1585.7	2480.2	3375	4269	5163.4	6259.7
5	调整所得税	1408.0				72.7	133.1	137.1	141.0	144.9	150.3	154.3	158.2	158.2	158.2
6	所得税后净现金流量（3－5）	8382.9	−860.0	−860.0	−860.0	531.8	744.5	757.5	753.6	749.6	744.1	740.2	736.2	736.2	938.1
7	累计所得税后净现金流量		−860	−1720	−2580	−2048.2	−1303.7	−546.2	207.4	956.9	1701.1	2441.2	3177.4	3913.6	4851.7

模块3 建设工程投资控制基础知识

表 3.26 项目资本金现金流量表

单位:万元

序号	项目	合计	建设期 1	建设期 2	建设期 3	初运期 4	运行期 5	运行期 6	运行期 7	运行期 8	运行期 9	运行期 10	运行期 11	运行期 12	运行期 13
	生产负荷					80	100	100	100	100	100	100	100	100	100
1	现金流入	12451.9				1000.0	1250.0	1250.0	1250.0	1250.0	1250.0	1250.0	1250.0	1250.0	1451.9
1.1	营业收入	12250.0				1000.0	1250.0	1250.0	1250.0	1250.0	1250.0	1250.0	1250.0	1250.0	1250.0
1.2	补贴收入														
1.3	回收固定资产余值	120.9													120.9
1.4	回收流动资金	81													81
2	现金流出	1398.0	417.3	453.0	491.5	734.1	800.5	771.7	759.9	748.2	737.9	726.1	517.2	517.2	562.0
2.1	项目资本金		417.3	453.0	491.5	19.2	17.0								
2.2	借款本金偿还	474.6				197.1	197.1	197.1	197.1	197.1	197.1	197.1	0	0	44.8
2.3	借款利息支付					113.6	97.9	82.1	66.4	50.6	34.9	19.1	3.4	3.4	3.4
2.4	经营成本	3134.3				299.1	314.9	314.9	315.0	315.0	315.0	315.1	315.1	315.1	315.2
2.5	营业税金及附加	396.9				32.4	40.5	40.5	40.5	40.5	40.5	40.5	40.5	40.5	40.5
2.6	所得税	1408.0				72.7	133.1	137.1	141.0	144.9	150.3	154.3	158.2	158.2	158.2
2.7	维持运营投资														
3	净现金流量		−417.3	−453.0	−491.5	265.9	449.5	478.3	490.1	501.8	512.1	523.9	732.8	732.8	889.9

任务3.5 案例分析

表3.27 资产负债表

单位：万元

序号	项目	建设期 1	建设期 2	建设期 3	初运期 4	运行期 5	运行期 6	运行期 7	运行期 8	运行期 9	运行期 10	运行期 11	运行期 12	运行期 13
1	资产	877.3	1790.3	2741.8	2684.0	2563.6	2430.4	2297.4	2164.7	2026.5	1888.6	1948.1	2007.6	2022.2
1.1	流动资产总额	17.3	70.3	161.8	338.4	464.2	577.3	690.5	803.9	912.1	1020.4	1326.1	1631.8	1892.6
1.1.1	货币资金				10	10	10	10	10	10	10	10	10	10
1.1.2	应收账款				16	16	16	16	16	16	16	16	16	16
1.1.3	预付账款													
1.1.4	存货				55	68	68	68	68	68	68	68	68	68
1.1.5	累计盈余资金	17.3	70.3	161.8	257.4	370.2	483.3	596.5	709.9	818.1	926.4	1232.1	1537.8	1798.6
1.2	在建工程	860	1720	2580										
1.3	固定资产净值				2345.6	2099.4	1853.1	1606.9	1360.7	1114.5	868.3	622.0	375.8	129.6
1.4	无形资产及其他资产净值													
2	负债及所有者权益					17	17	17	17	17	17	17	17	17
2.1	流动负债总额				17	17	17	17	17	17	17	17	17	17
2.1.1	短期借款													
2.1.2	应付账款													
2.1.3	预收账款													
2.1.4	其他													
2.2	建设投资借款	460	920	1380	1182.9	985.7	788.6	591.4	394.3	197.1	0	0	0	0
2.3	流动资金借款				44.8	44.8	44.8	44.8	44.8	44.8	44.8	44.8	44.8	44.8
2.4	负债小计	460	920	1380	1244.7	1047.5	850.4	653.2	456.1	258.9	61.8	61.8	61.8	61.8
2.5	所有者权益	417.3	870.3	1361.8	1381.0	1398.0	1398.0	1398.0	1398.0	1398.0	1398.0	1398.0	1398.0	1398.0
2.5.1	资本金													
2.5.2	资本公积金				21.8	61.7	102.9	145.2	188.6	233.7	280.0	327.5	374.9	422.4
2.5.3	累计盈余公积金													
2.5.4	累计未分配利润	52.4	51.4	50.3	46.4	40.9	35.0	28.4	21.1	12.8	3.3	3.2	3.1	0.8
	资产负债率													

表 3.28 借款还本付息计算表

单位：万元

序号	项目	合计	建设期			初运期	运行期									
			1	2	3	4	5	6	7	8	9	10	11	12	13
1	借款	1380	460	460	460										
1.1	期初借款余额														
1.2	当期还本付息	1794				300.6	285.9	271.1	256.3	241.5	226.7	211.9			
	其中：还本	1380				197.1	197.1	197.1	197.1	197.1	197.1	197.1			
	付息	414				103.5	88.7	73.9	59.1	44.4	29.6	14.8			
1.5	期末贷款余额		460	920	1380	1182.9	985.7	788.6	591.4	394.3	197.1	0			
2	流动资金借款														
2.1	期初债务余额	78.4				44.8	3.36	3.36	3.36	3.36	3.36	3.36	3.36	3.36	3.36
2.2	当期还本付息	44.8				3.36	3.36	3.36	3.36	3.36	3.36	3.36	3.36	3.36	44.8
	其中：还本															44.8
	付息	33.6				3.36	3.36	3.36	3.36	3.36	3.36	3.36	3.36	3.36	3.36
2.3	期末贷款余额					44.8	44.8	44.8	44.8	44.8	44.8	44.8	44.8	44.8	0
3	借款合计														
3.1	期初借款余额	1424.8	460	460	460	44.8									
3.2	当期还本付息					304.0	289.2	274.4	259.6	244.9	230.1	215.3	3.36	3.36	48.16
	其中：还本					197.1	197.1	197.1	197.1	197.1	197.1	197.1	0	0	44.8
	付息					106.9	92.1	77.3	62.5	47.7	32.9	18.1	3.36	3.36	3.36
3.3	期末借款余额					1227.7	1030.5	833.4	636.2	439.1	241.9	44.8	44.8	44.8	0
	利息备付率					3.8	6.8	8.2	10.1	13.2	19.3	35.1	189.3	189.3	189.3
	偿债备付率					1.56	1.64	1.67	1.71	1.75	1.74	1.79	168.83	168.83	10.85

任务3.5 案例分析

表 3.29 财务计划现金流量表

单位：万元

序号	项目	合计	建设期			初运期		运行期							
			1	2	3	4	5	6	7	8	9	10	11	12	13
1	经营活动净现金流量					595.8	761.5	757.5	753.6	749.6	744.1	740.2	736.2	736.2	736.2
1.1	现金流入					1000	1250	1250	1250	1250	1250	1250	1250	1250	1250
1.1.1	营业收入					1000	1250	1250	1250	1250	1250	1250	1250	1250	1250
1.1.2	其他流入														
1.2	现金流出					404.2	488.5	492.5	496.4	500.4	505.9	509.8	513.8	513.8	513.8
1.2.1	经营成本					299.1	314.9	314.9	315.0	315.0	315.0	315.1	315.1	315.1	315.2
1.2.3	营业税及附加					32.4	40.5	40.5	40.5	40.5	40.5	40.5	40.5	40.5	40.5
1.2.5	所得税					72.7	133.1	137.1	141.0	144.9	150.3	154.3	158.2	158.2	158.2
1.2.6	其他流出														
2	投资活动净现金流量（2.1－2.2)	-2661	-860	-860	-860	-64	-17								
2.1	现金流入														
2.2	现金流出	2661	860	860	860	64	17								
2.2.1	建设投资	2580	860	860	860										
2.2.2	维持运营投资														

续表

序号	项 目	合计	建设期 1	建设期 2	建设期 3	初运期 4	初运期 5	运行期 6	运行期 7	运行期 8	运行期 9	运行期 10	运行期 11	运行期 12	运行期 13
2.2.3	流动资金	81				64	17								
2.2.4	其他流出														
3	筹资活动净现金流量（3.1－3.2）		877.3	913.0	951.5	−436.2	−631.7	−644.5	−640.3	−636.1	−636.0	−631.8	−430.5	−430.5	−475.3
3.1	现金流入	2822.8	877.3	913.0	951.5										
3.1.1	项目资本金投入	1398.0	417.3	453.0	491.5	19.2	17								
3.1.2	建设投资借款	1380	460	460	460										
3.1.3	流动资金借款	44.8				44.8									
3.1.6	其他流入														
3.2	现金流出					500.2	648.7	644.5	640.3	636.1	636.0	631.8	430.5	430.5	475.3
3.2.1	各种利息支出					106.9	92.1	77.3	62.5	47.7	32.9	18.1	3.4	3.4	3.4
3.2.2	偿还债务本金					197.1	197.1	197.1	197.1	197.1	197.1	197.1	0	0	44.8
3.2.3	应付利润（股利分配）					196.2	359.5	370.1	380.7	391.3	405.9	416.6	427.2	427.1	427.1
3.2.4	其他流出														
4	净现金流量（1＋2＋3）		17.3	53.0	91.5	95.6	112.8	113.0	113.2	113.4	108.1	108.3	305.7	305.7	260.9
5	累计盈余资金		17.3	70.3	161.8	257.4	370.2	483.3	596.5	709.9	818.1	926.4	1232.1	1537.8	1798.6

大于2，表明利息偿付的保障程度高，偿债风险小。各年偿债备付率均大于1.5。因此，本项目具有较强的财务清偿能力。

3. 财务生存能力分析

项目财务计划现金流量表见表3.29。表中营业收入、营业税及附加、所得税、应付利润取自表3.23，建设投资、流动资金、权益资本金投入、建设投资借款、流动资金借款取自表3.20，各种利息支出、偿还债务本金取自表3.28。

从表3.29中数据可知，项目具有较大的经营活动净现金流量，且各年盈余资金均大于0，因此具有较好的财务生存能力。若各年盈余资金出现小于零的情况，应减少应付利润，即保留未分配利润，确保各年盈余资金均大于0。

【巩固与提高】

一、选择题

1. 某工程向银行借款1000万元，还款期限为5年，在利息率为8%的情况下，到期利息为（　　）万元。

    A. 469.30　　　　B. 46.93　　　　C. 400.00　　　　D. 40.00

2. 某一工程项目结束时的价值为1000万元，项目的寿命期为10年，项目的利率为10%，则该项目期初的现值是（　　）万元。

    A. 400　　　　B. 100　　　　C. 390　　　　D. 386

3. 某工程项目在建设期内每年向银行借款100万元，如果建设期为3年，借款年利率为10%，第三年年末贷款的本利和为（　　）万元。

    A. 364　　　　B. 320　　　　C. 331　　　　D. 345

4. 某厂每年年初提取50万元储备基金存入银行，若年利率为10%，则5年后该厂可供使用的储备基金为（　　）万元。

    A. 277.51　　　　B. 305.20　　　　C. 335.78　　　　D. 369.36

5. 如果$(P/A, 5\%, 5) = 4.3297$，则$(A/P, 5\%, 5)$的值为（　　）。

    A. 0.2310　　　　B. 0.7835　　　　C. 1.2763　　　　D. 4.3297

6. 某建设项目计算期为10年，各年的净现金流量见下表，该项目的行业基准收益率为10%，则其财务净现值为（　　）万元。

单位：万元

年份	1	2	3	4	5	6	7	8	9	10
净现金流量	-110	110	110	110	110	110	110	110	110	110

    A. 475.90　　　　B. 394.17　　　　C. 485.09　　　　D. 432.64

7. 某项目建设期一年，建设投资800万元。第二年年末净现金流量为220万元，第三年年末净现金流量为242万元，第四年年末净现金流量为266万元，第五年年末净现金流量为293万元，则该项目静态投资回收期为（　　）年。

    A. 4.00　　　　B. 4.25　　　　C. 4.67　　　　D. 5.00

8. 已知某投资项目，其净现值NPV的计算结果为：$NPV_1(i_1 = 10\%) = 905$万元，$FNPV_2(i_2=12\%)=-696$ 万元，则该项目的财务内部收益率为（　　）。

A. 11.58%　　　B. 11.39%　　　C. 11.13%　　　D. 10.61%

9. $FNPV=0$，表明项目获利程度（　　）。

A. 低于基准收益　　　　　　　B. 高于基准收益率
C. 等于基准收益率　　　　　　D. 等于零

10. 在建设项目财务评价中，反映项目盈利能力的常用指标是（　　）。

A. 生产能力利用率　　　　　　B. 资产负债率
C. 财务内部收益率　　　　　　D. 流动比率

11. 某建设项目的计算期为 10 年，基准收益率 10%，经计算静态投资回收期为 7 年，动态投资回收期为 12 年，则该项目的财务内部收益率（　　）。

A. $FIRR=0$　　　　　　　　B. $0<FIRR<10\%$
C. $FIRR=10\%$　　　　　　　D. $FIRR>10\%$

12. 将产品产量作为不确定因素，通过计算盈亏平衡点的数值，判断不确定因素对方案经济效果的影响程度，说明方案实施的风险大小以及项目承担风险的能力的是（　　）分析。

A. 盈亏平衡　　B. 不确定性　　C. 敏感性　　D. 定量

13. 某企业进行设备更新，年固定成本 10 万元，利用新设备生产的产品，其单位可变成本为 5 元/件，产品售价为 10 元/件，假设企业生产函数为线性，则盈亏平衡产量为（　　）万件。

A. 2.0　　　　B. 1.0　　　　C. 3.0　　　　D. 0.5

14. A1、A2、A3 三方案的寿命周期均为 10 年，净现金流量见下表，折现率为 10%，则最优方案为（　　）。

年　　末	0 元	1～10 年
A1	－50000 元	14000 元
A2	－80000 元	19000 元
A3	－100000 元	25000 元

A. A1　　　　B. A2　　　　C. A3　　　　D. 三方案相同

二、计算题

1. 某集团公司以 400 万元购得一商业楼 15 年的使用权用于出租经营，投资资金以分期付款方式支付，第一年年初支付 40%，第二年年初支付 60%，为使出租较为顺利，第一年年初进行了装修，总费用为 50 万元，第二年正式出租，从第二年到第四年的净租金收入为 70 万元、70 万元、70 万元，从第 5 年全部租出，纯收入为 100 万元，以后每 5 年增长 5%。若该类投资的基准收益率为 12%，试计算该投资的财务净现值、财务内部收益率和动态投资回收期，并判断财务可行性（假设投资发生在年初，其他收支发生在年末）。

2. 某投资方案的设计生产能力 10 万件，固定成本为 660 万元，单位产品价格为 500 元/件，单位产品销售税金及附加为 65 元/件，单位产品可变成本为 280 元/件。

【巩固与提高】

试分别计算用产量、生产能力利用率表示的盈亏平衡点。

3. 已知方案 A、B、C 的有关资料见下表，在基准折现率为 10% 时，试用净现值法与差额投资内部收益率法对这三个方案进行比选。

某方案的现金流量表　　　　　　　　　　　　　　　　单位：万元

方案	初始投资	年收入	年支出	经济寿命
A	3000	1800	800	5年
B	3650	2200	1000	5年
C	4500	2600	1200	5年

3.30 复利系数表

模块 4　建设工程设计阶段的投资控制

【学习目标】
　　知识目标：掌握价值工程价值提升方法、掌握价值工程功能的划分、掌握设计概算计算方法、掌握设计概算编制方法、掌握设计概算审查。
　　能力目标：能够对产品功能进行分类；能够对工程案例产品的价值提升提供解决方案；能够对产品功能所支出的成本是否合理做出判断，通过功能评价优选方案；能够用扩大单价法编制建筑工程概算，能够依据设计概算步骤进行设计概算审查。

【案例引入】
　　沈水湾排污口至浑河闸右岸约 6.8km。主河槽现在无防护工程，均为自然土坡，左岸淘刷侵蚀严重，右岸滩地较多，延伸入浑河较长；两岸植被和树木比较茂盛，但是缺乏统一规划，分布杂乱；该段河道岸边建筑垃圾堆积严重，其空隙较大，透水性较强，结构松散，稳定性较差，极易发生滑动、渗漏及渗透稳定问题，严重影响浑河行洪安全。
　　护岸工程设计范围从沈水湾排污口至浑河闸右岸约 6.8km。河道两岸堤防分别为：左堤 100 年一遇防洪标准；右堤 300 年一遇防洪标准。岸坡整治以防冲固滩、抵御低频率洪水冲刷和常水位侵蚀为目的，对于坡面较缓的地段，在保证坡脚安全的基础上考虑采用生态景观的护坡形式，护坡顶高程为 33.7m。
　　请您思考：
　　(1) 如何进行设计方案优选？
　　(2) 在设计阶段如何应用价值工程理论？
　　(3) 如何编制水利工程概算？
　　本模块设计阶段投资控制中将要讲述在设计阶段与投资控制有关的工作与处理问题的措施。

　　设计阶段的投资控制是项目建设全过程投资控制的重点，其中心思想是预先控制，即在满足质量和功能要求的前提下，使设计概算不超过经批准的项目可行性研究投资估算并尽可能节约投资。通常采用的手段和方法，主要是进行设计方案优选、推行标准设计、实行限额设计，应用价值工程理论对设计进行技术经济比较，从技术和经济两方面来提高项目的经济效益。

任务 4.1　提高设计经济合理性的方法

4.1.1　进行设计方案优选

　　设计方案优选是建设项目设计阶段控制投资的有效方法之一，在国内外建设项目中已广泛开展使用，对于降低工程费用、缩短项目工期起到了重要作用。

任务 4.1 提高设计经济合理性的方法

设计方案优选又叫设计方案竞赛。设计方案竞赛不存在中标不中标的问题而是通过竞赛，选取优秀设计方案。

设计竞赛只宣布竞赛名次。没有名次的可给点补偿，前几名的方案可请人加以综合汇总，吸收各方案的优点，做出新的设计方案。作为咨询（监理）工程师，如能在设计方案上为业主做出成绩，使业主得到满意的设计方案，又降低了费用，对后面的施工监理工作是非常有利的。

4.1.1.1 设计方案优选的广度

设计方案优选涉及的内容是相当广泛的，也就是说设计方案优选的广度如图 4.1 所示。

很多国家对设计方案优选的类型都做了明确的规定，从大的区域规划到小的构件设计都可以进行设计优选。例如构件设计，有些从事建筑的人不一定是构件设计方面的专家，通过构件设计可以评选出优良方案。在设计竞赛中，设计方案及建筑模型，一般规定不准使用颜色，因为人对色彩有偏见，避免因色彩偏见而造成错误的选择。

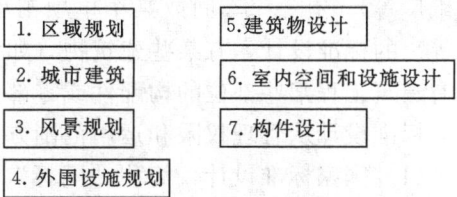

图 4.1　设计方案优选的广度

4.1.1.2 设计方案优选的深度

设计方案优选的深度，是根据业主的要求决定的，按优选的内容深度可大致划分为以下三种：

（1）原则性的方案设想性优选，即对一个规划、设计任务提出基本的设想，提出原则性的方案。

（2）想法（意见）的优选，即对一个规划、设计任务提出一些想法（意见）。

（3）具体实现的优选，即对一个规划、设计任务提出具体的、可以实现的设计方案、可操作性方案。

针对设计目标，可以组织单轮设计方案优选，如进行小区总体规划的设计方案优选或进行单体建筑设计的方案优选，都可组织单轮优选，评选出优秀方案的名次；针对多层次的设计目标，则可以组织多轮设计方案优选。如对一个小区内住房建筑的方案以及住房建筑内部设施的设计方案等不同层次的要求分段组织优选。

设计优选主办单位聘请专家组成评审委员会，对参选方案进行审核，就能否满足设计目的要求，是否符合规划管理的有关规定，以及建造和使用过程的经济性等方面，提出评价意见和候选名单，最后由主办单位的决策者作出评选决策。设计优选的结果是把参赛者分成两类：一类为中奖者，分出一、二、三名；另一类是非中奖者。中奖者得到奖金，非中奖者得到工作的补偿费。如果建设单位利用其设计方案再委托其他单位设计，还应另外给予设计者补偿。

设计优选的第一名往往是设计任务的承担者，但也不是必然的，有时可把前几名中奖方案的优点综合起来，作为确定设计方案的基础，再以一定的方式委托设计，商签设计合同。

4.1.2 推行标准设计

标准设计是指按照国家规定的现行标准规范,对各种建筑、结构和构配件等编制的具有重复作用性质的整套技术文件,经主管部门审查、批准后发布的全国、部门或地方通用的设计。标准设计是工程建设标准化的一个重要内容,也是国家标准化的一个组成部分。

4.1.2.1 标准设计的种类

标准设计的种类很多,有一个工厂全厂的标准设计(如火电厂、糖厂、纺织厂和造纸厂等),有一个车间或某个单项工程的标准设计,有公用辅助工程(如供水、供电等)的标准设计,有某些建筑物(如住宅等)、构筑物(如冷水塔等)的标准设计,也有建筑工程某些部位的构配件或零部件(如梁、板等)的标准设计。

标准设计从管理权限和运用范围方面来讲,分为以下三类。

(1) 国家标准设计,简称"国标"。这是指对全国工程建设具有重要作用的、跨行业、跨地区的、可在全国范围内统一通用的设计。这种设计由编制部门提出送审文件,报国家发改委审批颁发。

(2) 部颁标准设计,简称"部标"。这是指可以在全国各有关行业范围内统一通用的设计。这种设计由各行业主管部门、总局审批颁发。

(3) 省、自治区、直辖市标准设计,简称"地方标准"。这是指可以在本地区范围内统一通用的标准设计,这种设计由省、自治区、直辖市审批颁发。

4.1.2.2 标准设计的一般范围

标准设计一般分为初步设计和施工图设计两个阶段。初步设计阶段,主要是确定原则和技术条件,提出在技术经济上合理的设计方案。施工图设计阶段是根据批准的初步设计提出符合生产、施工要求的施工图。标准设计的一般范围具体如下:

(1) 重复建造的建筑类型及生产能力相同的企业、单独的房屋和构筑物,都应采用标准设计或通用设计。

(2) 对不同用途和要求的建筑物,按照统一的建筑模数、建筑标准、设计规范、技术规定等进行设计。

(3) 当整个房屋或构筑物不能定型化时,则应把其中重复出现的部分,如房屋的建筑单元、节间和主要的结构点构造,在配件标准化的基础上定型化。

(4) 建筑物和构筑物的柱网、层高及其他构件尺寸的统一化。

(5) 建筑物采用的构配件应力求统一化,在基本满足使用要求和修建条件的情况下,尽可能地具有通用互换性。

4.1.2.3 采用标准设计的意义和作用

标准设计是在经过大量调查研究,反复总结生产、建设实践经验和吸收科研成果的基础上制定出来的,因此在建设项目中积极采用标准设计具有以下的意义和作用。

(1) 有利于提高设计效率(一般可加快设计速度1~2倍),减少重复劳动,缩短设计周期,提高设计质量。

(2) 便于采用和推广行之有效的新技术、新成果,使工艺定型,容易提高工人的技术水平。

(3) 便于贯彻执行各项技术经济政策和各种标准及制度。

(4) 可以进行机械化、工厂化生产，提高劳动生产率，缩短建设时间，加快建设进度，保证工程质量。

(5) 有利于节约建筑材料，降低工程造价，提高经济效益。有人做过统计，标准构件的木材消耗仅为非标准构件的25%。又据天津市的统计，采用标准构配件，可以降低建筑、安装工程造价16%。由此可见，推广标准设计有利于降低工程造价，有效地控制投资。

凡经过批准后发布的标准设计如无特殊理由，一般不得另编设计。在采用标准设计时，除为适应施工现场的具体条件对施工图进行某些局部改动外，均不得擅自修改原设计。

4.1.2.4 水利工程标准设计

由于水利水电建设项目的工程条件非常复杂且多变，如工程地质条件、水文条件等，很少有工程条件完全相同的两个水利水电工程。所以水利水电工程中的大部分建筑物，如大坝、溢洪道、导流洞、厂房等，都无法给出标准设计，只能根据工程的具体情况，依据相应的已颁布的设计规范进行工程设计，但是，水利水电工程项目建设中的一些单独的房屋建筑和构筑物，具有重复使用性质的构配件等，都应尽可能采用标准设计。实际工程建设中，采用标准设计，对节省设计费用，缩短水利水电工程设计周期，降低水利水电工程造价，具有重大意义，例如，水电站厂房设计中，厂房的楼板、梁、柱、门、窗等，能采用工民建标准设计的，应尽量采用；又如水利水电工程中的公路、铁路、仓库、办公楼等，都应尽量采用交通部、铁道部和建设部的有关标准设计，这样可以节省设计费用，缩短设计周期。

4.1.3 实行限额设计

建设项目限额设计是按照"按费用设计"的理论和方法进行的，这里首先介绍一下"按费用设计"。

4.1.3.1 按费用设计（DTC）的基本原理

按费用设计（design-to-cost）的主要目的是要设计出既具有合格的性能，又经济、实用的系统。它强调的是费用应作为与性能、进度同样重要的设计参数。

(1) 按费用设计的准则。达到按费用设计目标的关键在于灵活性，要使设计者在达到满足任务目标的配置方面有作出选择与决定的自由。通常应按以下准则来开展这一工作。

1) 限定所需的性能，但不限定达到预定结果的途径。若有多个性能参数时，应尽量按优先顺序安排，以便给设计单位进行费用目标的权衡中有最大的灵活性。

2) 限定达到所需使用能力的总时间，但不限定详细的中间阶段。

3) 在设计过程中应尽早确定费用目标，并在设计过程各阶段中都要把它作为管理目标和设计参数加以评审。

4) 应当根据给定的生产量和生产率，以不变货币价格限定费用目标值。

5) 建设项目的进度应留有允许反复的余地，而不应试图一下子就取得全部成功。

(2) 按费用设计的程序。费用设计是一个反复迭代的过程，具体程序如图4.2

4.2 推行标准设计

4.3 限额设计

所示。

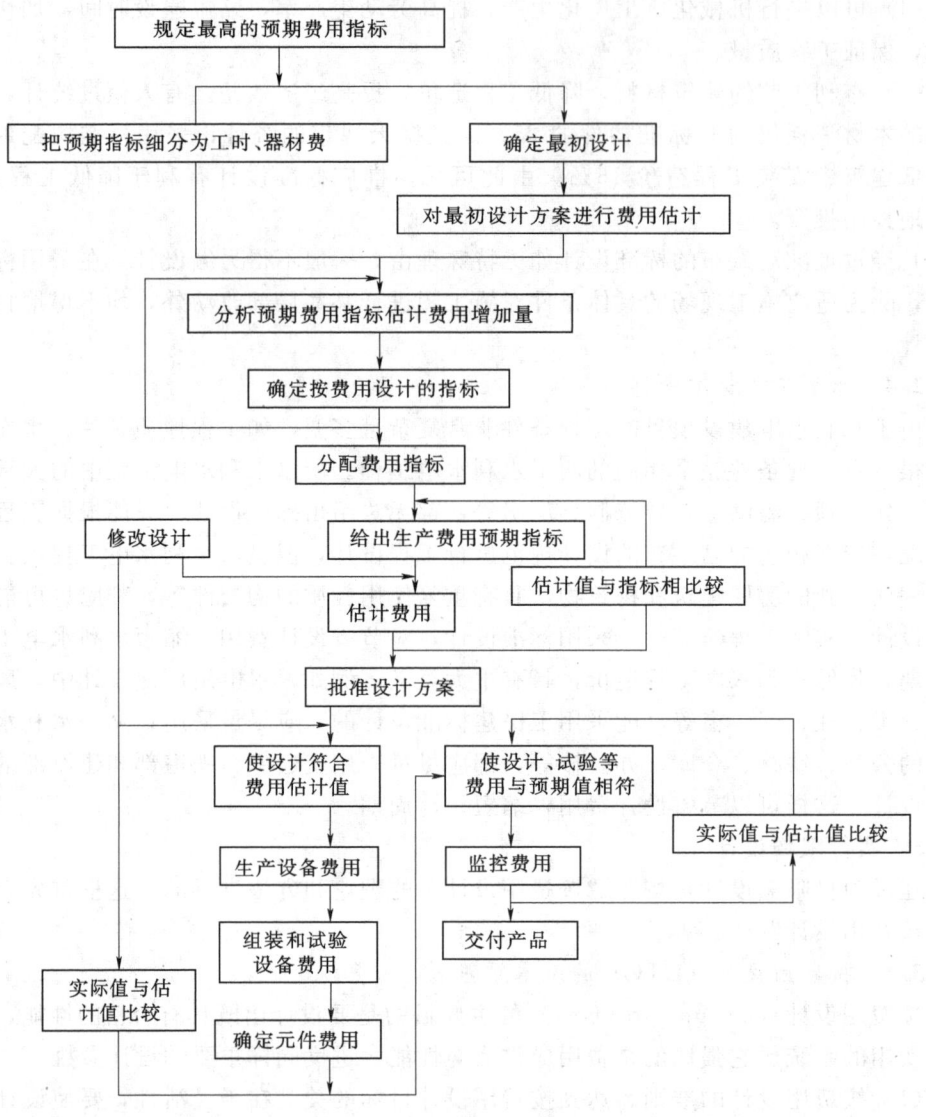

图4.2 按费用设计的程序图

图4.2所示程序的重点如下：
1）将费用目标分配到分系统、部件和元件级。
2）把分系统费用的估计值与预期值相比较。
3）一般不可能一次就使设计方案满足费用指标的要求，因此应当进行费用的重新分配或更改设计，使估计值能满足预期的总费用目标。

上述程序反复迭代并贯穿于整个设计与生产过程。费用估计值是指按该设计单位对历史数据和现实情况进行综合分析、估计的费用值。

4.1.3.2 限额设计的含义

限额设计就是按批准的可行性研究投资估算控制初步设计，按批准的初步设计总概算控制施工图设计。即将上阶段审定的投资额先行分解到各专业,然后再分解到各单位工程和分部工程。各专业在保证达到使用功能的前提下,按分配的投资限额控制设计,并严格控制设计的不合理变更,保证总投资限额不被突破的工程设计过程。

限额设计是通过合理确定设计标准、设计规模和设计原则,通过合理取定概(预)算基础资料,通过层层设计限额,来实现投资限额的控制和管理。限额设计不是一味考虑节约投资,也不是简单地裁减投资,而应该以设计质量为管理目标。

4.1.3.3 限额设计的控制内容

(1) 建设项目从可行性研究开始,便要建立限额设计观念,合理地、准确地确定投资估算是核定项目总投资额的依据。获得批准后的投资估算,就是下一阶段进行限额设计、控制投资的重要依据。

(2) 初步设计应该按核准后的投资估算限额,通过多个方案的设计比较、优选来实现。初步设计应严格按照合同文件要求进行,并要切实、合理地选定费用指标和经济指标,正确地确定设计概算。经审核批准后的设计概算限额便是下一步施工详图设计控制投资的依据。

(3) 施工图设计是设计单位的最终产品,必须严格地按初步设计确定的原则、范围、内容和投资额进行设计,即按设计概算限额进行施工图设计。但由于初步设计受外部条件,如工程地质、设备、材料供应、价格变化以及横向协作关系的影响,加上人们主观认识的局限性,往往给施工图设计和它以后的实际施工带来局部变更和修改,合理地修改、变更是正常的,关键是要进行核算和调整,来控制施工图设计不突破设计概算限额。对于涉及建设规模、设计方案等的重大变更,则必须重新编制或修改初步设计文件和初步设计概算,并以批准修改后的初步设计概算作为施工图设计的投资控制额。

(4) 加强设计变更的管理工作,对于确实可能发生的变更,应尽量提前实现,以减小损失。对影响工程造价的重大设计变更,更要用先算账后变更的办法解决,这样才能保证设计不突破限额。

(5) 对设计单位实行限额设计,若因设计单位的设计导致投资超支的应给予处罚,节约投资的应给予奖励。这方面,国家有规定,从1991年起,凡因设计单位的错误、漏项或扩大规模和提高标准而导致工程投资超支的,要扣减设计费。目前,我国大多数设计单位收费,是按照工程总投资的百分比计取的,工程投资越大,设计单位的营业收入也越高,很显然这不利于设计者主动、能动地考虑投资的节约,故设计者应按建设单位下达的投资限额进行工程设计。

为保证限额设计的工作能顺利发展,彻底扭转设计概算本身的失控现象,在设计单位内部,首先要使设计与概算形成有机的整体,克服相互脱节的状态。设计人员必须加强经济观念,在整个设计过程中要经常检查本专业的工程费用,切实做好控制造价工作。其次要把技术和经济统一起来,在积极推行限额设计的同时,还应清醒地认识到它的不足。

(6) 限额设计中的限额包括投资估算、设计概算、设计预算等,均是指建设项目的次性投资,而对项目建成后的维护使用费、项目使用期满后的报废拆除费用则考虑较少，这样就可能出现限额设计效果较好，但项目的全寿命费用不一定很经济的现象。

（7）限额设计由于突出地强调了设计费用限额的重要性，使价值工程中关于提高价值的途径在限额设计中不能得到充分运用，即造价不变，功能提高；造价稍微提高，功能有更大程度提高。所以限额设计的理论和可操作技术应在推行过程中加以完善和改进。

4.1.3.4 水利工程限额设计

过去我国水利工程建设，由于主、客观方面的各种原因，有些项目的投资严重失控，工程造价得不到有效控制。早在1988年国家计委就发文要求控制工程造价，颁发了计标〔1988〕30号文《关于控制工程造价的若干规定》。

水利水电工程为了控制项目投资，自1991年1月1日起试行限额设计（能源部、水利部能源水规〔1990〕677号）。现行水利水电工程限额设计的主要内容有以下几个方面。

（1）国家批准的水利水电工程初步设计总概算（利用外资项目为批准的内外资总概算，下同）是能源部、水利部、国家能源投资公司及水利水电工程集资各方据以控制工程总投资的最高限，是投资方和建设单位进行结算工程价款的主要依据。

1）为控制工程投资，设计单位要对审查批准的工程静态总投资（不包括建设单位、地方承担的项目，下同）超过相应限额承担经济责任，其责任范围包括以下内容。

a. 永久建筑工程、永久机电设备及安装工程和金属结构设备及安装工程的工程项目、工程量、设备数量、未计价装置性材料数量的增减、型号及规格变动造成的投资增加（包括设计单位外委的设计项目）。

b. 施工导流围堰工程和场内施工交通工程发生的量差造成的投资增加。

c. 根据国家规定的现行政策、制度、定额、费用标准确定的投资额度，设计单位未经审批单位同意，违反规定，擅自提高建设和永久机电设备及金属结构标准，增列初步设计范围以外的工程项目等原因造成的投资增加。

d. 由于设计单位初步设计工作深度不够，或设计标准选用不当，设计单位提出的主要设计方案与工程量虽经上级主管部门审查原则同意，在技施设计阶段工程量、机电金属结构设备数量及型号规格仍有较大变动且未经原审查部门同意导致增加的投资。

e. 未经原审批部门同意，其他部门要求设计单位提高工程建设标准、增加建设项目，并经设计单位出图增加的投资。

f. 因水库淹没实物指标调增造成的费用增加。

g. 工程科研试验费用超出。

2）设计单位对以下情况造成的工程投资增加不承担责任。

a. 国家政策变动和计划调整。

b. 工资物价调整后的价差。

c. 与工程无关的不合理摊派。

d. 水库淹没处理补偿费、土地征用费标准改变。

e. 建设单位和地方承包项目超出国家规定及初步设计审批意见多开支的费用。

f. 经原审批部门同意，超出已审批的初步设计范围以外的重大设计变动和建设项目增加。

g. 其他单位强行干预设计，而设计单位又提出了不同意的书面意见，并报送了上级主管部门和投资方，仍然发生的工程投资增加。

h. 经原审批部门批准补充增加的勘测设计工作量而相应增加的勘测设计科研费。

i. 审查单位改变设计单位报审的初步设计中推荐的主要设计方案不当，致使设计方案审定后在技施设计阶段又有较大修改而增加的投资。

j. 按勘测设计收费标准规定，不属水利水电设计收费标准范围内的外委设计建设项目，如对外交通、供电线路、通信线路工程等增加的投资。

k. 其他特殊情况，如施工过程中发生超标准洪水和地震等所增加的投资。

（2）各设计单位要把贯彻执行限额设计的几项规定作为提高设计质量，抵制任意提高建设标准和增加设计项目的依据。

（3）设计单位应以国家批准的设计概算静态总投资作为建设项目设计的最高限额。

1）节约投资的奖励。在保证工程安全和不降低功能的前提下，通过采用新方案，经鉴定在有效期内的新工艺、新设计、新材料，节约了工程投资，则应根据节约投资额度的大小（以承担责任的工程静态总投资节超相抵计算），对设计单位实行奖励。

a. 节约建筑工程投资，按节约投资额度的 5%～12% 提成。

b. 节约永久设备及安装工程投资，按节约投资额度的 2%～5% 提成。

建筑工程和永久设备的具体提成比例，由建设单位和设计单位在签订设计合同时商定。

设计单位节约工程投资的提成资金，由建设单位会同建设银行对节约工程投资的项目、工程量等按照 SL 328—2005《水利水电工程设计工程量计算规定》及有关规定进行审查，核定提成额度，提出节约投资报告，由建设单位报经项目投资部门审查同意后，从节约的工程投资中拨付。

2）如由于设计单位的责任，增加工程静态投资 4% 以上时，应根据超过相应概算静态投资的大小实行惩罚。

a. 超过限额 10% 以内者，扣相应比例的设计费，如超过限额 5%，扣设计费 5%。

b. 超过限额 10%～20% 者，扣相应比例 1.5 倍的设计费。

c. 超过限额 20% 以上者，扣相应比例 2 倍的设计费。

d. 超过限额 30% 以上者，如无特殊原因，建议设计证书批准部门降低设计单位的设计等级。

e. 设计单位应严格按照 SL 328—2005《水利水电工程设计工程量计算规定》计算工程量，作为编制设计概算的计量依据。如发现高估冒算，其高估的投资按超过限额计算。情节严重者要通报批评。

（4）限额设计投资的计算应统一按国家批准的初步设计总概算中采用的工程单价、定额、费用标准、材料设备价格等为依据。在技施设计阶段，每完成一项单位工程或扩大单位工程图纸后，均由设计单位编制相应的限额投资、工程量对照表若干份，连同设计图纸提交建设单位和投资方各两份，并抄送建设银行和概算审查部门各一份核备。经建设单位会同建设银行对工程量、投资对照表及其依据审查同意后，除报投资主管部门审批外还要退回设计单位一份，作为建设单位与设计单位核算工程投资超过或节约的依据。

（5）国家批准项目立项开工建设以后，建设单位要同设计单位签订设计合同，在合同中应明确规定设计单位应对工程静态总投资负责，实行限额设计和节奖超罚办法，以保证赏罚兑现。在工程总投资节约已基本实现的前提下，设计单位经建设单位主管部门或投资方同意，可按单位工程或扩大单位工程投资总节约额的提成额预分成20%~40%。

（6）设计单独节约或建设、施工单位共同形成的节约投资中属设计节约提成的部分，原则上应全部支付给设计单位，同时在整个工程投资节约中不得重复计算。

（7）设计单位为节约工程投资而增加的勘测、设计、科研、试验费用，可从相应项目节约的工程投资中支付，一般不得超过工程投资总节约额的5%。

（8）一个建设项目由两个设计单位共同承担设计任务开展限额设计工作时，应由承担任务较多的设计单位与建设单位签订设计承包合同。工程静态投资节奖超罚应按各自承担的设计项目分别计算。

4.1.4 应用价值工程理论

价值工程（Value Engineering，VE），又称价值分析，是运用集体智慧和有组织的活动着重对产品进行功能分析，使之以最低的总成本，可靠地实现产品的必要功能，从而提高产品价值的一套科学的技术经济分析方法。从价值工程的概念来说，价值工程是研究产品功能和成本之间关系问题的管理技术。功能属于技术指标，成本则属于经济指标，要从技术和经济两个方面来提高产品的经济效益。

4.1.4.1 价值工程的基本概念

（1）价值。价值工程中所说的价值，是指产品功能与成本之间的比值，即

$$价值(V) = \frac{功能(F)}{成本(C)} \tag{4.1}$$

从式（4.1）中看出，价值是产品功能与成本的综合反映，价值的高低是评价产品好坏的一种标准。

（2）功能。所谓功能，是指产品所具有的特定用途，即产品所满足人们某种需要的属性。由于产品的功能只有在使用过程中才能最终体现出来，所以某一产品功能的大小、高低，是由用户所承认、决定的。价值工程所说的功能，是指用户所承认、接受的产品的必要功能。

（3）成本。所谓成本，指产品寿命周期的成本，即一个产品使用价值从设计、制造、使用，最后到报废的全部过程。产品寿命周期成本的构成，见表4.1。

任务 4.1 提高设计经济合理性的方法

表 4.1   产品寿命周期成本

设　　计	制　　造	使　　用
	制造成本 C_1	使用成本 C_2
产品寿命周期成本 $C=C_1+C_2$		

从表 4.1 中看出,产品寿命周期成本包括两部分,即企业付出的制造成本和用户付出的使用成本。用户在购买一个产品时,既要考虑产品的售价(即制造成本),也要考虑使用成本。

4.1.4.2 价值工程的主要特征

(1) 价值工程的目标是以实现最低的总成本使某产品或作业具有它所必须具备的功能。总成本是指寿命周期成本,包括制造成本和使用成本。在价值工程里,强调的是总成本的降低,即整个系统的经济效果,功能与成本的关系如图 4.3 所示。从图 4.3 中看出,对应于功能 F,产品寿命周期总成本有一个最低点,从价值工程的角度来看,功能 F 和寿命周期 $C_{\min}$ 是一种技术与经济的最佳结合。

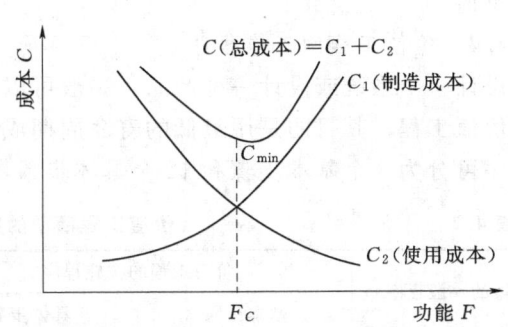

图 4.3　功能与成本的关系

(2) 价值工程的核心是对产品或作业进行功能分析,在保证产品或作业质量的前提下,对产品的结构和零部件的功能进行分析研究,排除那些与质量无关的多余功能,从而达到降低成本、提高经济效益的目的。

(3) 价值工程是利用有组织的集体智慧来实现其总目标。一种产品从设计到产成出厂,要通过企业内部的许多部门。一个改进方案,从方案提出到进行试验,到最后付诸实现,是依靠集体智慧和力量,通过许多部门的配合,才能体现到产品上,达到提高产品功能和降低成本的目的。

(4) 价值工程侧重在产品或作业研制(或设计)阶段开展工作。实践证明,无论新产品开发或老产品改造,设计研制阶段的工作对生产阶段产品的质量和成本影响最大。

4.1.4.3 提高产品价值的基本途径

全面正确地认识价值工程的特征,有助于把握其本质,发挥其优势,在设计阶段有效地控制投资。从价值与功能、成本的关系式中可以看出以下 5 条基本途径可以提高产品的价值。

(1) 功能不变,成本降低。在保证产品原有功能不变的情况下,通过降低产品成本来提高产品的价值。

(2) 成本不变,功能提高。在不增加产品成本的前提下,通过提高产品功能来提高产品的价值。

(3) 成本小增加,功能大提高。通过增加少量的成本,使产品功能有较大幅度的提高,从而来提高产品的价值。

(4) 功能小降低,成本大降低。根据用户的需要,通过适当降低产品的某些功能,以使产品成本有较大幅度的降低,从而提高产品的价值。

(5) 功能提高,成本降低。运用新技术、新工艺、新材料,在提高产品功能的同时又降低了产品的成本,使产品的价格有大幅度的提高。

显然,上述5种途径都是从用户角度来考虑的,体现了开展价值工程用户第一的原则。因一项产品的价值最终要由用户作出评价,企业必须从用户角度出发去提高产品的价值。

4.1.4.4 价值工程的工作程序

设计一个系统或设计一种产品,一般可以是对产品或系统作出决策。对一种产品开展价值工程,其目的是用最低的寿命周期成本实现产品的必要功能。价值工程的实施程序可分为3个基本步骤和12个具体步骤,详见表4.2。

表4.2 价值工程活动的实施程序

决策的一般程序	价值工程的实施程序		价值工程的提问
	基本步骤	具体步骤	
分析问题	(一)功能定义	1. 选择对象	1. VE的对象是什么?
		2. 收集情报	2. 这是什么?
		3. 功能定义	3. 它的定义是什么?
		4. 功能整理	
	(二)功能评价	5. 功能成本分析	4. 它的成本是多少?
		6. 功能评价	5. 它的价值如何?
		7. 选择对象范围	
综合研究	(三)制定改进方案	8. 方案创造	6. 还有其他方法实现这一项功能吗?
		9. 概略评价	
方案评价		10. 具体化调查	7. 新方案的成本是多少?
		11. 详细评价	8. 新方案能可靠地实现必要功能吗?
		12. 提案	

4.1.4.5 功能评价

1. 功能评价的概念

从VE的工作程序来看,当功能分析明确了用户所要求的功能之后,就要进一步找出实现这一功能的最低费用(也称功能评价值),以功能评价值为基准,通过与实现功能的现实成本相互比较,求出两者的比值(称作功能价值)和两者的差(又称改善期望值)。然后选择功能价值低、改善期望大的功能,作为VE进一步开展活动的重点对象。这一评价功能价值的工作叫做功能评价,它的工作程序如下。

(1) 求算功能的现实成本。

(2) 求功能评价值。

（3）算出功能价值，选择价值低的功能作为改善对象。

功能评价的公式是：

$$V=\frac{F}{C} \tag{4.2}$$

式中　V——功能价值；

F——功能评价值；

C——功能现实成本。

在进行功能评价时，功能的现实费用 C 是用货币表示的。为了使功能评价值 F 与功能现实费用 C 能够可比，我们希望 F 也能够用货币来表示。但是，功能评价值有时是可以求解的，即功能可以用货币来表示，有时却找不到相应的金额来表示。这时功能 F 可以用功能重要性系数来表示，为统一 F 与 C 的定量方法，此时 C 则用费用系数来表示，即

$$V_c=\frac{F_c}{C_c} \tag{4.3}$$

式中　F_c——功能的重要性系数；

C_c——功能现实费用系数；

V_c——功能价值系数。

在式（4.2）中，一般情况下 $C>F$。功能评价值 F 常常用做功能成本的降低目标（叫做目标成本），而 $C-F$ 即成本降低幅度或改善期望值。按照 $V=F/C$ 公式对功能价值进行评价，结果会出现 3 种情况：

1）$V=1$，说明 $C=F$，即实现功能的现实成本与实现功能的最低费用相符合，这种情况可认为比较理想。

2）$V<1$，说明 $C>F$，即实现功能的现实成本高于最低成本，应该设法降低现实成本，以提高功能价值。

3）$V>1$，即 $F>C$。遇到这种情况首先应检查一下功能评价值 F 是否确定得当，如果 F 值定得太高，则应降低 F 值。如果 F 值定得合理，还要检查现实成本较低的原因是否由于现实功能不足，如果功能不足就应提高功能适应用户需要。为了提高功能，在必要时也可以提高成本。

2. 功能评价的方法

价值工程作为一种思想，从产生发展至今，仍保持了价值系数的基本特征，而作为一种方法，已由零星的、定性的发展为系统的、定量的分析研究，尤其是在功能评价方面形成了几种具有代表性的方法。

（1）价值标准评价方法。这种方法是找出实现某一功能的功能评价值（也称最低成本或目标成本）并与实现功能的目前成本相比较，根据其比值（即功能价值）对这一功能进行评价。把功能转变为货币形式表示，如实际价值标准法、理论价值标准法。

1）实际价值标准法，是一种对现有产品或零件的实际技术经济资料进行广泛调查统计，从中选出功能相同而成本最低的作为功能评价值的方法。其主要步骤如下。

第一步：全面收集有关同种功能产品或零件的技术经济资料、功能实现程度及其

成本。

第二步：统一对比标准，将收集的资料按功能实现程度分级，把功能实现程度基本相同的产品或零件归为同一等级。

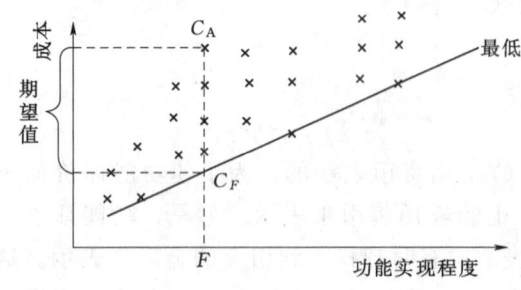

图 4.4　目标成本评价图

第三步：以横坐标表示功能实现程度，纵坐标表示成本，绘制坐标图，根据功能实现程度的成本状况，把每个零件或产品标入图内，如图 4.4 所示，图 4.4 中每个×代表一个产品零件。

第四步：寻找每级功能的最低成本，并把各最低成本点连接起来，以此为基础画出的最低成本线。

第五步：按照功能实现程度和最低成本线确定产品或零件的功能评价值（即目标成本），求出降低成本的期望值，如图 4.4 所示。若产品 A 功能实现程度为 F，现实成本点为 C_A，而功能评价值为 C_F，则 $C_A - C_F$ 为 A 产品降低成本期望值。

2）理论价值标准法，是运用自然科学的某些计算公式，求得实现某产品或零件功能所需的材料数值，进而从理论上计算出所需材料的最低成本，把它作为功能评价值（成本目标）。其主要步骤如下。

第一步：分析某产品或零件功能评价值能否用某一自然科学公式进行定量计算，如果可以，就列出有关计算公式。

第二步：根据公式先计算出实现该功能所需材料量，再计算出所需材料的最低成本。

第三步：以材料成本为纵轴、功能实现程度为横轴，画图。按照功能实现程度和理论成本，把各种材料分别表示在坐标图上，如图 4.5 所示。

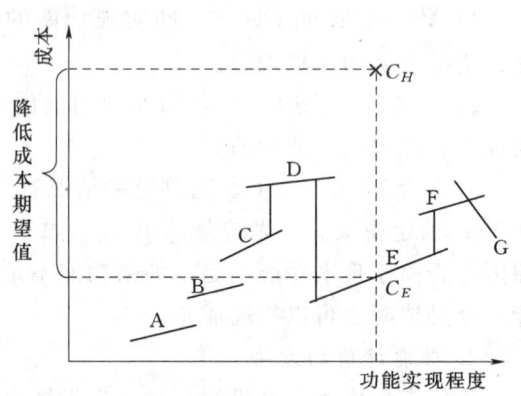

图 4.5　降低成本期望值评价图

第四步：求出功能评价值（即目标成本）和期望值，如图 4.5 所示。若某产品功能实现程度为 F，现实材料 H 的成本为 C_H，而功能评价值为 C_E，则 $C_H - C_E$ 为某产品降低成本的期望值。

（2）功能重要性系数评价方法。这种方法值是对功能进行对比，依其重要程度评分，得出功能评价系数，并与其成本系数相比较，最终确定功能评价系数。

（3）"最合适区域"法。图 4.5 降低成本期望值评价图是利用价值系数大小来选择改进对象，只是在考虑价值系数相同或相近的零件时，应根据零件功能系数与成本系数绝对值的大小，区别对待。绝对值大的从严控制（允许的"区域小"），绝对值小的可适当放宽（允许的"区域大"）。

4.1.4.6 价值工程在设计阶段的应用

了解了价值工程的意义、方法和特点，便很容易看出，进行建设的大、小工程项目，都需要投入资金，也都要求获得项目功能，进行项目建设管理的目的就是要以最低的项目总成本，来实现项目所必要的功能，从而获得较高的经济效益。所以，建设项目都可以应用价值工程。许多经济发达的国家在工程建设中，价值工程已成为一种比较成熟的管理方法，并取得了较大经济效果。目前，价值工程已在世界各国的工程建设中广泛采用。

通过各国在工程建设上应用价值工程进行功能与成本分析、功能与投资之间的关系分析并获得较好的投资效果来看，价值工程在设计阶段的应用，具有重大的现实意义。

(1) 应用价值工程，既可以提高工程功能，又可以降低项目投资。

(2) 应用价值工程，可在保证工程功能不变的情况下降低项目投资。

(3) 应用价值工程，可在保证工程主要功能不变、次要功能略有下降的情况下，使项目投资大幅度降低。

(4) 应用价值工程，可在项目投资不变的情况下，提高工程功能。

(5) 应用价值工程，可在项目投资略有上升的情况下大幅度提高工程功能。

例如，美国1972年在进行俄亥俄河大坝枢纽设计中应用了价值工程，从功能和成本两个方面，对大坝、溢洪道等进行了综合分析，采取增加溢洪道闸门高度的方法，使闸门数量由17孔减少到12孔，并且改进闸门施工工艺，但大坝的功能和稳定性不受影响，保证具有必需的功能。仅此，大坝建筑投资就节约了1930万美元；用在聘请专家等进行价值工程分析的费用，只花费了1.29万美元。

4.5 价值工程的工作程序

又如，上海华东电力设计院承担宝钢自备电厂储灰场长江边围堤筑坝设计任务，原设计为土石堤坝，造价在1500万元以上。设计人员通过对钢渣物理性能和化学成分的分析试验，在取得可靠数据以后经过反复计算、细致推敲，证明用钢渣代替抛石在技术上是可行的。为保险起见，他们先搞了200m试验坝（全坝长2353m），取得成功经验后再大面积施工。经过设计、施工及生产三方共同努力，长江边国内首座钢渣黏土夹心坝提前一个月建成。建成的大坝稳定而坚固，经受住了强台风和长江特高潮位的同时袭击，比原设计方案节省投资700多万元，取得了降低投资、保证功能的效果。

由此可见，在设计阶段应用价值工程对项目的工程设计进行功能与成本的分析、功能与费用的分析和评价，可以起到节约投资、提高项目具体收益的效果，今后应大力推广价值工程。

4.6 价值工程的应用

任务 4.2 水利工程概算编制

4.7 水利工程概算编制原则

水利工程概算是项目初步设计的重要文件，是项目竣工决算的主要依据。概算的编制应依据有关规定并结合项目的具体条件进行，这里依据《水利工程设计概（估）算编制规定》（工程部分）水总〔2014〕429号文件，仅对大中型水利项目的概算编制办法作介绍，中小型水利项目或参照或依据各省、自治区、直辖市的有关概（估）算编制办法或规定进行编制。

4.2.1 设计概算的作用

设计概算是根据初步设计图纸和有关规定对项目投资的概略计算。经批准的初设概算是项目控制投资的目标，是项目竣工决算的主要依据。作为项目静态总投资的最高限额，不得任意突破。

4.2.2 设计概算的编制依据

(1) 国家及省（自治区、直辖市）颁发的有关法令法规、制度、规程。
(2) 水利工程设计概（估）算编制规定。
(3) 水利行业主管部门颁发的概算定额和有关行业主管部门颁发的定额。
(4) 水利水电工程设计工程量计算规定。
(5) 初步设计文件及图纸。
(6) 有关合同协议及资金筹措方案。
(7) 其他。

4.2.3 设计概算的编制方法及步骤

水利工程设计概算一般用概算指标法编制，其具体步骤如下。
第一步：编制基础单价。
第二步：编制建筑、安装工程单价。
第三步：编制各分部工程概算。
第四步：计算工程各年度预计完成的投资额。
第五步：计算预备费、建设期融资利息、静态总投资、总投资。

4.2.4 设计概算编制的项目划分

(1) 水利工程按工程性质划分为三大类，具体划分如图4.6所示。
灌溉工程（1）指设计流量≥5m³/s的灌溉工程，灌溉工程（2）指设计流量<5m³/s的灌溉工程和田间工程。

(2) 水利工程概算项目划分为工程部分、建设征地移民补偿、环境保护工程、水土保持工程四部分。具体划分如图4.7所示。

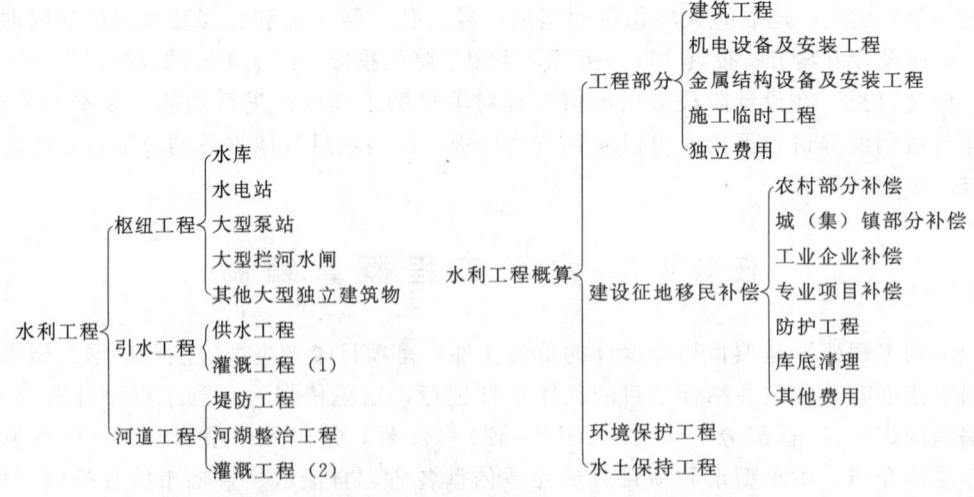

图4.6 水利工程按工程性质划分　　图4.7 水利工程概算项目划分

（3）各部分概算下设一级项目、二级项目、三级项目。

（4）本规定主要用于规范工程部分概算，建设征地移民补偿、环境保护工程、水土保持工程概算应分别执行相应编制规定，并将结果汇总到工程总概算中。

4.2.5 水利工程概算内容

工程概算总表由工程部分的总概算表与建设征地移民补偿、环境保护工程、水土保持工程的总概算表汇总并计算而成。水利工程概（估）算总表见表4.3。

表4.3　　　　　　　　　水利工程概（估）算总表　　　　　　　单位：万元

序号	工程或费用名称	建安工程费	设备购置费	独立费用	合计
Ⅰ	工程部分投资 第一部分　建筑工程 …… 第二部分　机电设备及安装工程 …… 第三部分　金属结构及安装工程 …… 第四部分　施工临时工程 …… 第五部分　独立费用 …… 一至五部分投资合计 基本预备费 静态投资				
Ⅱ 一 二 三 四 五 六 七	建设征地移民补偿投资 农村部分补偿费 城（集）镇部分补偿费 工业企业补偿费 专业项目补偿费 防护工程费 库底清理费 其他费用 一至七项小计 基本预备费 有关税费 静态投资				
Ⅲ	环境保护工程投资 静态投资				
Ⅳ	水土保持工程投资 静态投资				
Ⅴ	工程投资总计（Ⅰ～Ⅳ合计） 静态总投资 价差预备费 建设期融资利息 总投资				

4.2.5.1 工程部分概算

工程部分概算划分为5个部分。

第一部分：建筑工程。
第二部分：机电设备及安装工程。
第三部分：金属结构设备及安装工程。
第四部分：施工临时工程。
第五部分：独立费用。

第一至第三部分属永久工程，竣工投入运行后承担设计所确定的功能并发挥效益，构成生产运行单位的固定资产。凡永久与临时工程相结合的项目列入相应的永久项目内。

第四部分施工临时工程是指在工程筹备和建设阶段，为辅助永久建筑和安装工程正常施工而修建的临时性工程或采取的临时措施，临时工程的全部投资扣除回收价值后，以适当的比例摊入各永久工程中，构成固定资产的一部分。

第五部分独立费用是应在工程总投资中支出但又不宜列入建筑工程费、安装工程费、设备费而需要独立列项的费用。

4.2.5.2 移民和环境部分概算

移民和环境部分概算划分为3个部分。

第一部分：移民征地补偿，包括农村部分补偿费、城（集）镇部分补偿费、工业企业补偿费、专业项目补偿费、防护工程费、库底清理费和其他费用7项。

第二部分：水土保持工程，包括建筑工程、植物措施、设备及安装工程、水土保持临时工程和其他费用5项。

第三部分：环境保护工程，包括环境保护设施、环境监测设施、设备及安装工程、环境保护临时设施和其他费用5项。

4.2.5.3 工程投资总计（Ⅰ～Ⅳ合计）

包括静态总投资（Ⅰ～Ⅳ项静态投资合计）、价差预备费、建设期融资利息、总投资。

4.2.6 基础价格计算

4.2.6.1 人工预算单价

人工预算单价是指生产工人在单位时间（工时）的费用。根据水利部人劳工〔1994〕48号文印发的《水利企业工资制度改革办法》有关规定，结合水利水电工程特点，分别确定了枢纽工程、引水及河道工程分级工资标准，划分为工长、高级工、中级工、初级工4个等级，与定额中的劳动力等级相对应。编制概算时应分别计算。

1. 人工预算单价计算

按年日历天数365天，减去双休日2×52天、法定节日11天后，年应工作天数为250工日/年。年非作业天数指气候影响施工、职工探亲假、开会学习培训、六个月以内病假等在年应工作天数之内而未工作的天数，每年非作业天数平均按16天计。年应工作天数250天减年非作业天数16天，为年有效工作天数234天。年应工作天数内年有效作业天数的工资系数为250÷234＝1.068。日工作时间按8工时/工日。

(1) 基本工资：4 个岗位等级。
1) 基本工资的组成：由岗位工资、年功工资组成。
a. 岗位工资是按照职工所在岗位从事的各项劳动要素测评结果确定的工资。
b. 年功工资是指按照职工工作年限确定的工资，随工作年限增加而增加。
2) 基本工资见表 4.4。

表 4.4 基本工资表（六类地区）

序号	名称	单位	枢纽工程	引水及河道工程
1	工长	元/月	550	385
2	高级工	元/月	500	350
3	中级工	元/月	400	280
4	初级工	元/月	270	190

3) 地区工资系数见表 4.5。

表 4.5 地区工资系数表

地区类别	工资系数	地区类别	工资系数
七类工资区	1.0261	十类工资区	1.1043
八类工资区	1.0522	十一类工资区	1.1304
九类工资区	1.0783		

(2) 辅助工资：4 种津贴。指在基本工资以外，以其他形式支付给职工的工资性收入，包括根据国家有关规定属于工资性的各种津贴，主要包括地区津贴（按国家正式文件规定享受生活费补贴的特殊地区津贴计入基本工资）、施工津贴、夜餐津贴和节日加班津贴等。辅助工资标准见表 4.6。

表 4.6 辅助工资标准表

序号	项目	枢纽工程	引水及河道工程
1	地区津贴	按国家批准的各省、自治区、直辖市的规定计算	
2	施工津贴	5.3 元/天	3.5 元/天
3	夜（中）班津贴	4.5 元/夜班，3.5 元/中班	

注 初级工的施工津贴标准按表中数值的 50% 计取。

(3) 工资附加费。指按照国家规定提取的职工福利基金、工会经费、养老保险费、医疗保险费、工伤失业保险费和住房公积金。

2. 人工预算单价公式及标准

人工预算单价计算式及标准见表 4.7。

4.2.6.2 材料预算价格

材料费是建筑安装投资的重要组成部分，大中型项目材料费在建筑安装工程投资中所占比重一般在 30% 以上，尤其是那些用量多、对总投资影响大的主要材料，如钢材、水泥、木材、粉煤灰、油料、火工产品、电缆及母线等，一般需编制材料预算价格。

表 4.7　　　　　　　　　　　　　　人工预算单价计算表

地区类别		定 额 人 工 等 级	备注
序号	项目	计算式	
1	基本工资	基本工资标准(元/月)×地区工资系数×12月÷年应工作天数×1.068	
2	辅助工资		
(1)	地区津贴	津贴标准(元/月)×12月÷年应工作天数×1.068	
(2)	施工津贴	津贴标准(元/天)×365天×95%÷年应工作天数×1.068	
(3)	夜餐津贴	(中班津贴标准+夜班津贴标准)÷2×(20～30)%	
(4)	节日加班津贴	基本工资(元/工日)×3×10÷年应工作天数×35%	
3	工资附加费		
(1)	职工福利基金	[基本工资(元/工日)+辅助工资(元/工日)]×14%(工长、高中级工)	初级7%
(2)	工会经费	[基本工资(元/工日)+辅助工资(元/工日)]×2%	初级1%
(3)	养老保险费	[基本工资(元/工日)+辅助工资(元/工日)]×费率	初级一半
(4)	医疗保险费	[基本工资(元/工日)+辅助工资(元/工日)]×4%	初级2%
(5)	工伤保险费	[基本工资(元/工日)+辅助工资(元/工日)]×1.5%	一样
(6)	职工失业保险费	[基本工资(元/工日)+辅助工资(元/工日)]×2%	初级1%
(7)	住房公积金	[基本工资(元/工日)+辅助工资(元/工日)]×费率	初级一半
4	人工工日预算单价	(基本工资+辅助工资+工资附加费)元/工日	
5	人工工时预算单价	人工工日预算单价(元/工日)÷8(工时/工日)	

注　计算夜餐津贴公式中的百分比，枢纽工程取30%，引水及河道工程取20%。养老保险费、住房公积金对初级工按规定的50%计。

材料预算价格是指材料从供应地运到工地分仓库（或堆放场地）的出库价格。材料预算价格一般包括材料原价、运杂费、运输保险费、采购及保管费4项。

1. 主要材料预算价格

材料预算价格=(材料原价+运杂费)×(1+采购及保管费率)+运输保险费

材料原价：按工程所在地区就近大型物资供应公司、材料交易中心的市场成交价或设计选定的生产厂家的出厂价计算。

运杂费：铁路运输按铁道部现行《铁路货物运价规则》及有关规定计算其运杂费。公路及水路运输按工程所在省、自治区、直辖市交通部门现行规定或市场价计算。

运输保险费：按工程所在省、自治区、直辖市或中国人民保险公司的有关规定计算。

运输保险费=材料原价×材料运输保险费率

采购及保管费=(材料原价+运杂费)×采购及保管费率(表4.8)

2. 其他材料预算价格

其他材料预算价格执行工程所在地区就近城市建设工程造价管理部门公布的工业与民用建筑安装工程材料预算价格信息价，加至工地的运杂费。

表 4.8　　　　　　　　　采购及保管费率表

序　号	材料名称	费率/%
1	水泥、碎（砾）石、砂	3
2	钢材	2
3	油料	2
4	其他材料	2.5

材料预算价格采用信息价时，实际计算是否增加运杂费，要结合项目的建设地点和信息价的发布地点和覆盖范围，以及项目的实际施工方案确定。

3. 材料补差

主要材料预算价格超过表 4.9 规定的材料基价时，应按基价计入工程单价，预算价与基价的差值以材料补差形式计算，列入单价表中并计取税金。

主要材料预算价格低于基价时，按预算价计入工程单价。

计算施工电、风、水价格时，按预算价参与计算。

表 4.9　　　　　　　　　主要材料基价表

序　号	材料名称	单　位	基价/元
1	柴油	t	3500
2	汽油	t	3600
3	钢筋	t	3000
4	水泥	t	300
5	炸药	t	6000

4.2.6.3　施工用电、水、风预算价格

施工用电、水、风的价格是编制水利工程投资的基础价格，其价格组成大致相同，由基本价、能量损耗摊销费、设施维修摊销费 3 部分组成。

4.8
材料预算价格

1. 施工用电价格

施工用电按用途可分为生产用电和生活用电两部分。生产用电直接进入工程成本，包括施工机械用电、施工照明用电和其他机械用电，构成工程直接费。生活用电是指生活文化福利建筑的室内外照明和其他生活用电。水利工程概估算中的电价计算范围仅指生产用电，生活用电因不直接用于生产，应在现场经费内开支或由职工负担，不在施工用电电价计算范围内。

水利工程施工用电一般有两种供电方式，即外购电和自发电。外购电也称电网供电，是指由国家或地方电网和其他电厂供电，是水利工程施工的主要电源；自发电是指由建设单位或施工单位自建柴油发电厂、水力或燃煤发电厂发电，通常用自备柴油发电机组供电，作为自备电源或在用电高峰或紧急情况下使用。

施工用电价格由基本电价、电能损耗摊销费和供电设施维修摊销费组成。

（1）基本电价。基本电价是施工用电电价的主要部分。外购电的基本电价是指供

电部门按国家或地方规定收取的单位供电价格,包括电网电价及各种规定的加价(如电力建设基金、三峡工程建设基金、燃料附加费等加价)。自发电的基本电价是指发电厂的单位发电成本。

(2) 电能损耗摊销费。外购电的电能损耗摊销费是指施工单位与供电部门从产权分界处(供电单位收费计量点)起,到现场各施工点最后一级降压变压器低压侧止,在所有输配电线路和变配电设备上所发生的电能损耗摊销费。自发电的电能损耗摊销费,是指从施工单位自建发电厂的出线侧(或电厂变电站出线侧)至现场各施工点最后一级降压变压器低压侧止,所有变配电设备和输配电线路所发生的电能损耗费用。

(3) 供电设施维修摊销费。指摊入电价的变配电设备的基本折旧费、修理费、安装拆除费、设备及配电线路的运行维护费。规定电压等级(枢纽工程 35kV,引水工程及河道工程 10kV)及以上的变配电设备除外。

2. 施工用水价格

施工用水价格由基本水价、供水损耗摊销费和供水设施维修摊销费组成。施工用水价格计算的关键是确定各种供水方式的台时总费用及台时总出水量。

(1) 基本水价。基本水价是根据施工组织设计确定的高峰用水量所配备的供水系统设备,按台时产量分析计算的单位水量的价格。

(2) 供水损耗摊销费。供水损耗是指施工用水在储存、输送、处理过程中的水量损耗。在计算水价时,损耗通常以损耗率的形式表示。

$$水量损耗率(\%) = 损失水量 \div 水泵总流量 \times 100\%$$

(3) 供水设施维修摊销费。供水设施维修摊销费是指摊入单位水价的水池、供水管道等供水设施的维修费用(注:水池、供水管道等供水设施的建安费已计入施工临时工程中的其他临时工程内,不能直接摊入水价成本)。由于该项费用难以准确计算,编制设计概(估)算时,一般可按经验指标 0.02~0.03 元/m³ 摊入水价(原 0.01~0.02 元/m³)。

施工用水价格,应根据施工组织设计供水系统所配置的水泵设备(不包括备用设备)的组时总费用和组时总有效出水量计算。其计算公式为

$$水价(元/m^3) = 水泵组时总费用 \div (水泵额定容量之和 \times K) \div (1 - 供水损耗率) + 供水设施维修摊销费$$

式中　　　　K——水泵出力系数,又称能量利用系数,可取 0.75~0.85;

水泵组时总费用——各水泵台时费之和;

供水损耗率——取 6%~10%;

供水设施维修摊销费——0.04~0.05 元/m³。

3. 施工用风价格

水利工程施工用风主要用于石方、混凝土、金属结构和机电设备安装等工程施工时施工机械(如风钻、潜孔钻、凿岩台车、混凝土喷射机、风水枪等)所需的压缩空气,一般由自建供风系统供给。

压缩空气可由固定式空压机或移动式空压机供给。前者供风量大、风源可靠、

成本低，并可根据用风负荷调节风量。后者机动灵活、管路短、损耗少、临时设施简单，但成本较高、风量调节困难。为保证风压，减少管路损耗，顾及施工初期及零星工程用风需要，一般多采用分区布置供风系统，以由多台固定式空压机组成的供风厂为主，并辅以适量的移动式空压机供风。编制设计概（估）算的风价时，对分别设置几个供风系统的，应按各系统供风量的比例加权平均计算综合风价。

施工用风价格由基本风价、供风损耗摊销费和供风设施维修摊销费组成。

4.2.6.4 施工机械使用费

施工机械台时费是指一台施工机械正常工作1小时所支出和分摊的各项费用之和。施工机械使用费根据施工组织设计确定的机械种类和《水利水电施工机械台时费定额》及有关规定计算。

1. 施工机械台时费定额组成

台时费是计算建筑安装工程单价中机械使用费的基础价格。现行部颁的施工机械台时费由两类费用组成。

（1）一类费用：分为折旧费、修理及替换设备费（含大修理费、经常性修理费）和安装拆卸费，在定额中以货币金额表示。折旧费是指施工机械在规定寿命期内回收原值的台时折旧摊销费用。修理费指机械使用一定台时，为使机械保持正常功能而进行修理、维护保养、保管等所需的费用。替换设备费指机械正常运转时耗用的替换设备用品及随机使用的工具、附件等的费用。安装拆卸费指机械进出入工地的安装、拆卸、试运转和场内转移及辅助设施的摊销费用。部分大型机械的安拆费不在台时费中计列，按现行规定已包括在其他施工临时工程项内。

（2）二类费用：分为人工、动力、燃料及消耗材料，以实物量表示。在施工机械台时费定额中，以台时实物消耗量指标表示。编制台时费时，其数量指标一般不允许调整。该项费用取决于每台时机械的使用情况，只有在机械运转时才发生。人工指机械运转时应配备的机上操作人员；动力、燃料指保持机械正常运转时所需的风、水、电、油、煤及木柴等。

2. 施工机械台时费计算方法

（1）根据施工机械型号、性能等参数，查阅定额可得一类费用。

（2）根据定额中的人工工时、燃料、动力消耗量及相应工程项目的人工工资单价预算价格计算出二类费用，即二类费用＝Σ（人工及动力、燃料消耗量×相应单价）。

（3）施工机械台时费为一类费用与二类费用之和。

4.2.6.5 砂石料单价

砂石料是砂砾料、砂、碎石、砾石、块石、条石等骨料的统称，是基本建设工程中混凝土和砌石等构筑物的主要建筑材料。砂又称细骨料，粒径小于或等于5mm。卵石、碎石又称粗骨料，粒径大于5mm，卵石由天然砂石料中筛取，碎石用开采岩石或大卵石经人工或机械加工而成。将各级粒径骨料颗粒按适当比例配合，使骨料的空隙率及总面积都较小，以减少水泥用量，达到混凝土要求的和易性。混凝土粗骨料级配分为四级，见表4.10。

表 4.10　　　　　　　　　　　混凝土粗骨料级配表

级配	最大粒径/mm	粒径组成/mm			
一级配	20	5～20			
二级配	40	5～20	20～40		
三级配	80	5～20	20～40	40～80	
四级配	150（120）	5～20	20～40	40～80	80～150

常用的骨料单价计算方法有两种：一是系统单价法，二是工序单价法。

1. 系统单价法

系统单价法是以整个砂石料生产系统［从原料开采运输起到骨料运至搅拌楼（场）骨料料仓（堆）止的生产全过程］为计算单元，用系统单位时间的生产总费用除以系统单位时间的骨料产量求得骨料单价。系统生产费用中的人工费按施工组织设计确定的劳动组合计算的人工数量乘以相应的人工单价求得。机械使用费按施工组织设计确定的机械组合所需机械型号、数量分别乘以相应的机械台时单价确定。

2. 工序单价法

工序单价法按骨料生产流程分解成若干个工序，以工序为计算单元，按现行概算相应定额计算各工序单价，再累计算成品骨料单价。

骨料生产由覆盖层清除，毛（原）料开采运输、筛洗加工、成品骨料运输、弃料处理等工序组成，天然骨料的工序包括覆盖层清除、毛料开采运输（陆上开采运输、水上开采运输）、预筛分、筛分冲洗、成品骨料运输、弃料处理等。人工骨料的工序包括覆盖层清除、碎石原料开采运输、碎石粉碎、碎石筛分、制砂、成品骨料运输、弃料处理等。

骨料单价的计算步骤如下。

(1) 收集料场、工程量、混凝土配合比有关基础资料。

(2) 了解生产流程和施工方法（加工工艺流程示意图、主要设备型号、数量）。

(3) 确定单价计算的基本参数（加工工艺流程示意图、主要设备型号、数量）。

(4) 选用现行定额计算各工序单价。

(5) 计算成品骨料单价。

块（片）石、条（拱）石、料石单价是指将符合要求的石料运至施工现场堆料点的价格。一般包括料场覆盖（风化层、无用夹层）清除，石料开采、加工（修凿），石料运输、堆存，以及石料在开采、加工、运输、堆存过程中的损耗等。

块（片）石、条（拱）石、料石单价应根据地质报告有关资料和施工组织设计确定的工艺流程、施工方法、选用概算定额中的相应子目计算综合单价。

对于地方兴建的中小型水利工程，因当地砂石料缺乏或料场储量不能满足工程需要，或者因砂石料用量较少，不宜自采砂石料时，可从附近砂石料市场采购。外购砂石料单价计算方法与水泥、钢材等主要材料相同。

4.2.6.6　混凝土材料单价

混凝土及砂浆材料单价指按混凝土及砂浆设计强度等级、级配及施工配合比配制每立方米混凝土、砂浆所需要的水泥、砂、石、水、和料及外加剂等各种材料的费用之和。它不包括拌制、运输、浇筑等工序的人工、材料和机械费用，也不包含搅拌损耗外的施工操作损耗及超填量等。

1. 混凝土材料用量确定

混凝土材料单价在混凝土工程单价中占有较大的比重，各类混凝土施工配合比是计算混凝土材料单价（或混凝土基价）的基础。初设阶段编制设计概算单价时，掺粉煤灰混凝土、碾压混凝土的混凝土材料用量应按各工程的混凝土级配及施工配合比试验资料计算。初设阶段的纯混凝土、掺外加剂混凝土或可行性研究阶段的掺粉煤灰混凝土、碾压混凝土、纯混凝土、掺外加剂混凝土等，如无试验资料，可参照定额附录混凝土配合比表的各种材料用量计算混凝土材料单价。

2. 混凝土及砂浆材料单价计算

混凝土及砂浆材料单价指拌制每立方米混凝土、砂浆所需要的水泥、砂、石、水、掺和料及外加剂等各种材料的费用之和（包括了至搅拌楼进料仓止的材料场内运输及操作损耗费）。

$$混凝土材料单价 = \Sigma（某材料用量 \times 某材料预算价）$$

4.2.7 工程单价

4.2.7.1 工程单价的概念

工程单价是指以价格形式表示的完成单位工程量（如 $1m^3$、$1t$、1套等）所耗用的全部费用。它包括直接工程费、间接费、企业利润和税金等4部分内容。水利工程概（估）算单价分为建筑和安装工程单价两类，它是编制水利水电工程建安工程投资的基础。

4.9
混凝土单价

4.2.7.2 工程单价组成的三要素

建筑安装工程单价由"量、价、费"三要素组成。

量：指完成单位工程量所需的人工、材料和施工机械台时数量。需根据设计图纸及施工组织设计等资料正确选用定额相应子目的规定量。

价：指人工预算单价、材料预算价格和机械台时费等基础单价。

费：指按规定计入工程单价的其他直接费、现场经费、间接费、利润和税金等。需按规定的取费标准计算。

水利部现行规定的工程单价计算程序见表4.11。

4.10
工程单价组成三要素

表4.11 建筑工程单价计算程序表

序号	项 目 名 称	计 算 方 法
1	直接工程费	(1)+(2)+(3)
(1)	直接费	1)+2)+3)
1)	人工费	Σ定额人工工时数×人工预算单价
2)	材料费	Σ定额材料用量×材料预算价格
3)	机械使用费	Σ定额机械台时用量×机械台时费
(2)	其他直接费	(1)×其他直接费率

续表

序号	项 目 名 称	计 算 方 法
(3)	现场经费	(1)×现场经费费率
2	间接费	1×间接费率
3	企业利润	(1+2)×企业利润率
4	税金	(1+2+3)×税率
5	工程单价	1+2+3+4

4.2.7.3 安装工程单价表列式

1. 实物量形式的安装单价表列式

(1) 直接工程费。直接工程费包括直接费、其他直接费和现场经费3项。

1) 直接费，包括人工费、材料费和机械使用费3项。

人工费＝定额劳动量（工时）×人工预算单价（元/工时）；

材料费＝定额材料用量×材料预算单价；

机械使用费＝定额机械使用量（台时）×施工机械台时费（元/台时）。

2) 其他直接费：

$$其他直接费＝直接费×其他直接费率之和$$

3) 现场经费：

$$现场经费＝人工费×现场经费费率之和$$

(2) 间接费：

$$间接费＝人工费×间接费率$$

(3) 企业利润：

$$企业利润＝（直接工程费＋间接费）×企业利润率$$

(4) 未计价装置性材料费。

主要装置性材料本身的价值在安装定额内并未包括，需要另外计价。所以，主要装置性材料又叫未计价装置性材料。在水利部"2002"概算定额中，未计价的装置性材料的安装费均以实物量形式表示，共有84个子目。

$$未计价装置性材料费＝未计价装置性材料用量×材料预算单价$$

(5) 税金

$$税金＝（直接工程费＋间接费＋企业利润＋未计价装置性材料费）×税率$$

(6) 安装单价

安装单价＝直接工程费＋间接费＋企业利润＋未计价装置性材料费＋税金

2. 费率形式的安装工程单价表列式

(1) 直接工程费。

1) 直接费：

$$人工费＝定额人工费（\%）×地区人工费率调整系数×设备原价$$

$$材料费＝定额材料费（\%）×设备原价$$

$$计价装置性材料费＝定额装置性材料费（\%）×设备原价$$

$$机械使用费 = 定额机械使用费(\%) \times 设备原价$$

2) 其他直接费：

$$其他直接费 = 直接费 \times 其他直接费率之和$$

3) 现场经费：

$$现场经费 = 人工费 \times 现场经费费率之和$$

(2) 间接费：

$$间接费 = 人工费 \times 间接费率$$

(3) 企业利润：

$$企业利润 = (直接工程费 + 间接费) \times 企业利润率$$

(4) 税金：

$$税金 = (直接工程费 + 间接费 + 企业利润) \times 税率$$

(5) 安装单价：

$$安装单价 = 直接工程费 + 间接费 + 企业利润 + 税金$$

4.2.8 工程概算编制

4.2.8.1 建筑工程概算编制

建筑工程分为主体建筑工程和非主体建筑工程（包括交通工程、房屋建筑工程、外部供电线路工程和其他建筑工程），根据不同的设计深度，分别采用不同的方法编制概算。

1. 主体建筑工程

工程投资按设计工程量乘以单价进行编制。采用单价法进行编制，需注意下列问题。

(1) 工程量计算。

1) 应按建筑物的几何轮廓尺寸计算到三级项目，不构成建筑物实体的超挖超填量和施工附加量以及各种操作损耗和体积变化等，均已按现行施工规范和有关规定计入了概算定额，设计工程量中不再另行计算。

2) 预算定额中没有考虑超挖超填量、施工附加量和各种操作损耗，在使用预算定额预测造价时，工程量计算应分为两部分：第一部分是按建筑物的几何轮廓尺寸计算的工程量，第二部分是超挖超填量和施工附加量以及各种操作损耗。计算第二部分时，既要符合设计规范的允许值，还要充分考虑市场因素和施工企业管理水平，严格控制超挖量。例如计算隧洞石方开挖工程预算单价时，设计断面的工程量、设计考虑的施工附加量应套用洞石方开挖定额计价，施工规范允许范围以内的超挖量应套用隧洞超挖石方定额计价。

(2) 混凝土温控。当设计对建筑物混凝土施工有温控要求时，可根据温控措施设计计算其费用，也可以经过分析确定指标，再按建筑物混凝土方量进行计算。

(3) 其他工程（细部结构）。可按坝型或其他工程型式，参考类似工程分析确定，也可参照水工建筑工程细部结构经验指标计算。概算定额附有参考表，但要结合具体工程的情况，对指标中的子项和指标高低进行增删或调整。

2. 非主体建筑工程

非主体工程可按单价法、指标法或百分率法计算投资。

(1) 交通工程。交通工程投资可按设计工程量乘以单价计算,也可根据工程所在地区造价指标或有关实际资料采用扩大单位指标计算。其主要内容包括以下几个方面。

1) 公路工程指水利工程的公路工程,其投资按设计提供的里程(km)乘以工程所在地的造价指标估算,或根据设计提供的三级项目工程量进行单价分析做出概算。也可以按经审核的委托单位专项概算数列入。

2) 铁路工程指水利工程的铁路工程,其投资应按设计提供的里程(km)乘以工程所在地的造价指标估算,或根据设计提供的三级项目工程量进行单价分析做出概算。同样也可以按经审核的委托单位专项概算数列入。

3) 桥梁工程指水利工程的桥梁工程,其投资应按设计提供的特征性工程量乘以工程所在地的造价指标估算,或根据设计提供的三级项目工程量进行单价分析做出概算。同样也可以按经审核的委托单位专项概算数列入。

4) 码头工程指水利工程的码头工程,其投资应按设计提供的码头数量乘以工程所在地的造价指标估算,或根据设计提供的三级项目工程量进行单价分析做出概算。同样也可以按经审核的委托单位专项概算数列入。

(2) 房屋建筑工程。房屋建筑工程指水利枢纽、水电站、水库等基本建设工程的永久辅助生产厂房、仓库、办公室、宿舍、住宅等生活及文化福利建筑,办公室、生活区内的道路和室外给排水、照明、挡土墙等室外工程,以及未包括在附属辅助设备安装工程内的基础工程等。

辅助生产厂房、仓库、办公室、生活及文化福利建筑的投资均按设计提供的建筑面积和工程所在省(自治区、直辖市)的单位建筑面积造价指标计算。室外工程指办公室、宿舍、住宅和生活及文化福利建筑等区域内的道路、室外给排水、照明、挡土墙等室外工程,以及未包括在附属辅助设备安装工程内的基础工程等,按占房屋建筑工程投资的10%~15%计算。

(3) 外部供电线路工程,根据设计的电压等级、线路架设长度和所需配备的变配电设施要求,采用工程所在地区造价指标或有关实际资料计算。

(4) 其他建筑工程,指内外部观测、动力线路(厂坝区)、照明线路、通信线路、厂坝区和生活区的供水、供热、排水等公用设施工程、厂坝区的环境建设工程、水情自动测报系统工程及其他建筑工程投资计算可采用主体建筑工程的编制方法,也可采用单位指标法或百分率法。编制投资估算时,其他建筑工程一般根据坝型按主体工程建筑工作量的3.0%~5.0%计算。初步设计则需分项计算。

4.2.8.2 机电设备及安装工程

1. 枢纽工程机电设备及安装工程

枢纽工程的机电设备及安装工程指构成枢纽工程固定资产的全部机电设备及安装工程。由发电设备及安装工程、升压变电设备及安装工程和公用设备及安装工程3项组成。

(1) 发电设备及安装工程。包括水轮机、发电机、主阀、桥式起重机、水力机械辅助设备、电气设备等设备及安装工程。

(2) 升压变电设备及安装工程。包括主变压器、高压电气设备、一次接线等设备及安装工程。

(3) 公用设备及安装工程。包括通信设备，通风采暖设备，机修设备，计算机监控系统，全厂接地及保护网，电梯，厂坝区馈电设备，厂坝区及生活区供水、排水、供热设备，水文、泥沙监测设备，水情自动测报系统设备，外部观测设备，消防设备，交通设备等设备及安装工程。

2. 引水工程及河道工程机电设备及安装工程

引水工程及河道工程机电设备及安装工程是指构成该工程固定资产的全部机电设备及安装工程。一般由泵站设备及安装工程、小水电站设备及安装工程、供变电工程和公用设备及安装工程4项组成。

(1) 泵站设备及安装工程。包括水泵、电动机、主阀、起重设备、水力机械辅助设备、电气设备等设备及安装工程。

(2) 小水电站设备及安装工程。其组成内容可参照枢纽工程的发电设备及安装工程和升压变电设备及安装工程。

(3) 供变电工程。包括供电、变配电设备及安装工程。

(4) 公用设备及安装工程。包括通信设备、通风采暖设备、机修设备、计算机监控系统、全厂接地及保护网，厂坝（闸、泵站）区馈电设备，厂坝（闸、泵站）区供水、排水、供热设备，水文、泥沙监测设备，水情自动测报系统设备，外部观测设备，消防设备，交通设备等设备及安装工程。

4.2.8.3 金属结构设备及安装工程

金属结构设备及安装工程指构成枢纽工程和其他水利工程固定资产的全部金属结构设备及安装工程。包括闸门、启闭机、拦污栅、升船机等设备及安装工程，压力钢管制作及安装工程及其他金属结构设备及安装工程。

金属结构设备及安装工程的项目要与安装它的建筑工程项目相对应。

依据投资构成性质，设备及安装工程概算需要编制设备费概算（设备购置费概算）和安装工程费概算。

1. 设备费概算编制

设备费概算是按设计单位选定的设备型号、规格、数量，出厂价、运杂费等来编制的。

设备购置费包括设备原价、运杂费、运输保险费和采购及保管费4项。

(1) 设备原价按国产设备和进口设备分别确定。国产设备以出厂价为原价。国产定制型和非标准产品，采用与厂家签订的合同价或询价，经设计单位分析、论证、研究后定价。进口设备以到岸价和进口征收的税金（关税、增值税等）、银行手续费、商检费及港口费等各项费用之和为原价。到岸价采用与厂家签订的合同价或询价，由设计单位按概算编制年，经分析、研讨后来计算。税金、手续费等按现行规定计算。可行性研究和初步设计阶段非定型和非标准产品一般不可能与厂家签订价格合同。设计单位可按索取的报价资料、最近国内外有关类似工程的设备采购招投标资料和当年的价格水平经认真论证后确定设备价格。由于设备运输条件的限制及其他原因需在施工现场进行且属于制造厂内的组装工作,如水轮机水涡轮分瓣组焊、定子硅钢片现场叠装、定子线圈现场整体下线及铁损试验(铁芯试验)工作等,其费用包括在设备原价内,属设备制造工作的延深并在订货合同中注明。

(2)运杂费指设备由厂家运至工地安装现场所发生的一切运杂费用。主要包括运输费、调车费、装卸费、包装绑扎费、主变压器的充氮费、过路过桥费以及可能发生的杂费。国产设备运杂费分为主要设备和其他设备,均按照设备原价的百分率来计算。

(3)运输保险费计算分国产设备运输保险费和进口设备运输保险费,国产设备的运输保险费率可按工程所在省(自治区、直辖市)的规定计算。省(自治区、直辖市)无规定的,可按中国人民保险公司的有关规定计算。进口设备的运输保险费按相应规定计算。

(4)采购及保管费指建设单位和施工企业在负责设备的采购、保管过程中发生的各项费用。采购及保管费按设备原价与运杂费之和的0.7%计算。

对国产设备可采用运杂综合费率来计算运杂费。

运杂综合费率=运杂费率+(1+运杂费率)×采购及保管费率+运输保险费率

进口设备的国内段运杂综合费可以按相应国产设备运杂综合费率乘以相应国产设备原价水平占进口设备原价的比例系数,调整为进口设备国内段运杂综合费率。

设备与材料的划分如下。

1)制造厂成套供货范围的部件、备品备件、设备体腔内定量填充物(如透平油、变压器油、六氟化硫气体等)均作为设备。

2)不论成套供货、现场加工或零星购买的储气罐、储油罐、闸门、盘用仪表、机组本体上的梯子、平台和栏杆等均为设备,不能因供货来源不同而改变设备性质。

3)管道和阀门如构成设备本体部件时,应作为设备,否则应作为材料。

4)随设备供应的保护罩、网门等,凡已计入相应设备出厂价格内的,应作为设备,否则应作为材料。

5)电缆、电缆头、电缆和管道用的支吊架、母线、金具、滑触线和支架、屏、盘、柜的基础型钢、钢轨、石棉板、穿墙隔板、绝缘子、一般用保护网、罩、门、梯子、平台、栏杆和蓄电池木支架等均作为材料。

2. 安装工程费概算编制

安装工程费概算按设计提供的设备(主要装置性材料)数量乘以安装工程单价进行编制。

金属结构设备及安装工程的编制方法与机电设备及安装工程相同。

4.2.8.4 施工临时工程

施工临时工程包括施工导流工程、施工交通工程、施工场外供电工程、施工房屋建筑工程和其他施工临时工程。

1. 施工导流工程

施工导流工程包括导流明渠、导流洞、施工围堰、蓄水期下游断流补偿设施及与之相关的金属结构制作及安装工程等，按设计工程量乘工程单价计算投资。

2. 施工交通工程

施工交通工程包括施工现场内外为工程建设服务的临时性交通工程，如公路、铁路、桥梁、施工支洞、码头和转运站等，其投资按照设计工程量乘单价计算，也可根据工程所在地区同类工程的造价指标或者有关的实际资料采用扩大单位指标编制。

3. 施工场外供电工程

施工场外供电工程包括从现有电网向施工现场供电的高压输电线路，即高压电网到施工主变压器高压侧之间的高压输电线路（枢纽工程35kV及以上等级、引水及河道工程10kV及以上等级），也包括施工现场降压变（配）电设备（场内除外）出线端之间，即由主变压器高压侧至现场各施工点最后一级降压变压器低压侧之间的配电线路和变配电设施工程。根据设计的电压等级、线路架设的长度及所配备的变配电设施要求，采用工程所在地区造价指标或实际资料计算投资。

从最后一级降压变压器低压侧至施工现场内各用电点的施工设备和低压配电线路不属于施工场外供电工程，它已包括在施工场内各用电施工设备的台时耗电定额内。

4. 施工房屋建筑工程

施工房屋建筑工程是指在施工过程中建造的临时房屋，包括施工仓库和办公、生活及文化福利建筑两部分。

施工仓库是指为工程施工而临时兴建的设备、材料、工器具等仓库。其建筑面积由施工组织设计确定，根据当地生活福利建筑的相应造价水平确定单位造价指标，用指标法计算投资。

办公、生活及文化福利建筑指施工单位、建设单位（含监理）、设计代表在工程建设期间所需的办公室、宿舍、招待所和其他文化福利设施等房屋建筑工程。

5. 其他施工临时工程

其他施工临时工程指除施工导流、施工交通、施工场外供电、施工房屋建筑、缆机平台以外的施工临时工程。主要包括施工供水系统（大型泵房及干管）、砂石料系统、混凝土拌和浇筑系统、大型机械安装拆卸、防汛、防冰、施工排水、施工通信、施工临时支护设施（含隧洞临时钢木支撑）等工程。需要注意其他施工临时工程不包括照明线路工程，照明线路工程费用包括在现场经费中的"临时设施费"中。其他施工临时工程按一至四部分建筑安装工作量（不包括其他施工临时工程本身）之和的百分率计算。

4.2.8.5 独立费

独立费用由建设管理费、生产准备费、科研勘测设计费、建设及施工场地征用费和其他费用5项组成。

1. 建设管理费

建设管理费包括项目建设管理费、工程建设监理费、联合试运转费3项。

（1）项目建设管理费。包括建设单位（或项目法人）开办费和建设单位（或项目法人）经常费。

1）建设单位开办费，对于新建工程，其开办费根据建设单位开办费标准和建设单位定员人数确定；对于改扩建与加固工程，原则上不计建设单位开办费。

2）建设单位经常费，含建设单位人员经常费和工程管理经常费两项内容。

a. 建设单位人员经常费。根据建设单位定员、费用指标和经常费用计算期进行计算。计算公式为

建设单位人员经常费＝费用指标[元/(人·年)]×定员人数×经常费用计算期(年)

根据施工组织设计确定的施工总进度和总工期，建设单位人员从工程筹建之日起，至工程竣工之日加六个月止，为经常费用计算期。

b. 工程管理经常费。枢纽工程及引水工程一般按建设单位开办费和建设单位人员经常费之和的35%～40%计取。改扩建与加固工程、堤防及疏浚工程按20%计取。

（2）工程建设监理费。按照国家及省（自治区、直辖市）计划（物价）部门有关规定计取。

（3）联合试运转费。按照规定的联合试运转费用指标计算。

2. 生产准备费

生产准备费包括生产及管理单位提前进厂费、生产职工培训费、管理用具购置费、备品备件购置费和工器具及生产家具购置费5项。

（1）生产及管理单位提前进场费。枢纽工程按建筑工程、机电设备及安装工程、金属结构设备及安装工程、施工临时工程4部分建安工作量的0.2%～0.4%计算，大（1）型工程取小值，大（2）型工程取大值。

引水和灌溉工程视规模大小参照枢纽工程计算，改扩建与加固工程、堤防和疏浚工程原则上不计此项费用，若工程中含有新建大型泵站、船闸等建筑物，可按其建安工作量参照枢纽工程费率适当计列。

（2）生产职工培训费。枢纽工程按建筑工程、机电设备及安装工程、金属结构设备及安装工程、施工临时工程4部分建安工作量的0.3%～0.5%计算，大（1）型工程取小值，大（2）型工程取大值。引水和灌溉工程视规模大小参照枢纽工程计算，改扩建与加固工程、堤防和疏浚工程原则上不计此项费用，若工程中含有新建大型泵站、船闸等建筑物，可按其建筑安装工作量参照枢纽工程费率计列。

（3）管理用具购置费，根据工程按建筑工程、机电设备及安装工程、金属结构设备及安装工程、施工临时工程4部分建安工作量的0.02%～0.08%计算，大（1）型工程取小值，大（2）型工程取大值。引水及河道工程按建安工作量的0.02%～0.03%计算。

（4）备品备件购置费。按占设备费的0.4%～0.6%计算。大（1）型工程取下限，其他工程取中、上限。

注：①设备费应包括机电设备、金属结构设备以及运杂费等全部设备费；②电站、泵站同容量、同型号机组超过一台时，只计算一台的设备费。

（5）工器具及生产家具购置费。按占设备费的0.08%～0.2%计算。枢纽工程取下限，其他工程取中、上限。

3. 科研勘测设计费

科研勘测设计费指工程建设所需要的规划、科研、勘测和设计等费用。包括工程科学研究试验费和工程勘测设计费两项。

(1) 工程科学研究试验费。按工程建安工作量的百分率计算。其中：枢纽和引水工程取 0.5%；河道工程取 0.2%。

(2) 工程勘测设计费。执行国家颁发的收费标准。

4. 建设及施工场地征用费

具体编制办法和计算标准参照移民和环境部分概算编制规定。在编制概算文件时，该项费用列入移民环境投资部分。

5. 其他

其他费用主要包括工程保险费和其他税费。

(1) 工程保险费。按建筑工程、机电设备及安装工程、金属结构设备及安装工程、施工临时工程 4 部分投资合计的 4.5‰～5.0‰ 计算。

(2) 其他税费。按国家有关规定计算。

根据《财政部、国家发展改革委关于公布取消和停止征收 100 项行政事业性收费项目通知》（财综〔2008〕78 号）规定，定额编制管理费、工程质量监督费自 2009 年 1 月 1 日起取消。

4.2.9 编制工程总概算

4.2.9.1 编制工程概算

工程部分概算按一级项目如挡水、泄水、引水、发电等项目划分，汇总一至五部分概算，并按照建筑工程概算、机电设备及安装工程概算、金属结构设备及安装工程概算、临时工程概算、独立费用概算分别填列。

4.2.9.2 编制工程总概算

在上述五部分之后，按照下列顺序汇总工程概算表。

(1) 一至五部分合计。

(2) 基本预备费。主要为解决工程施工过程中的设计变更和为预防意外事故而采取的措施所增加的工程项目和费用。根据工程规模、施工工期和地质条件等不同情况，按照工程概算一至五部分合计数的百分率计算。初步设计阶段为 5%～8%。

(3) 静态总投资。一至五部分合计投资与基本预备费之和。

(4) 价差预备费。主要为解决工程施工过程中，因人工工资、材料和设备价格上涨以及费用标准调整而增加的投资。需根据施工工期、不分设计阶段，以资金流量表的静态投资作为计算基数，计算公式为

$$E = \sum_{n=1}^{N} F_n [(1+P)^n - 1] \tag{4.4}$$

式中 E——价差预备费；

N——建设工期，价差预备费应按从工程筹建至工程竣工的建工期计算；

n——施工年度；

F_n——建设期资金流量表第 n 年的投资；

P——年物价（物价上涨）指数。

（5）建设期融资利息。根据国家财政金融政策规定，工程在建设期内需偿还并应计入工程总投资的融资利息。公式为

$$S = \sum_{n=1}^{N}\left[\left(\sum_{m=1}^{N} F_m b_m - \frac{1}{2} F_n b_n\right) + \sum_{m=0}^{n-1} S_m\right] \cdot i \tag{4.5}$$

式中　S——建设期融资利息；

　　　N——建设工期；

　　　n——施工年度；

　　　m——还息年度；

F_n、F_m——建设期资金流量表内第 n 年和第 m 年的投资；

b_n、b_m——各施工年份融资额占当年投资比例；

　　　i——建设期融资利率；

　　　S_m——第 m 年的付息额度。

（6）总投资。总投资为静态总投资、价差预备费和建设期融资利息之和。

4.2.10　概算的审查和审批

4.2.10.1　初步设计文件的技术审查

中央项目的初步设计由流域机构报送水利部，其中大中型项目由水利部组织技术审查，一般项目由流域机构组织技术审查。地方大中型项目初步设计由省级水行政主管部门报送水利部，由水利部或委托流域机构组织技术审查。地方其他项目初步设计由省级水行政主管部门组织技术审查，其中地方省际边界工程的初步设计须报送流域机构组织技术审查。

编制工程静态总投资

4.2.10.2　初步设计文件的审批

（1）中央项目、地方大中型堤防工程、水库枢纽工程、水利水电以及其他技术复杂的项目、中央在立项阶段决定参与投资的地方项目、国家重点或总投资2亿元以上的病险水库（闸）除险加固工程、省际边界工程的初步设计概算由水利部或流域机构审批；其他地方项目的初步设计概算由省级水行政主管部门审批。

（2）中央项目、中央参与投资的地方大中型项目内的单项工程初步设计需要另行审批的，一般由流域机构根据批复的总体初步设计审批，其中重大的工程项目由水利部审批。

（3）已列入国家基本建设年度投资计划的应急工程项目，可依据规划或已编制的可行性研究报告直接编制年度应急工程初步设计（或实施方案）。中央项目的年度应急工程的初步设计由流域机构报水利部审批，地方大中型项目年度应急工程初步设计由省级水行政主管部门报流域机构审批，地方一般项目年度应急工程初步设计由省级水行政主管部门审批。

概算的审查与审批

（4）工程项目设计变更、子项目调整、建设标准调整、概算调整等，须按程序上报原审批单位审批。在工程项目建设标准和概算投资范围内，依据批准的初步设计原则，一般的非重大设计变更、生产性子项目之间的调整，由项目主管部门审批。

任务 4.3　设计阶段投资控制案例分析

案例：工程实例设计概算。

1. 工程概况

本工程坐落在某总干渠上，上下游节制建筑物分别是小余闸和四台子闸，新建钢坝闸位于小余闸下游约 2.9km 处。该钢坝闸是在灌溉过流能力前提下渠道内建设生态蓄水工程，形成景观水面、抬高蓄水位、增加蓄水量，改善钢坝闸周边生态环境，营造水景观。

根据液压钢坝闸挡水、泄水条件和运行要求，结合考虑地形、地质等因素，依据结构安全可靠、布局紧凑合理、施工方便、运用灵活、经济美观的原则，确定该工程主要由前铺盖、闸室、消力池、海漫四部分组成。

2. 投资主要指标

工程概算总投资为 408.39 万元，其中建筑工程为 134.18 万元，机电设备及安装工程为 139.63 万元，金属结构设备及安装工程为 61.26 万元，临时工程为 20.45 万元，独立费用为 33.43 万元。

工程施工总工期 4 个半月，主要工程量为：土方开挖 5220m^3，土方回填 1797m^3，钢筋制安 60t，混凝土 1088m^3，砌石 294m^3。

3. 编制原则

辽宁省水利厅辽水规计〔2019〕42 号文件关于发布《辽宁省水利工程设计概（估）算编制规定（工程部分）》的通知。

辽发改农经〔2007〕71 号文件关于发布《辽宁省水利水电建筑工程预算定额》和《辽宁省水利水电工程施工机械台班费定额》的通知。

国家计委、建设部计价格〔2002〕10 号文件关于发布《工程勘察设计收费管理规定》的通知。

国家发展改革委、建设部发改价格〔2007〕670 文件关于印发《建设工程监理与相关服务收费管理规定》的通知。

4. 编制依据

(1) 人工工日预算单价依据辽水规计〔2019〕42 号文件计算，其中：技术工 35.02 元/工日，普工 19.93 元/工日。

(2) 主要材料预算单价：以市场价格为原价，主要材料限价进入工程单价，其中：水泥 300 元/t，钢筋 3000 元/t，木材 1100 元/m^3，砂子 35 元/m^3，石子 55 元/m^3，块石 50 元/m^3，柴油 3500 元/t，汽油 3700 元/t，高于限价部分找材料价差计算。

(3) 施工机械台班费：一类费用按定额计算，二类费用按人工工日预算单价和材料预算价格限价找差计算。

(4) 其他直接费：建筑工程按直接费 5.3% 计算，其中：冬雨季施工增加费 3%，夜间施工增加费 0.5%，小型临时设施摊销费 0.8%，其他为 1%。

(5) 间接费：其中土方工程 5%；混凝土工程 6%；模板工程 8%；钻孔灌浆及锚

固工程 9%；其他工程 7%。

（6）企业利润：按直接工程费与间接费之和的 7% 计算。

（7）税金：按直接工程费、间接费、企业利润之和的 3.41% 计算。

5. 工程概算表

表 4.12 概算总表

表 4.13 建筑工程概算表

表 4.14 机电设备及安装工程概算表

表 4.15 金属结构设备及安装工程概算表

表 4.16 施工临时工程概算表

表 4.17 独立费用概算表

表 4.18 主要材料预算价格表

表 4.19 施工机械台班费汇总表

表 4.20 建筑工程单价汇总表

表 4.12 概 算 总 表 单位：万元

序号	工程或费用名称	建安工程费	设备购置费	独立费用	合计
Ⅰ	工程部分投资	172.44	183.08	33.43	388.94
一	第一部分 建筑工程	134.18			134.18
1	拦河闸工程	134.18			134.18
二	第二部分 机电设备及安装工程	12.53	127.10		139.63
1	机电设备及安装	12.53	127.10		139.63
三	第三部分 金属结构设备及安装工程	5.28	55.98		61.26
1	闸门及启闭设备安装	5.28	55.98		61.26
四	第四部分 施工临时工程	20.45			20.45
1	导流工程	10.18			10.18
2	施工交通工程	0.41			0.41
3	施工房屋建筑	9.00			9.00
4	其他临时工程	0.86			0.86
五	第五部分 独立费用			33.43	33.43
1	建设管理费			5.33	5.33
2	工程监理费			5.33	5.33
3	勘测设计费			19.55	19.55
4	招标业务代理费			3.21	3.21
六	一至五部分合计				388.94
七	基本预备费				19.45
	静态总投资				408.39
Ⅱ	环境部分				
Ⅲ	总投资				408.39

任务 4.3 设计阶段投资控制案例分析

表 4.13 建筑工程概算表

序号	工程或费用名称	单位	数量	单价/元	合计/万元
	第一部分 建筑工程				134.18
一	拦河闸工程				134.18
1	主体工程部分				125.98
	土方开挖	m³	2775.15	10.47	2.91
	沟槽土方开挖	m³	331.38	7.18	0.24
	土方回填运输碾压	m³	843.32	4.73	0.40
	前铺盖混凝土 C25	m³	134.40	469.83	6.31
	底板混凝土 C25	m³	544.32	462.62	25.18
	消力池混凝土 C25	m³	168.67	468.40	7.90
	翼墙混凝土 C25	m³	145.19	482.07	7.00
	素混凝土 C15	m³	95.49	478.16	4.57
	钢筋制安	t	59.55	6448.95	38.41
	沥青木板	m²	296.30	120.47	3.57
	止水	m	193.73	138.52	2.68
	钢模板	m²	1431.38	39.37	5.64
	干砌石海漫碎石垫层	m³	68.07	123.13	0.84
	干砌石海漫砂垫层	m³	68.07	113.99	0.78
	海漫土工格栅铺设	m²	645.79	17.00	1.10
	海漫格栅块石护底	m³	163.30	146.00	2.38
	土工布	m²	680.74	9.84	0.67
	抛石防冲槽	m³	462.00	128.60	5.94
	启闭房	m²	60.00	1000.00	6.00
	细部结构	m³	992.58	35.00	3.47
2	上下游护坡				8.20
	土方开挖	m³	2114.40	10.47	2.21
	土方回填运输碾压	m³	953.61	13.63	1.30
	雷诺块石护坡	m³	131.09	148.72	1.95
	砂垫层	m³	43.70	113.99	0.50
	雷诺护垫	m²	973.34	23.00	2.24

表 4.14 机电设备及安装工程概算表

序号	名称及规格	单位	数量	单价/元 设备费	单价/元 安装费	合计/万元 设备费	合计/万元 安装费
	第二部分 机电设备及安装工程					127.10	12.53
一	升压变电设备及安装					127.10	12.53
1	启闭机 2×200kN 及配套装置	台	2	422000	42200	84.4	8.44

续表

序号	名称及规格	单位	数量	单价/元 设备费	单价/元 安装费	合计/万元 设备费	合计/万元 安装费
2	50kVA 变压器及配套设施	项	1	330000	33000	33	3.3
3	控制柜及传感器	套	1	79000	7900	7.9	0.79
4	电线电缆及配套护管	m	100	100		1	
5	照明及配套设施	套	1	5000		0.5	
6	防雷设施	套	1	3000		0.3	

表 4.15　　　　　　　　　　金属结构设备及安装工程概算表

序号	名称及规格	单位	数量	单价/元 设备费	单价/元 安装费	合计/万元 设备费	合计/万元 安装费
	金属结构设备及安装工程					55.98	5.28
一	闸门及启闭设备安装					55.98	5.28
1	钢闸门及配套预埋件	m	32	16500	1650	52.80	5.28
	小计					52.80	5.28
	运杂三项费用 6.02%					3.18	

表 4.16　　　　　　　　　　施工临时工程概算表

序号	工程或费用名称	单位	数量	单价/元	合计/万元
	第四部分　施工临时工程				20.45
一	导流工程				10.18
1	排水工程				10.18
	降水台班费	台班	270	376.91	10.18
二	施工交通工程				0.41
1	临时道路填筑	m³	450	9.13	0.41
三	施工房屋建筑				9.00
1	临时仓库	m²	150	200	3.00
2	办公、生活及文化福利建筑	m²	200	300.00	6.00
四	其他临时工程	%	0.5	171.58	0.86

表 4.17　　　　　　　　　　独立费用概算表

序号	工程或费用名称	单位	计算依据	合计/万元
	第五部分　独立费用			33.43
一	建设管理费	万元	工程投资×1.5%	5.33
二	工程监理费	万元	工程投资×1.5%	5.33
三	勘测设计费	万元	工程投资×5.5%	19.55
四	招标业务代理费	万元	累进制计算	3.21

任务4.3 设计阶段投资控制案例分析

表 4.18　　　　　　　　　　　主要材料预算价格表　　　　　　　　　　单位：元

序号	名称及规格	单位	预算价格	其中			备注
				原价	运杂费	采购及保管费	
1	柴油	kg	8.56	8.56			就近加油
2	汽油	kg	9.76	9.76			就近加油
3	商品混凝土C30	m^3	449.00	449.00			运距15km，造价网价格已计入运费
4	商品混凝土C30	m^3	392.00	392.00			运距15km，造价网价格已计入运费
5	商品混凝土C25	m^3	371.00	371.00			运距15km，造价网价格已计入运费
6	商品混凝土C15	m^3	329.00	329.00			运距15km，造价网价格已计入运费
7	水泥42.5	t	390.00	385	5.000		运距15km，造价网价格已计入5km运费
8	碎石	m^3	93.75	90	3.750		运距10km，造价网价格已计入5km运费
9	砂	m^3	90.50	87	3.500		运距10km，造价网价格已计入5km运费
10	块石	m^3	97.75	85	12.750		运距20km，造价网价格已计入5km运费
11	钢筋	t	4705.00	4700	5.000		运距15km，造价网价格已计入5km运费
12	板枋材	m^3	1701.25	1700	1.250		运距15km，造价网价格已计入5km运费
13	钢板	t	6005.00	6000	5.000		运距15km，造价网价格已计入5km运费
14	角钢	t	5005.00	5000	5.000		运距15km，造价网价格已计入5km运费
15	土工布	m^2	7.00	7.00			
16	土工膜	m^2	10.00	10.00			
17	风	m^3	0.25	0.25			
18	水	m^3	4.00	4.00			
19	电	kW·h	1.20	1.20			

表 4.19　　　　　　　　　　　施工机械台班费汇总表　　　　　　　　　　单位：元

序号	机械名称及规格	编号	台班费	其中		限价
				一类费用	二类费用	
1	挖掘机 1m^3	1002	705.30	374.51	330.79	376.97
2	推土机 55kW	1011	329.62	121.33	208.29	199.87
3	推土机 59kW	1012	363.36	146.32	217.04	212.52
4	推土机 74kW	1013	508.88	253.34	255.54	268.18
5	推土机 88kW	1014	626.79	336.25	290.54	318.78
6	拖拉机 55kW	1025	253.84	54.30	199.54	187.22
7	拖拉机 11kW	1029	83.82	19.05	64.77	43.01

续表

序号	机械名称及规格	编号	台班费	一类费用	二类费用	限价
8	铲运机 2.75m³	1030	63.18	63.18	0.00	0.00
9	凸块振动碾 13～14t	1034	1004.19	648.90	355.29	412.39
10	内燃压路机	1038	353.08	169.29	183.79	164.45
11	刨毛机（拖拉机＋羊角碾）	1039	267.82	68.28	199.54	187.22
12	蛙式夯实机 2.8kW	1040	89.76	7.12	82.64	0.00
13	搅拌机 0.4m³	2002	142.53	55.91	86.62	0.00
14	振动器插入式 1.1kW	2026	12.50	9.62	2.88	0.00
15	风（水）砂枪 6.0m³/min	2045	272.80	4.70	268.10	0.00
16	载重汽车 5t	3003	265.49	110.59	154.90	196.34
17	自卸汽车 8t	3010	410.13	214.46	195.67	232.25
18	沥青洒布车	3021	315.08	167.21	147.87	184.83
19	胶轮车	3022	5.40	5.40	0.00	0.00
20	塔式起重机 10t	4007	644.87	354.63	290.24	0.00
21	汽车起重机 5t	4037	288.17	121.56	166.61	158.17
22	汽车起重机 20t	4042	613.77	361.03	252.74	264.13
23	交流电焊机 25kVA	8028	74.25	4.65	69.60	0.00
24	对焊机 150kVA	8031	452.38	32.88	419.50	0.00
25	钢筋弯曲机 φ6-40	8033	83.72	12.70	71.02	0.00
26	钢筋切断机 20kW	8036	156.61	18.39	138.22	0.00
27	钢筋调直机 4～14kW	8037	105.49	27.27	78.22	0.00
28	型钢剪断机 13kW	8038	181.79	86.17	95.62	0.00
29	型材弯曲机	8041	109.36	27.54	81.82	0.00
30	木工圆盘锯	8058	122.36	9.72	112.64	0.00
31	木工双面刨床	8059	102.58	13.56	89.02	0.00
34	变频机组	2030	94.30	71.26	23.04	0.00
35	离心泵	8004	232.25	30.83	201.42	0.00

任务4.3 设计阶段投资控制案例分析

表4.20 建筑工程单价汇总表

序号	定额编号	名称	单位	单价/元	人工费	材料费	机械使用费	其他直接费	间接费	企业利润	限价	税金	备注
一		土方工程						0.053	0.05	0.07		0.0341	
1	1-61	人工挖沟槽土方	100m³	717.78	575.21	11.50		31.10	30.89	45.41		23.67	
2	1-176	推土机推土	100m³	383.01	5.78	20.42	198.46	11.91	11.83	17.39	104.59	12.63	推距40m,
3	1-216	1m³挖掘机挖土	100m³	233.09	9.97	6.49	119.90	7.23	7.18	10.55	64.08	7.69	
4	1-222	1m³挖掘机挖土 8t自卸汽车运输	100m³	890.27	12.93	19.40	471.97	26.73	26.55	39.03	264.31	29.36	运距0.5km,松土
5	1-226+227	1m³挖掘机挖土 8t自卸汽车运输	100m³	3265.92	13.95	70.56	1750.06	97.23	96.59	141.99	987.84	107.70	运距15km
6	1-321	自行式凸块振动碾压实	100m³	473.17	46.84	27.57	228.91	16.08	15.97	23.48	98.72	15.60	干密度≤16.67kN/m³
7	1-166	人工平土	100m²	132.52	107.25	1.07		5.74	5.70	8.38		4.37	
二		砌石工程						0.053	0.05	0.07		0.0341	
1	3-1	人工铺筑砂垫层	100m³砌体	11399.38	927.08	3605.70		240.24	238.65	350.82	5661.00	375.90	
2	3-2	人工铺筑碎石垫层	100m³砌体	12313.20	1057.78	5666.10		356.37	354.01	520.40	3952.50	406.03	
3	3-9	干砌块石护底	100m³砌体	14599.78	1321.23	5858.00	72.68	384.35	381.81	561.27	5539.00	481.44	平面护底
4	3-7	干砌石护坡	100m³砌体	14872.04	1543.78	5858.00	72.68	396.15	393.53	578.49	5539.00	490.41	平面护坡
6	3-67	浆砌石拆除	100m³砌体	1460.81	306.98	26.98	592.45	49.10	48.78	71.70	316.65	48.17	
7	3-69	干砌石拆除	100m³砌体	956.06	61.58	14.97	437.29	27.23	27.05	39.77	316.65	31.53	
8	3-123	弃石运输	100m³砌体	1214.38	26.31	13.53	650.38	36.58	36.34	53.42	357.77	40.04	运距500m
三		混凝土工程						0.053	0.06	0.07		0.0341	
1	4-35	搅拌机拌制混凝土 0.4m³	100m³	1377.71	821.73	27.01	528.96						
2	4-35	胶轮车运混凝土	100m³	293.39	216.84	16.61	59.94						100m
3	4-35	消力池C25	100m³	46839.70	1540.30	17653.13	193.15	1027.49	1224.84	1514.72	22141.49	1544.56	厚60cm,非岩基基础

模块4 建设工程设计阶段的投资控制

续表

序号	名称	定额编号	单位	单价/元	其中							税金	备注
					人工费	材料费	机械使用费	其他直接费	间接费	企业利润	限价		
4	底板 C25	4-39	100m³	46261.71	1082.55	17644.69	191.35	1002.69	1195.28	1478.16	22141.49	1525.50	厚100cm
5	底板 C25	4-37	100m³	46982.68	1648.64	17658.76	194.95	1033.62	1232.16	1523.77	22141.49	1549.28	厚50cm
6	墙 C25	4-66	100m³	48207.16	1267.60	18387.16	664.15	1076.90	1283.75	1587.57	22350.37	1589.66	墙厚60cm
7	盖板 C25	4-61	100m³	47758.13	2019.03	17332.38	1303.51	1094.71	1304.98	1613.82	21514.85	1574.85	厚20cm
8	排架 C30	4-90	100m³	50660.47	2209.77	19816.98	213.40	1178.73	1405.13	1737.68	22428.21	1670.56	0.5m²
9	交通桥 C40	4-92	100m³	55933.26	1500.27	20390.02	1160.60	1221.70	1456.36	1801.03	26558.86	1844.43	
10	二期混凝土 C25	4-97	100m³	55797.92	8305.04	17788.26	1071.36	1439.73	1716.26	2122.45	21514.85	1839.97	
11	混凝土垫层铺筑 C15	4-36	100m³	47815.62	2302.58	17675.65	198.56	1069.37	1274.77	1576.46	22141.49	1576.75	厚10cm
12	钢筋制安	4-195	t	6448.95	369.20	3248.77	158.14	200.13	178.93	290.86	1790.25	212.66	
13	沥青木板	4-226	100m²	12047.06	858.65	7764.88	3.19	457.22	545.04	674.03	1346.80	397.26	
14	止水	4-201	100m	13851.90	610.76	10605.00		594.44	708.61	876.32		456.77	
15	混凝土拆除	4-115	100m³	8944.54	24.71	186.38	3702.83	207.44	247.28	305.80	1979.09	226.89	拆除钢筋混凝土×1.3
四	模板工程								0.08	0.07		0.0341	
1	普通钢模板	5-2	100m²	3937.43	749.88	1631.83	532.31	154.44	245.48	231.98	261.68	129.84	
2	曲面模板	5-3	100m²	10080.15	1253.27	5368.60	978.21	402.80	640.23	605.02	499.64	332.40	
五	护岸工程								0.05	0.07		0.0341	
1	手扶拖拉机抛运块石	8-55	100m³	12859.87	562.70	5175.75	430.91	326.98	324.82	477.48	5137.17	424.06	运距100m
2	土工布铺设	8-56	100m²	984.28	40.57	763.98		42.64	42.36	62.27	261.68	32.46	平铺
3	土工膜铺设	8-60	100m²	1513.09	82.41	1154.40		65.55	65.12	95.72	499.64	49.90	
4	土工格栅	8-68	100m²	1254.56	51.94	973.54		54.35	53.99	79.37		41.37	
六	其他工程								0.07	0.07		0.0341	
1	编织袋土石围堰填筑	10-1	100m³	4858.03	1539.42	2357.32	0.00	206.53	287.23	307.33		160.20	
2	编织袋土石围堰拆除	10-5	100m³	295.34	236.90	0.00	0.00	12.56	17.46	18.68		9.74	

4.13 交互——设计概算

【巩固与提高】

1. 什么是价值工程?
2. 价值工程的特点是什么?工作步骤有哪些?
3. 设计概算包括哪些类别和内容?编制的方法及各自的适用范围有哪些?
4. 水利工程概算中工程部分概算包括哪些内容?
5. 某开发公司在某公寓建设工作中采用价值工程的方法对其施工方案进行了分析。现有三个方案,经有关专家的分析论证得到如表 4.21 所示的信息:

表 4.21　　　　　　　　　施 工 方 案 分 析

方案功能	重要性系数	得分 A	得分 B	得分 C
F_1	0.227	9	10	9
F_2	0.295	10	10	8
F_3	0.159	9	9	10
F_4	0.205	8	8	8
F_5	0.114	9	7	9
单方造价/(元/m²)		1420	1230	1150

试计算各方案的功能系数、成本系数、价值系数并进行方案选择。

模块 5　建设工程招标阶段的投资控制

【学习目标】

知识目标：了解工程量清单概述；熟悉招标控制价及确定方法、投标报价的审核；掌握合同价格分类及合同价款约定内容。

能力目标：能够具备编制工程量清单、检验工程量清单计价方法的能力。

【案例引入】

概况：嘉闵高架（联明路—北翟路）新建工程，主线长951km，其中地面道路长约552km，项目总投资628838万元，其中工程投资335756万元，占到整个项目投资的50%以上，因此对工程实施阶段的投资控制尤为重要。工程于2007年8月立项，2008年8月开工，2010年3月完工，总工期19个月。该项目作为上海市虹桥枢纽工程的外围配套道路，关系到上海世博会的顺利开展，如何进行综合平衡管理，尽可能地保证工期、质量与投资三者的优化，将工程做好做精，在确保投资不超概算的情况下，按时保质地完成工程是摆在建设者面前的重大考验。按照实施阶段的建设程序，分别介绍该项目在设计、招标、施工和结算审价等子阶段的投资控制工作。

国家规定凡符合条件的工程建设项目要严格采用工程量清单计价方式，如果施工图不详细、工程量清单编制不精确势必会造成合同价格与实际结算价格存在较大区别，从而弱化了施工图预算在投资控制阶段的作用，投资控制自然是空谈。

本工程建设单位，为避免和减少施工过程中的不确定因素和随意性，坚持以详细的施工图进行招投标，同时提高工程量清单编制质量，从而减少了施工阶段的费用增加，将造价控制在了概算之内。

请您思考：

(1) 建设工程招标阶段投资控制的内容？

(2) 工程量清单编制的方法？

(3) 投标报价的审核方法？

(4) 合同价格的分类及合同价款约定内容？

我们在本模块招标阶段投资控制中将要讲述在招标阶段与投资控制有关的工作与处理问题的措施。

任务 5.1　招标控制价编制

工程招标是招标人选择工程承包商、确定工程合同价格的过程。招标人在组织工程招标的过程中，最重要的工作是编制招标文件和确定合同价格。为了合理确定合同价格，招标人可以确定某个价格作为评标的依据，并组织工程招标。

按照我国现行规定，工程量清单计价已成为招标中的主要计价方式，按工程量清单计价方式编制的招标控制价将逐渐取代传统的标底，从而起到杜绝围标、串标，有效控制建设项目投资的作用。

5.1.1 工程量清单概述

5.1.1.1 工程量清单

工程量清单是载明建设工程分部分项工程项目、措施项目、其他项目的名称和相应数量以及规费、税金项目等内容的明细清单，工程量清单分为以下两类：

（1）招标工程量清单。招标人依据国家标准、招标文件、设计文件以及施工现场实际情况编制的，随招标文件发布供投标报价的工程量清单，包括其说明和表格。

（2）已标价工程量清单。构成合同文件组成部分的投标文件中已标明价格，经算术性错误修正（如有）且承包人已确认的工程量清单，包括其说明和表格。

5.1 招标控制价

5.2 工程量清单概念及内容

5.1.1.2 工程量清单的作用

工程量清单的主要作用如下：

（1）在招投标阶段，招标工程量清单为投标人的投标竞争提供了一个平等和共同的基础。工程量清单将要求投标人完成的工程项目及其相应工程实体数量全部列出，为投标人提供拟建工程的基本内容、实体数量和质量要求等信息。这使所有投标人所掌握的信息相同，受到的待遇是客观、公正和公平的。

（2）工程量清单是建设工程计价的依据。在招标投标过程中，招标人根据工程量清单编制招标工程的招标控制价；投标人按照工程量清单所表述的内容，依据企业定额计算投标价格，自主填报工程量清单所列项目的单价与合价。

（3）工程量清单是工程付款和结算的依据。发包人根据承包人是否完成工程量清单规定的内容以及投标时在工程量清单中所报的单价作为支付工程进度款和进行结算的依据。

（4）工程量清单是调整工程量、进行工程索赔的依据。在发生工程变更、索赔、增加新的工程项目等情况时，可以选用或者参照工程量清单中的分部分项工程或计价项目与合同单价来确定变更项目或索赔项目的单价和相关费用。

5.1.1.3 工程量清单的适用范围

（1）工程量清单适用于建设工程发承包及实施阶段的计价活动，包括工程量清单的编制、招标控制价的编制、投标报价的编制、工程合同价款的约定、工程施工过程中计量与合同价款的支付、索赔与现场签证、竣工结算的办理和合同价款争议的解决以及工程造价鉴定等活动。

（2）现行计价规范规定，使用国有资金投资的工程建设发承包项目，必须采用工程量清单计价。

（3）对于非国有资金投资的工程建设项目，是否采用工程量清单方式计价由项目业主自主确定。当确定采用工程量清单计价时，则按现行计价规范规定执行；对于不采用工程量清单计价的建设工程，除不执行工程量清单计价的专门性规定外，仍应执行现行计价规范规定的工程价款调整、工程计量和价款支付、索赔与现场签证、竣工结算以及工程造价争议处理等条文。

5.1.1.4 工程量清单计价规范的构成

现行的《建设工程工程量清单计价规范》(GB 50500—2013)包括规范条文和附录两部分。

规范条文共16章,包括总则、术语、一般规定、工程量清单编制、招标控制价、投标报价、合同价款约定、工程计量、合同价款调整、合同价款期中支付、竣工结算与支付、合同解除的价款结算与支付、合同价款争议的解决、工程造价鉴定、工程计价资料与档案、工程计价表格。

规范条文就适用范围、作用以及计量活动中应遵循的原则、工程量清单编制的规则、工程量清单计价的规则、工程量清单计价格式及编制人员资格等作出了明确规定。

附录分为A、B、C、D、E、F、G、H、J、K、L,共计11个。除附录A外,其余为工程计价表格。附录分别对招标控制价、投标报价、竣工结算的编制等使用的表格作出了明确规定。

5.1.2 工程量清单编制

工程量清单应由具有编制能力的招标人或受其委托、具有相应资质的工程造价咨询人编制。采用工程量清单方式招标,招标工程量清单必须作为招标文件的组成部分,其准确性和完整性由招标人负责。

工程量清单由分部分项工程量清单、措施项目清单、其他项目清单、规费项目清单、税金项目清单组成。

工程量清单编制的依据有:
(1) 现行计价规范和相关工程的国家计量规范。
(2) 国家或省级、行业建设主管部门颁发的计价定额和办法。
(3) 建设工程设计文件及相关资料。
(4) 与建设工程项目有关的标准、规范、技术资料。
(5) 拟定的招标文件。
(6) 施工现场情况、地勘水文资料、工程特点及常规施工方案。
(7) 其他相关资料。

5.1.2.1 分部分项工程项目清单

分部分项工程项目清单为不可调整的闭口清单。在投标阶段,投标人对招标文件提供的分部分项工程项目清单必须逐一计价,对清单所列内容不允许进行任何更改变动。投标人如果认为清单内容有不妥或遗漏,只能通过质疑的方式由清单编制人做统一的修改更正。清单编制人应将修正后的工程量清单发往所有投标人。

分部分项工程量清单应按《建设工程工程量清单计价规范》(GB 50500—2013)的规定,确定项目编码、项目名称、项目特征、计量单位,并按不同专业工程量计量规范给出的工程量计算规则进行工程量的计算。

1. 项目编码

项目编码是分部分项工程量清单项目名称的数字标识。现行计量规范项目编码由十二位数字构成,一至九位应按现行计量规范的规定设置,十至十二位应根据拟建工程的工程量清单项目名称和项目特征设置，同一招标工程的项目编码不得有重码。

在十二位数字中，一至二位为专业工程码，如建筑工程与装饰工程为01、仿古建筑工程为02、通用安装工程为03、市政工程为04、园林绿化工程为05、矿山工程为06、构筑物工程为07、城市轨道交通工程为08、爆破工程为09。

三至四位为附录分类顺序码；五至六位为分部工程顺序码；七、八、九位为分项工程项目名称顺序码；十至十二位为清单项目名称顺序码。例如：

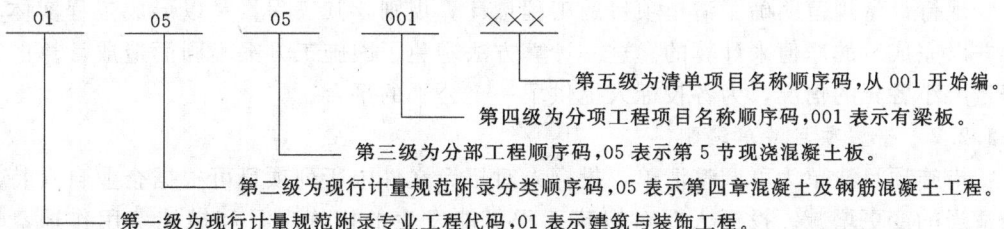

【例5.1】 某标段的工程量清单中含有三个单位工程，每一单位工程中都有项目特征相同的实心砖墙砌体，在工程量清单编制中，应如何反映三个不同单位工程的实心砖墙砌体工程量？

【解】 根据同一招标工程项目编码不得有重码的规定，工程量清单应以单位工程为编制对象，可将第一个单位工程的实心砖墙的项目编码编成010401003001，第二个单位工程的实心砖墙的项目编码编成010401003002，第三个单位工程的实心砖墙的项目编码编成010401003003，并分别列出各单位工程实心砖墙的工程量。

2. 项目名称

分部分项工程项目清单的项目名称应按现行计量规范的项目名称结合拟建工程的实际确定。分项工程项目清单的项目名称一般以工程实体命名，项目名称如有缺项，编制人应作补充，并报省级或行业工程造价管理机构备案。补充项目的编码由现行计量规范的专业工程代码X（即01~09）与B和三位阿拉伯数字组成，并应从XB001起按顺序编制，同一招标工程的项目不得重码。分部分项工程项目清单中应附补充项目名称、项目特征、计量单位、工程量计算规则、工作内容。

3. 项目特征

项目特征是确定分部分项工程项目清单综合单价的重要依据，在编制分部分项工程项目清单时，必须对其项目特征进行准确和全面的描述。

但有的项目特征用文字往往又难以准确和全面地描述，因此为达到规范、简捷、准确、全面描述项目特征的要求，在描述分部分项工程项目清单项目特征时应按以下原则进行：

（1）项目特征描述的内容应按现行计量规范结合拟建工程的实际，满足确定综合单价的需要。

（2）对采用标准图集或施工图纸能够全部或部分满足项目特征描述要求的，项目特征描述可直接采用详见×图集或×图号的方式。但对不能满足项目特征描述要求的部分仍应用文字描述。

4. 计量单位

分部分项工程项目清单的计量单位应按现行计量规范规定的计量单位确定。如"t""m^2""m""kg"或"项""个"等。在现行计量规范中有两个或两个以上计量单位的，如门窗工程的计量单位为"樘/m"，钢筋混凝土桩的单位为"m/根"，应结合拟建工程实际情况确定其中一个为计量单位。同一工程项目计量单位应一致。

5. 工程量计算

现行计量规范明确了清单项目的工程量计算规则，其工程量是以形成工程实体为准并以完成后的净值来计算的。这一计算方法避免了因施工方案不同而造成计算的工程量大小各异的情况，为各投标人提供了一个公平的平台。

5.1.2.2 措施项目清单编制

措施项目清单为可调整清单，投标人对招标文件中所列项目可根据企业自身特点做适当的变更增减。投标人要对拟建工程可能发生的措施项目和措施费用作通盘考虑，清单一经报出，即被认为是包括了所有应该发生的措施项目的全部费用。如果报出的清单中没有列项，且施工中又必须发生的项目，业主有权认为，其已经综合在分部分项工程量清单的综合单价中，将来措施项目发生时投标人不得以任何借口提出索赔与调整。

现行计价规范中，将措施项目分为能计量和不能计量的两类。

对能计量的措施项目（即单价措施项目），同分部分项工程量一样，编制措施项目清单时应列出项目编码、项目名称、项目特征、计量单位，并按现行计量规范规定采用对应的工程量计算规则计算其工程量。

对不能计量的措施项目（即总价措施项目），措施项目清单中仅列出了项目编码、项目名称，但未列出项目特征、计量单位的项目，编制措施项目清单时，应按现行计量规范附录（措施项目）的规定执行。

由于工程建设施工的特点和承包人组织施工生产的施工装备水平、施工方案及其管理水平的差异，同一工程、不同的承包人组织施工采用的施工措施并不完全一致，因此，措施项目清单应根据拟建工程和承包人的实际情况列项。

5.1.2.3 其他项目清单编制

其他项目清单是指因招标人的特殊要求而发生的与拟建工程有关的其他费用项目和相应数量的清单。其他项目清单应根据拟建工程的具体情况列项。

1. 暂列金额

暂列金额是招标人暂定并包括在合同中的一笔款项。中标人只有按照合同约定程序实际发生了暂列金额所包含的工作，才能将其纳入合同结算价款中。扣除实际发生金额后的暂列金额余额仍属于招标人所有。

2. 暂估价

暂估价包括材料暂估价、工程设备暂估价和专业工程暂估价。暂估价中的材料、工程设备暂估单价应根据工程造价信息或参照市场价格估算，列出明细表；专业工程暂估价应分不同专业，按有关计价规定估算，列出明细表。

一般而言，为方便合同管理和计价，需要纳入分部分项工程量清单项目综合单价中的暂估价最好只是材料、工程设备费，以方便投标人组价。对专业工程暂估价一般应是综合暂估价，应当包括除规费、税金以外的管理费、利润等。

3. 计日工

计日工是为了解决现场发生的零星工作的计价而设立的。计日工对完成零星工作所消耗的人工工时、材料数量、施工机械台班进行计量，并按照计日工表中填报的适用项目的单价进行支付。

计日工适用的零星工作一般是指合同约定之外的或者因变更而产生的、工程量清单中没有相应项目的额外工作，尤其是那些时间不允许事先商定价格的额外工作。为了获得合理的计日工单价，在计日工表中一定要尽可能把项目列全，并给出一个比较贴近实际的暂定数量。

4. 总承包服务费

总承包服务费是为了解决招标人在法律、法规允许的条件下进行专业工程发包以及自行采购供应材料、设备时，要求总承包人对发包的专业工程提供协调和配合服务（如分包人使用总包人的脚手架、水电接剥等）；对供应的材料、设备提供收发和保管服务以及对施工现场进行统一管理；对竣工资料进行统一汇总整理等发生并向总承包人支付的费用。招标人应当预计该项费用并按投标人的投标报价向投标人支付该项费用。

5.1.2.4　规费项目清单编制

规费是指按国家法律、法规规定，由省级政府和省级有关权力部门规定必须缴纳或计取的费用。现行的规费内容已在模块 2 列出，不再赘述。

5.1.2.5　税金项目清单编制

目前国家税法规定应计入建筑安装工程造价内的税种详见模块 2。如国家税法发生变化或地方政府及税务部门依据职权对税种进行了调整，应对税金项目清单进行相应调整。

5.1.3　工程量清单计价

5.1.3.1　工程量清单计价方法

工程量清单计价是按照工程造价的构成分别计算各类费用，再经过汇总而得。计算方法如下：

5.3
工程量清单计价

$$分部分项工程费 = \Sigma 分部分项工程量 \times 分部分项工程综合单价 \quad (5.1)$$
$$措施项目费 = \Sigma 措施项目工程量 \times 措施项目综合单价 + \Sigma 单项措施费 \quad (5.2)$$
$$单位工程造价 = 分部分项工程费 + 措施项目费 + 其他项目费 + 规费 + 税金 \quad (5.3)$$
$$单项工程造价 = \Sigma 单位工程造价 \quad (5.4)$$
$$建设项目造价 = \Sigma 单项工程造价 \quad (5.5)$$

5.1.3.2　工程量清单计价表格

现行的工程量清单计价表格是《建设工程工程量清单计价规范》（GB 50500—2013）中的附录 B~附录 L，包括了工程量清单、招标控制价、投标报价、竣工结算和工程造价鉴定等各个阶段计价使用的 5 种封面 22 种（类）表样。由于篇幅原因，以下只列举最基本的招标控制价使用的表格及投标报价使用的表格，其他表格详见《建设工程工程量清单计价规范》（GB 50500—2013）。

(1) 封面、扉页。

1) 封面。《建设工程工程量清单计价规范》(GB 50500—2013) 中工程计价文件中的招标工程量清单、招标控制价、投标总价封面，应按规定的内容填写、盖章。如委托工程造价咨询人编制，还应由其加盖相应单位公章，见图 5.1～图 5.3。

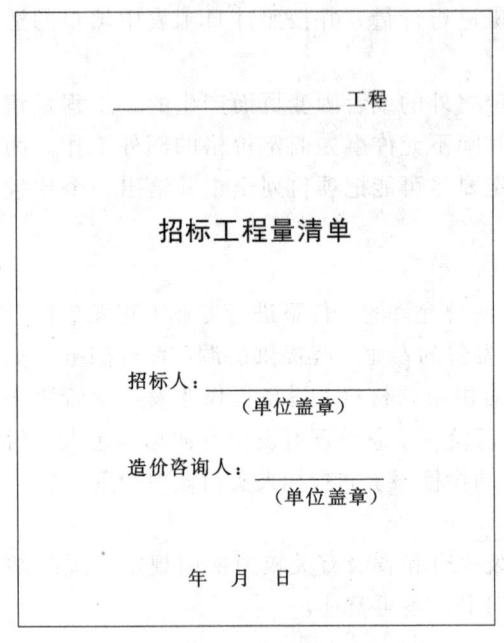

图 5.1 招标工程量清单封面

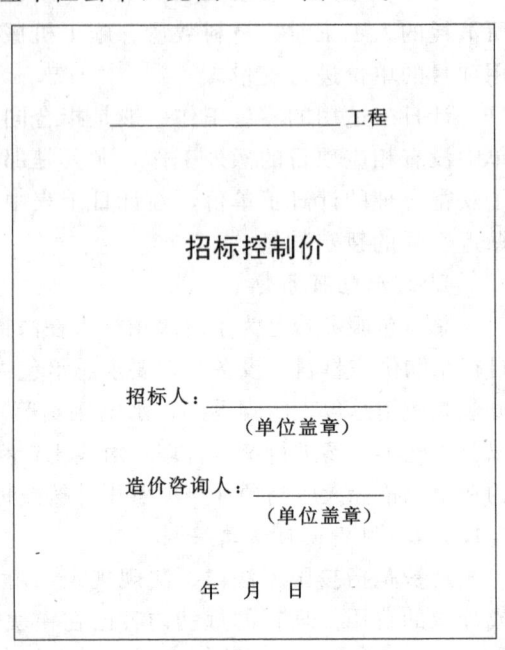

图 5.2 招标控制价封面

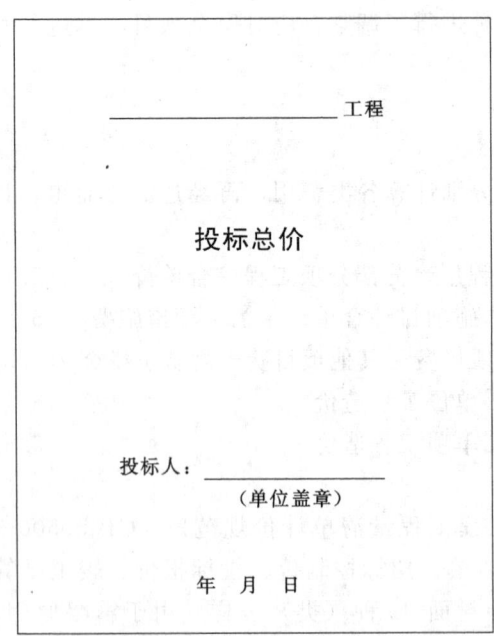

图 5.3 投标总价封面

2) 扉页。扉页即签字盖章页，应按规定的内容填写、签字、盖章，由造价员编制的工程量清单应有负责审核的造价工程师签字、盖章。受委托编制的工程量清单，应有造价工程师签字、盖章以及工程造价咨询人盖章，见图 5.4～图 5.6。

(2) 总说明。总说明表适用于工程计价的各阶段。在工程计价的不同阶段，说明的内容有差别、要求也有所不同，如图 5.7 所示。

总说明应按下列内容填写：

1) 工程概况：建设规模、工程特征、计划工期、施工现场实际情况、自然地理条件、环境保护要求等。

2) 工程招标和专业工程发包范围。

3) 工程量清单编制依据。

任务 5.1 招标控制价编制

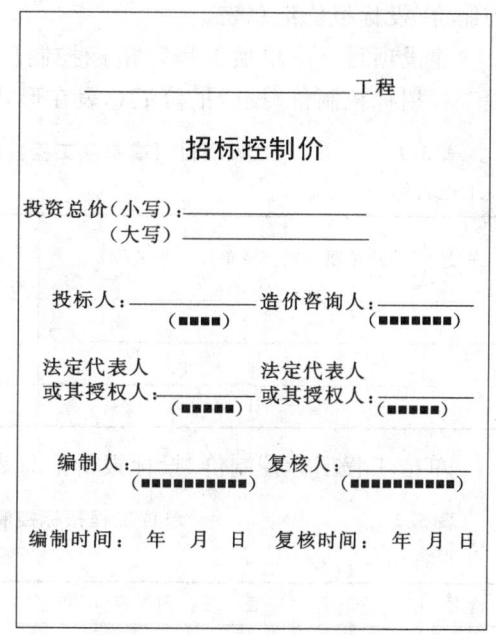

图 5.4 招标工程量清单扉页

图 5.5 招标控制价扉页

图 5.6 投标总价扉页

图 5.7 清单总说明

4）工程质量、材料、施工等的特殊要求。

5）其他需要说明的问题。

（3）招标控制价/投标报价汇总表。招标控制价/投标报价汇总表包括：建设项目招标控制价/投标报价汇总表、单项工程招标控制价/投标报价汇总表和单位工程招标控制价/投标报价汇总表。

建设项目（或单项工程）招标控制价/投标报价汇总表见表5.1。建设项目与单项工程招标控制价/投标报价汇总表在形式上是一样的，只是对价格的处理不同。

表5.1　建设项目（或单项工程）招标控制价/投标报价汇总表

工程名称：　　　　　　　　　　　　　　　　　　　　　　　　　　第　页　共　页

序号	单项工程（或单位工程名称）	金额/元	其中:/元		
			暂估价	安全文明施工费	规费
	合　计				

单位工程招标控制价/投标报价汇总表见表5.2。

表5.2　单位工程招标控制价/投标报价汇总表

工程名称：　　　　　　　　　　标段：　　　　　　　　　　　　　第　页　共　页

序号	汇总内容	金额/元	其中：暂估价/元
1	分部分项工程		
1.1			
1.2			
...			
2	措施项目		
2.1	其中：安全文明施工费		
3	其他项目		
3.1	其中：暂列金额		
3.2	其中：专业工程暂估价		
3.3	其中：计日工		
3.4	其中：总承包服务费		
4	规费		
5	税金		
	招标控制价合计＝1+2+3+4+5		

注　本表适用于单位工程招标控制价或投标报价的汇总。但如无单位工程划分时，单项工程也适用本表汇总。

（4）分部分项工程和措施项目计价表。分部分项工程和措施项目计价表包括分部分项工程和单价措施项目清单计价表、综合单价分析表、总价措施项目清单与计价表，见表5.3～表5.5。

（5）其他项目计价表。其他项目计价表由其他项目清单与计价汇总表（表5.6）以及汇总表中相关项目组成表构成，相关项目组成表包括暂列金额明细表、材料（工程设备）暂估单价及调整表、专业工程暂估价及结算表、计日工表、总承包服务费计价表等。如在工程实施中，发生索赔与现场签证，则还有索赔与现场签证计价汇总表、费用索赔申请（核准）表、现场签证表等，详见《建设工程工程量清单计价规范》（GB 50500—2013）。

表 5.3　　　　　　　　　分部分项工程和单价措施项目清单与计价表

工程名称：　　　　　　　　　　　标段：　　　　　　　　　　第 页 共 页

序号	项目编码	项目名称	项目特征描述	计算单位	工程量	金额/元		
						综合单价	合价	其中
								暂估价
				本页小计				
				合　　计				

注　为计取规费等的使用，可在表中增设其中："定额人工费"。

表 5.4　　　　　　　　　　　　综 合 单 价 分 析 表

工程名称：　　　　　　　　　　标段：　　　　　　　　　　　第 页 共 页

项目编码		项目名称			计量单位			

清单综合单价组成明细								
定额编号定额名标	定额单位	数量	单价				合价			
			人工费	材料费	机械费	管理费和利润	人工费	材料费	机械费	管理费和利润
人工单价		小　　　计								
元/工日		未计价材料费								
清单项目综合单价										

材料费明细	主要材料名称、规格、型号	单位	数量	单价/元	合价/元	暂估单价/元	暂估合价/元
	其他材料费			—		—	
	材料费小计			—		—	

注　1. 如不使用省级或行业建设主管部门发布的计价依据，可不填定额项目、编号等。
　　2. 招标文件提供了暂估单价的材料，被暂估的单价填入表内"暂估单价"栏及"暂估合价"栏。

表 5.5　　　　　　　　　　　总价措施项目清单与计价表

工程名称：　　　　　　　　　　标段：　　　　　　　　　　第 页 共 页

序号	项目编码	项目名称	计算基础	费率/%	金额/元	调整费率/%	调整后金额/%	备注
		安全文明施工费						
		夜间施工增加费						

续表

序号	项目编码	项目名称	计算基础	费率/%	金额/元	调整费率/%	调整后金额/%	备注
		二次搬运费						
		冬雨期施工增加费						
		已完工程及设备保护费						
		合 计						

编制人(造价人员):　　　　　　　　　　　　复核人(造价工程师):

注 1. "计算基础"中安全文明施工费可为"定额人工费"或"定额人工费+定额机械费",其他项目可为"定额人工费"或"定额人工费+定额机械费"。
　　2. 按施工方案计算的措施费,若无"计算基础"和"费率"的数字,也可只填"金额"数值,但应在备注说明施工方案出处或计算方法。

表 5.6　　　　　　　　　　其他项目清单与计价汇总表

工程名称：　　　　　　　　　　　标段：　　　　　　　　　第 页 共 页

序号	项目名称	金额/元	结算金额/元	备 注
1	暂列金额			明细详见《建设工程工程量清单计价规范》(GB 50500—2013)表 12-1
2	暂估价			
2.1	材料(工程设备)暂估价/结算价			明细详见《建设工程工程量清单计价规范》(GB 50500—2013)表 12-2
2.2	专业工程暂估价			明细详见《建设工程工程量清单计价规范》(GB 50500—2013)表 12-3
3	计日工			明细详见《建设工程工程量清单计价规范》(GB 50500—2013)表 12-4
4	总承包服务费			明细详见《建设工程工程量清单计价规范》(GB 50500—2013)表 12-5
5	索赔与现场签证			明细详见《建设工程工程量清单计价规范》(GB 50500—2013)表 12-6
	合计			

注　材料(工程设备)暂估单价进入清单项目综合单价,此处不汇总。

(6) 规费、税金项目计价表。规费、税金项目清单与计价表见表 5.7。

表 5.7　　　　　　　　　　规费、税金项目计价表

工程名称：　　　　　　　　　　　标段：　　　　　　　　　第 页 共 页

序号	项目名称	计 算 基 础	计算基数	计算费率/%	金额/元
1	规费	定额人工费			
1.1	社会保障费	定额人工费			
(1)	养老保险费	定额人工费			
(2)	失业保险费	定额人工费			

续表

序号	项目名称	计 算 基 础	计算基数	计算费率/%	金额/元
(3)	医疗保险费	定额人工费			
(4)	工伤保险费	定额人工费			
(5)	生育保险费	定额人工费			
1.2	住房公积金	定额人工费			
1.3	工程排污费	按工程所在地环保部门收取标准，按实计入			
2	税金	分部分项工程费＋措施项目费＋其他项目费税金＋规费－按规定不计税的工程设备金额			
	合　　计				

编制人（造价人员）：　　　　　　　　　复核人（造价工程师）：

（7）主要材料、工程设备一览表。主要材料、工程设备一览表见表5.8、表5.9。

表5.8　　　　　　　发包人提供材料和工程设备一览表

工程名称　　　　　　　　　　　　　　　　　　　　　　第　页　共　页

序号	材料（工程设备）名称、规格、型号	单位	数量	单价/元	交货方式	送达地点	备注

注　此表由招标人填写、供投标人在报价、确定总承包服务费时参考。

表5.9　　　　　　　承包人提供材料和工程设备一览表

工程名称　　　　　　　　　　　　　　　　　　　　　　第　页　共　页

序号	名称、规格、型号	单位	数量	风险系数/%	基准单价/元	投标单价/元	发承包人确认单价/元	备注

注　1. 此表由招标人填写除"投标单价"栏的内容，投标人在投标时自主确定投标单价。
　　2. 招标人应优先采用工程造价管理机构发布的单价作为基准单价，未发布的，通过市场调查确定其基准单价。

5.1.4　招标控制价及确定方法

招标控制价是招标人根据国家或省级、行业建设主管部门颁发的有关计价依据和办法，以及拟定的招标文件和招标工程量清单，结合工程具体情况编制的招标工程的最高投标限价。

5.1.4.1　招标控制价的编制原则

《建设工程工程量清单计价规范》（GB 50500—2013）规定，国有资金投资的建设工程招标，招标人必须编制招标控制价。招标控制价应由具有编制能力的招标人或受其委托具有相应资质的工程造价咨询人编制和复核。工程造价咨询人接受招标人委托编制招标控制价，不得再就同一工程接受投标人委托编制投标报价。

5.1.4.2 招标控制价的编制方法

(1) 招标控制价的编制流程。招标控制价的编制流程如图 5.8 所示。

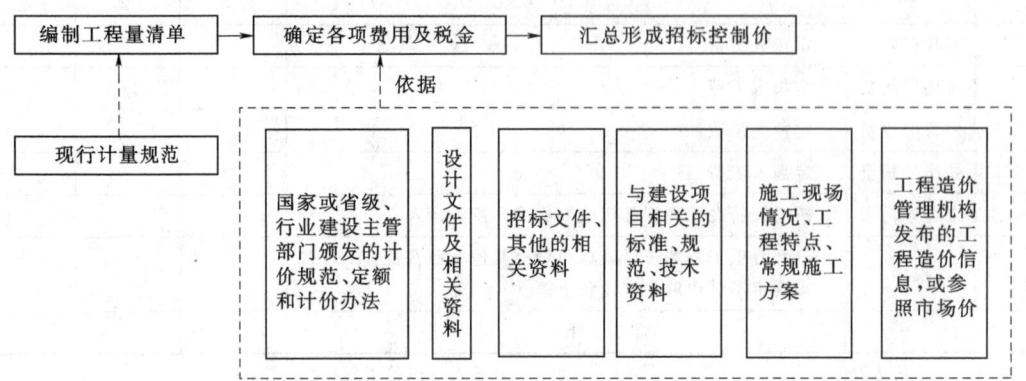

图 5.8　招标控制价的编制流程

(2) 各项费用及税金的确定方法。

1) 分部分项工程费的确定。分部分项工程费由各分项工程的综合单价与对应的工程量（清单所列工程量）相乘后汇总而得。

综合单价应根据拟定的招标文件和招标工程量清单项目中的特征描述及有关要求确定，综合单价还应包括招标文件中划分的应由投标人承担的风险范围及其费用。工程量按国家有关行政主管部门颁布的不同专业的工程量计算规范确定，如招标文件提供了暂估单价材料的，按暂估的单价计入综合单价。

2) 措施项目费的确定。措施项目应按招标文件中提供的措施项目清单确定，措施项目中采用分部分项工程综合单价形式进行计价的工程量应按措施项目清单中的工程量确定综合单价；以"项"为单位的方式计价的，价格包括除规费、税金以外的全部费用。措施项目费中的安全文明施工费应当按照国家或省级、行业建设主管部门的规定标准计价。

3) 其他项目费的确定。

a. 暂列金额。应按招标工程量清单中列出的金额填写。

b. 暂估价。暂估价中的材料、工程设备单价、控制价应按招标工程量清单列出的单价计入综合单价。暂估价中专业工程金额应按招标工程量清单中列出的金额填写。

c. 计日工。编制招标控制价时，对计日工中的人工单价和施工机械台班单价应按省级、行业建设主管部门或其授权的工程造价管理机构公布的单价计算；材料应按工程造价管理机构发布的工程造价信息中的材料单价计算，工程造价信息未发布材料单价的，其价格应按市场调查确定的单价计算。

d. 总承包服务费。编制招标控制价时，总承包服务费应按照省级或行业建设主管部门的规定计算，或参考相关规范计算。在现行计价规范条文的说明中，总承包服务费的参考值为：

(a) 当招标人仅要求总包人对其发包的专业工程进行现场协调和统一管理、对竣工资料进行统一汇总整理等服务时，总包服务费按发包的专业工程估算造价的1.5%左右计算。

(b) 当招标人要求总包人对其发包的专业工程既进行总承包管理和协调，又要求提供相应配合服务时，总承包服务费根据招标文件列出的配合服务内容，按发包的专业工程估算造价的3%～5%计算。

(c) 招标人自行供应材料、设备的，按招标人供应材料、设备价值的1%计算。暂列金额、暂估价如招标工程量清单未列出金额或单价编制招标控制价时必须明确。

4) 规费和税金的确定。规费和税金应按国家或省级、行业建设主管部门规定的标准计算。

5.1.4.3 招标控制价的应用

招标人应在招标文件中如实公布招标控制价，不得对所编制的招标控制价进行上浮或下调。为体现招标的公开、公平、公正性，防止招标人有意抬高或压低工程造价，给投标人以错误信息，招标人在招标文件中应公布招标控制价各组成部分的详细内容，不得只公布招标控制价总价，并应将招标控制价报工程所在地工程造价管理机构备查。

任务5.2 投标报价的审核

工程投标是投标人通过投标竞争，获得工程承包权的一种方法。投标价是投标人投标时，响应招标文件要求所报出的对已标价工程量清单（或项目涉及的工作内容）汇总后标明的总价。它是投标人对拟建工程的期望价格。

招标人必须熟悉投标人投标报价的流程、方法和可能采取的投标策略，才能提高投标价格的审核质量，选择到一个报价合理、实力雄厚的承包商。在工程实施阶段，监理工程师也应该了解承包商综合单价的确定方法，以便在进行工程变更和工程索赔处理时，合理确定合同中无价格参考依据的项目价格（或单价）。

5.2.1 投标价格的编制

5.2.1.1 编制原则

（1）投标价应由投标人或受其委托具有相应资质的工程造价咨询人编制。

（2）投标人应依据行业部门的相关规定自主确定投标报价。

（3）执行工程量清单招标的，投标人必须按招标工程量清单填报价格。项目编码、项目名称、项目特征、计量单位、工程量必须与招标工程量清单一致。

（4）投标人的投标报价不得低于工程成本。

（5）投标人的投标报价高于招标控制价的应予废标。

5.2.1.2 编制流程

投标价格的编制流程如图5.9所示。由图5.9可知，投标价格的编制流程虽与招标控制价有相似之处，但却复杂一些，其关键问题是要合理的确定各项目的综合单价。投标报价既要保证没有遗漏的项目与费用，又要使其具有竞争性。

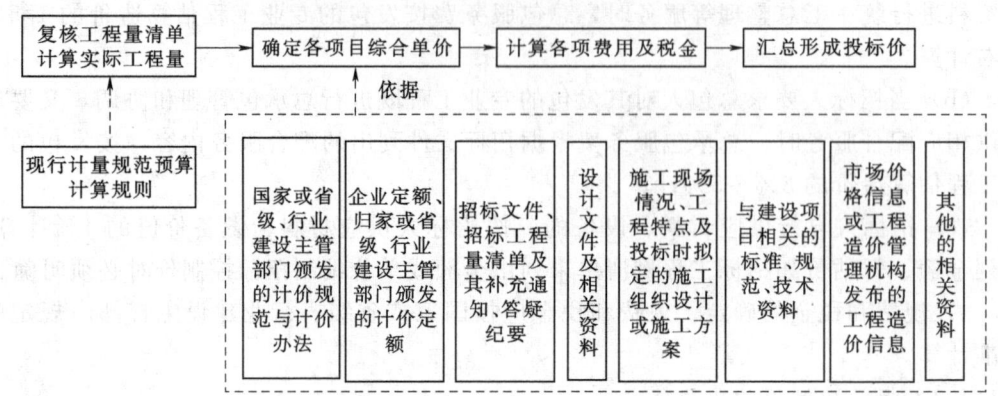

图 5.9 投标价格的编制流程

5.2.2 投标报价审核方法

投标人编制投标价格，可采用工料单价法或综合单价法。编制方法选用取决于招标文件规定的合同形式。当拟建工程采用总价合同形式时，投标人应按规定对整个工程涉及的工作内容做出总报价。当拟建工程采用单价合同形式时，投标人关键是正确估算出各分部分项工程项目的综合单价。

5.2.2.1 投标报价的审核内容

（1）分部分项工程和措施项目报价的审核。

1）分部分项工程和措施项目中的综合单价审核。

a. 综合单价的确定依据。投标人投标报价时应依据招标工程量清单项目的特征描述确定清单项目的综合单价。在招投标过程中，当出现招标工程量清单特征描述与设计图纸不符时，投标人应以招标工程量清单的项目特征描述为准，确定投标报价的综合单价。若在施工中施工图纸或设计变更导致项目特征与招标工程量清单项目特征描述不一致时，发承包双方应按实际施工的项目特征依据合同约定重新确定综合单价。

b. 材料、工程设备暂估价。招标工程量清单中提供了暂估单价的材料、工程设备，按暂估的单价进入综合单价。

c. 风险费用。招标文件中要求投标人承担的风险内容和范围，投标人应将其考虑到综合单价中。在施工过程中，当出现的风险内容及其范围（幅度）在招标文件规定的范围内时，合同价款不作调整。

2）措施项目中的总价项目的报价审核。招标人提出的措施项目清单是根据一般情况确定的，由于各投标人拥有的施工装备、水平和采用的施工方法有所差异，投标人投标时应根据自身编制的投标施工组织设计（或施工方案）确定措施项目及报价，投标人根据投标施工组织设计（或施工方案）调整和确定的措施项目应通过评标委员会的评审。措施项目中的安全文明施工费应按照国家或省级、行业建设主管部门的规定计算，不作为竞争性费用。

（2）其他项目费的审核。

1) 暂列金额应按照招标工程量清单中列出的金额填写，不得变动。

2) 暂估价不得变动和更改。暂估价中的材料、工程设备必须按照暂估单价计入综合单价；专业工程暂估价必须按照招标工程量清单中列出的金额填写。

3) 计日工应按照招标工程量清单列出的项目和估算的数量自主确定综合单价并计算计日工金额。

4) 总承包服务费应根据招标工程量列出的专业工程暂估价内容和供应材料、设备情况，按照招标人提出协调、配合与服务要求和施工现场管理需要自主确定。

(3) 规费和税金的审核。规费和税金必须按国家或省级、行业建设主管部门的规定计算，不得作为竞争性费用。

5.2.2.2 投标报价审核要点

(1) 招标工程量清单与计价表中列明的所有需要填写单价和合价的项目，投标人均应填写且只允许有一个报价。未填写单价和合价的项目，视为此项费用已包含在已标价工程量清单中其他项目的单价和合价之中。当竣工结算时，此项目不得重新组价予以调整。

(2) 投标总价应与分部分项工程费、措施项目费、其他项目费和规费、税金的合计金额一致。即投标人在进行工程量清单招标的投标报价时，不能进行投标总价优惠（或降价让利），投标人对投标报价的任何优惠（如降价、让利）均应反映在相应清单项目的综合单价中。

【例 5.2】 某多层砖混住宅工程，其分部分项工程和单价措施项目清单与计价见表 5.10，投标人根据自主报价原则，管理费按人料机三项费用之和的 10% 计取，利润按人料机三项费用之和的 5% 计取，不考虑措施项目费、其他项目费、规费、税金和风险时，其投标报价见表 5.11，试对该基础工程分部分项工程的综合单价和基础工程的投标价进行审核。

表 5.10　　　　　　　　分部分项工程和单价措施项目清单与计价表

工程名称：多层砖混住宅工程

序号	项目编码	项目名称	项目特征描述	计量单位	工程量	金额/元		
						综合单价	合价	其中暂估价
1	010101003001	挖沟槽土方	土类别：三类土 挖土深度：3m 运距：60m	m³	96.91			
2	010103001001	回填方	密实度要求：夯实	m³	47.06			
3	010103002001	余方弃置	运距：4km	m³	49.85			
4	010401001001	砖基础	砖品种、强度等级：页岩标砖、MU10 基础类型：带形基础；砂浆强度等级：M5 水泥砂浆	m³	37.60			
5	010404001001	垫层	垫层材料种类、厚度：3:7灰土、500mm 厚	m³	16.15			

表 5.11 分部分项工程和单价措施项目清单与计价表

工程名称：多层砖混住宅工程

序号	项目编码	项目名称	项目特征描述	计量单位	工程量	综合单价	合价	其中 暂估价
1	010101003001	挖沟槽土方	土类别：三类土 挖土深度：3m 弃土运距：4km	m^3	96.91	102.15	9899.36	
2	010103001001	回填方	密实度要求：机械夯实	m^3	47.06	82.77	3895.16	
3	010103002001	余方弃置	运距：4km	m^3	49.85	36.36	1812.55	
4	010401001001	砖基础	砖品种、强度等级：普通页岩标准砖、MU10 基础类型：带形基础砂浆强度等级：M5 水泥砂浆	m^3	37.60	459.16	17264.42	
5	010404001001	垫层	垫层材料种类、厚度：3:7 灰土、500mm 厚	m^3	16.15	191.42	3091.43	
							35962.91	
							35962.91	

【解】 （1）综合单价的审核。

1) 根据施工图纸及投标人提供的施工组织设计，计算该基础工程的实际（预算）工程量，见表 5.12。

表 5.12 基础工程工程量统计表

项 目 名 称	计 量 单 位	工 程 量
挖沟槽土方	m^3	232.41
回填方	m^3	182.56
余方弃置	m^3	49.85
砖基础	m^3	37.60
垫层	m^3	16.15

2) 根据招标人掌握的当地相关项目的人料机消耗量水平、现行人料机市场价格，将预算工程量与清单工程量进行对比，折算综合单价。

a. 招标人掌握的基础工程所需人工工日、材料及机械台班的数量见表 5.13（节选）。

表 5.13 相关项目的人料机消耗量表（节选）

定额编号	项 目 名 称	单位	数量
010101003-1-5	挖基础土方，深 4m 内，三类土	m^3	1
人工费	综合工日	m^3	0.296
010103002-1-1	人工运土，运距 50m 以内	m^3	1
人工费	综合工日	m^3	0.087
...			

b. 通过人料机市场询价，结合表 5.13 确定对应项目的人料机单价，见表 5.14（节选）。

表 5.14 基础工程基价计算表（节选）

定额编号	项目名称	单位	数量	单价/元	合价/元	基价/元
010101003-1-5	挖基础土方，深 4m 内，三类土	m³	1			31.08
人工费	综合工日	m³	0.296	105.00	31.08	31.08
010103002-1-1	人工运土，运距 50m 以内	m³	1			9.14
人工费	综合工日	m³	0.087	105	9.14	9.14
……						

3）计算综合单价。工程量清单计价规范规定综合单价必须包括完成清单项目的全部费用，即施工方案等导致的增量费用应包含在综合单价内。由于工程量清单中的工程量不能变动，因此，在计算综合单价时，需要将增量费用分摊进行组价，即由预算工程量乘以企业定额基价得出的总价应与清单工程量乘以综合单价得出的总价相等，两者的关系如图 5.10 所示。

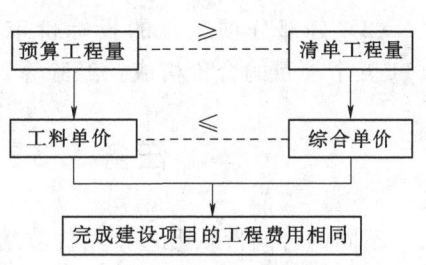

图 5.10 清单计价与预算计价的关系

根据现行工程量计量规范，挖沟槽土方项目的工作内容包括土方开挖和人工运土两项，挖沟槽土方综合单价分析见表 5.15。

表 5.15 综合单价分析表

工程名称：多层砖混住宅工程

项目编码	010101003001	项目名称	挖基础土方	计量单位	m³			
清单综合单价组成明细								
定额编号	定额名称	定额单位	单价				合价			
			数量	人工费	材料费	机械费	管理费和利润	人工费	材料费	机械费	管理费和利润
010101003-1-5	挖基础土方	m³	2.398	31.08			4.66	74.53			11.17
010101002-1-1	人工运土	m³	1.679	9.14			1.37	15.35			2.30
人工单价		小计						89.88			13.47
105 元/工日		未计价材料费									
清单项目综合单价								103.35			
材料费明细	主要材料名称、规格、型号			单位	数量	单价/元	合价/元	暂估单价/元	暂估合价/元
	其他材料费							—			—
	材料费小计							—			—

表 5.15 中，挖基础土方有关数据计算如下：

挖基础土方数量＝预算量÷清单量＝232.41÷96.91＝2.398（m³）

管理费和利润单价按人料机费用之和（本项目只有人工费）的百分比计算。

管理费和利润单价＝31.08×(10%＋5%)＝4.66（元/m²）

人工费合价：31.08×2.398＝74.53（元）。

管理费和利润合价：4.66×2.398＝11.17（元）。

挖沟槽土方综合单价为：89.88＋13.47＝103.35（元/m³）。

将所计算的综合单价与投标人的报价（102.15 元/m³）相比，基本吻合，可以认为报价合理。基础工程其他项目的综合单价按相同的方法审核，其报价均在合理范围。

（2）分部分项工程的投标价审核。多层砖混住宅工程基础部分的投标价由表 5.11 五个项目的合价构成，经验算，计算正确，基础工程的投标价为 35962.91 元。

任务 5.3 合 同 价 款 约 定

不同的合同价款形式，其价款约定方式与内容也有差异。建设项目中，应根据项目特点，选择合适的合同价款形式，以保证项目投资的有效控制。

5.3.1 合同价格分类

5.4 施工合同价的形式

建设工程承包合同的计价方式通常可分为总价合同、单价合同和成本加酬金合同三大类。

5.3.1.1 总价合同

总价合同是指支付给承包方的工程款项在承包合同中是一个规定的金额。它是以设计图纸和工程说明书为依据，由承包方与发包方经过协商确定的。总价合同的主要特征为：

（1）根据招标文件的要求由承包方实施全部工程任务，按承包方在投标报价中提出的总价确定。

（2）拟实施项目的工程性质和工程量应在事先基本确定。

总价合同的计价有以下两种形式：

1）业主为了方便承包商投标，在招标文件中给出工程量表，但业主对工程量表中的数量不承担责任，承包人根据清单数量填报单价并进行价款的汇总。

2）招标文件中没有提供工程量清单，由承包商自己编制工程量清单并报价。

在总价合同中，工程量表和相应的报价表仅仅作为阶段付款和工程变更计价的依据而不作为承包商按照合同规定应完成的工程范围的全部内容，所以工程量表的分项常常带有随意性和灵活性。

合同价款总额由每一分项工程的包干价款（固定总价）构成。承包商必须根据工程信息计算工程量。如果业主提供的或承包商自己编制的工程量表有漏项或计算错误，所涉及的工程价款被认为已包括在整个合同总价中，因此承包商必须认真复核工程量。

显然，总价合同对承包方具有一定的风险。采用这种合同时，必须明确工程承包合同标的物的详细内容及其各种技术经济指标，一方面承包方在投标报价时要仔细分析风险因素，需在报价中考虑一定的风险费；另一方面发包方也应考虑到使承包方承担的风险是可以承受的，以获得合格而又有竞争力的投标人。

总价合同可以分为固定总价合同和可调总价合同两类。

1. 固定总价合同

固定总价合同的价格计算是以设计图纸、工程量及现行规范等为依据，发承包双方就承包工程协商一个固定的总价，即承包方按投标时发包方接受的合同价格实施工程，并一笔包死，无特定情况不做变化。

采用这种合同，合同总价只有在设计和工程范围发生变更的情况下才能随之做相应的变更，除此之外，合同总价一般不得变动。因此，采用固定总价合同，承包方要承担合同履行过程中的主要风险，要承担因实物工程量、工程单价等变化可能造成损失的风险。在合同执行过程中，发承包双方均不能以工程量、设备和材料价格、工资等变动为理由，提出对合同总价调值的要求。因此，作为合同总价计算依据的设计图纸、说明及相关规定需对工程做出详尽的描述，承包方要在投标时对一切费用上升的因素做出估计并将其包含在投标报价之中。由于承包方可能要为许多不可预见的因素付出代价，所以往往会加大不可预见费用，致使这种合同的投标价格偏高。

固定总价合同的适用范围有：

（1）工程范围清楚明确，工程图纸完整、详细、清楚，报价的工程量应准确而不是估计数字。

（2）工程量小、工期短，在工程过程中环境因素（特别是物价）变化小，工程条件稳定。

（3）工程结构、技术简单，风险小，报价估算方便。

（4）投标期相对宽裕，承包商可以详细做现场调查、复核工程量、分析招标文件、拟订计划。

（5）合同条件完备，双方的权利和义务关系十分清楚。

但目前总价合同的应用范围有扩展的趋势。在一些大型工程的"设计—采购—施工"总承包合同也使用总价合同形式。有些工程中业主只用初步设计资料招标，却要求承包商以固定总价合同承包，因此，承包商应充分意识到风险，通过采用有效的工程管理方法，回避风险，将不可预见费用转为企业利润。

2. 可调总价合同

可调总价合同的总价一般也是以设计图纸及规定、现行规范为基础，在报价及签约时，按招标文件的要求和当时的物价计算合同总价。但合同总价是一个相对固定的价格，在合同执行过程中，由于通货膨胀而使所用的工料成本增加，可对合同总价进行相应的调整。可调总价合同在合同条款中设有调价条款，如果出现通货膨胀这一不可预见的费用因素，合同总价就可按约定的调价条款做相应调整。

可调总价合同列出的有关调价的特定条款，往往是在合同专用条款中列明。调价工作必须按照这些特定的调价条款进行。这种合同与固定总价合同的不同之处在于，它对合同实施中出现的风险做了分摊，发包方承担了通货膨胀的风险，而承包方承担合同实施中实物工程量、成本和工期因素等的其他风险。

可调总价合同适用于工程内容和技术经济指标规定很明确的项目，由于合同中列有调值条款，所以工期在1年以上的工程项目较适于采用这种合同计价方式。

5.3.1.2 单价合同

单价合同是指承包方按发包方提供的工程量清单内的分部分项工程内容填报单价，并据此签订承包合同，而实际总价则是按实际完成的工程量与合同单价计算确定，合同履行过程中无特殊情况，一般不得变更单价。

单价合同的执行原则是，单价合同的工程量清单内所列出的分部分项工程的工程量为估计工程量，而非准确工程量，工程量在合同实施过程中允许有上下的浮动变化，但分部分项工程的合同单价却不变，结算支付时以实际完成工程量为依据。因此，采用单价合同时按招标文件工程量清单中的预计工程量乘以所报单价计算得到的合同价格，并不一定就是承包方圆满实施合同规定的任务后所获得的全部工程款项，实际工程价格可能大于原合同价格，也可能小于原合同价格。

单价合同分为固定单价合同和可调单价合同

1. 固定单价合同

（1）估算工程量单价合同。这种合同形式是以工程量清单和相应的综合单价表为基础和依据来计算合同价格的，也称计量估价合同。估算工程量单价合同通常是由发包方提出工程量清单，列出分部分项工程量，由承包方以此为基础填报相应单价，累计计算后得出合同价格。但最后的工程结算价应按照实际完成的工程量来计算，即按合同中的分部分项工程单价和实际工程量，计算得出工程结算和支付的工程总价格。采用这种合同时，要求实际完成的工程量与原估计的工程量不能有实质性的变更。因为承包方给出的单价是以相应的工程量为基础的，如果工程量大幅度增减可能影响工程成本。

这种合同计价方式较为合理地分担了合同履行过程中的风险。承包方据以报价的清单工程量为估计工程量，这样可以避免当实际完成工程量与估计工程量有较大差异时，总价合同计价可能导致发包方过大的额外支出或是承包方较大的亏损。此外，承包方在投标时可不必将不能理准确预见的风险计入投标报价内，有利于发包方获得较为合理的合同价格。采用估算工程量单价合同时，工程量是统一计算出来的，承包方只要经过复核后填上适当的单价即可；发包方也只需审核单价是否合理，对双方都较为方便。由于具有这些特点，估算工程量单价合同是比较常用的一种合同计价方式，它可在不能精确地计算出工程量的条件下，避免发包或承包的任何一方承担过大的风险。

估算工程量单价合同大多用于工期长、技术复杂、实施过程中可能会发生各种不可预见因素较多的建设工程，或发包方为了缩短项目建设周期，如在初步设计完成后就拟进行施工招标的工程。在施工图不完整或当准备招标的工程项目内容、技术经济指标一时尚不能明确和具体予以规定时，往往要采用这种合同计价方式。

（2）纯单价合同。采用纯单价合同时，发包方只向承包方给出发包工程的有关分部分项工程以及工程范围,不对工程量做任何规定。即在招标文件中仅给出工程内各个分部分项工程一览表、工程范围和必要的说明,而不必提供实物工程量。承包方在投标时只需要对这类给定范围的分部分项工程做出报价即可,合同实施过程中按实际完成的工程量进行结算。

这种合同计价方式主要适用于没有施工图、工程量不明,却急需开工的紧迫工程,如设计单位来不及提供正式施工图纸,或虽有施工图但由于某些原因不能比较准确地计算工程量等。当然,对于纯单价合同来说,发包方必须对工程范围的划分做出明确的规定,以使承包方能够合理地确定工程单价。

2. 可调单价合同

可调单价合同一般是在工程招标文件中规定合同中签订的单价根据合同约定的条款进行调整。如有些单价合同规定,若实际工程量与工程量清单表中的工程量相差超过±10%时,允许承包方调整合同单价;也有些单价合同在材料价格变动较大时允许承包方调整单价,即"调值";有的工程在招标或签约时,因某些不确定因素难以估计其变化故先在合同中暂定某些分部分项工程的单价,在工程结算时再根据实际情况和合同约定对合同单价进行调整,确定实际结算单价。具体调价办法见模块5。

【例5.3】 某招标工程采用单价合同计价,投标人提交的分部分项工程计价表(节选)见表5.16。

表5.16 分部分项工程和单价措施项目清单与计价表(节选)

序号	项目编码	项目名称	项目特征描述	计量单位	工程量	金额/元		
						综合单价	合价	其中 暂估价
1	010101003001	挖沟槽土方	土类别:三类土 挖土深度:3m 弃土运距:4km	m^3	96.91	103.35	1001.57	
	...							
8	010401001001	砖基础	砖品种、强度等级:普通页、岩标准砖、MU10 基础类型:带形基础; 砂浆强度等级:M5水泥砂浆	m^3	37.60	45.916	17264.42	

(1)在评标过程中,投标人的挖沟槽土方合价中出现明显的数字错误(实际应为10015.65元),评标委员会应如何处理?

(2)项目中标后,在工程实施中承包人发现由于笔误,将砖基础的单价写错(实际应为459.16元/m^3),故向发包人提出修改综合单价的请求,发包人应如何处理?

【解】 (1)由于本招标工程采用的是单价合同,评标委员会可以要求投标人对投标文件中的挖沟槽土方合价错误以书面方式修正,评标委员会再进行评标。

(2)单价合同以单价优先,砖基础计价仍应以所报的综合单价进行计价,不得调整。

5.3.1.3 成本加酬金合同

成本加酬金合同是将工程项目的实际投资划分成直接成本费和承包方完成工作后应得酬金两部分。工程实施过程中发生的直接成本费由发包方实报实销,再按合同约定的方式另外支付给承包方相应报酬。

这种合同计价方式主要适用于以下情况:

(1) 招投标阶段工程范围无法界定,缺少工程的详细说明,无法准确估价。

(2) 工程特别复杂,工程技术、结构方案不能预先确定。故这类合同经常被用于一些带研究、开发性质的工程项目中。

(3) 时间特别紧急,要求尽快开工的工程。如抢救、抢险工程。

(4) 发包方与承包方之间有着高度的信任,承包方在某些方面具有独特的技术、特长或经验。

这种合同有两个明显缺点:一是发包方对工程总价不能实施有效的控制;二是承包方对降低成本不感兴趣。因此,采用这种合同计价方式,其条款必须非常严格,才能加强对工程投资的控制,否则容易造成不应有的损失。

按照酬金的计算方式不同,成本加酬金合同又分为以下四种形式。

1) 成本加固定百分比酬金。采用这种合同计价方式,承包方的实际成本实报实销,同时按照实际成本的固定百分比付给承包方一笔酬金。

这种合同计价方式,工程总价及付给承包方的酬金随工程成本增加而增加,不利于鼓励承包方降低成本,故这种合同计价方式很少被采用。

2) 成本加固定金额酬金。采用这种合同计价方式与成本加固定百分比酬金合同相似。其不同之处仅在于在成本上所增加的费用是一笔固定金额的酬金。酬金按估算工程成本的一定百分比确定,数额是固定不变的。

这种计价方式的合同虽然也不能鼓励承包商关心和降低成本,但从尽快获得全部酬金、减少管理投入出发,会有利于缩短工期。

采用上述两种合同计价方式时,为了避免承包方企图获得更多的酬金而对工程成本不加控制,往往在承包合同中规定一些补充条款,以鼓励承包方节约工程费用的开支,降低成本。

3) 成本加奖罚。采用成本加奖罚合同,在签订合同时双方事先约定该工程的预期成本和固定酬金,以及实际发生的成本与预期成本比较后的奖罚计算办法。

在合同实施后,根据工程实际成本的发生情况,承包商得到的金额分以下几种情况。

a. 实际成本=预期成本:承包商得到实际发生的工程成本,同时获得酬金。

b. 实际成本<预期成本:承包商得到实际发生的工程成本,获得酬金,并根据成本节约额的多少,得到预先约定的奖金。

c. 实际成本>预期成本:承包方可得到实际成本和酬金,但视实际成本高出预期成本的情况,被处以一笔罚金。

成本加奖罚计价方式可以促使承包方关心和降低成本,缩短工期,而且预期成本可以随着设计的进展加以调整,所以发承包双方都不会承担太大的风险,故这种合同计价方式应用较多。

4) 最高限额成本加固定最大酬金。在这种计价方式的合同中，首先要确定最高限额成本（高于报价成本）、报价成本和最低成本（预期成本）。

a. 实际成本=预期成本：承包商得到实际发生的工程成本，获得酬金，并根据节约额的多少，得到预先约定的奖金。

b. 预期成本＜实际成本＜报价成本：承包商得到实际发生的工程成本，获得酬金。

c. 报价成本＜实际成本＜限额成本：承包商得到实际发生的工程成本。

d. 实际成本＞限额成本：超过部分由承包商承担，发包方不予支付。

这种合同计价方式有利于控制工程投资，并能鼓励承包方最大限度地降低工程成本。

5.3.1.4 影响合同价格方式选择的因素

在工程实践中，采用哪种合同计价方式，应根据建设工程的特点，业主对筹建工作的设想，对工程费用、工期和质量的要求等综合考虑后进行确定。

1. 项目的复杂程度

规模大且技术复杂的工程项目，承包风险较大，各项费用不易估算准确，不宜采用固定总价合同。有时在同一工程中可以采用不同的合同形式，如承包商可以力争对有把握的部分采用固定总价合同，估算不准的部分采用单价合同或成本加酬金合同，以降低合同风险。

2. 工程设计工作的深度

工程招标时所依据的设计文件的深度，即工程范围的明确程度和预计完成工程量的准确程度，经常是选择合同计价方式时应考虑的重要因素。因为招标图纸和工程量清单的详细程度决定了投标人能否合理报价。

3. 工程施工的难易程度

如果施工中有较大部分采用新技术和新工艺，当发包方和承包方在这方面过去都没有经验，且在国家颁布的标准、规范、定额中又没有可作为依据的标准时，为了避免投标人盲目地提高承包价格或由于对施工难度估计不足而导致承包亏损，不宜采用固定总价合同，较为保险的做法是选用成本加酬金合同。

4. 工程进度要求的紧迫程度

在招标过程中，对一些紧急工程，如灾后恢复工程、要求尽快开工且工期较紧的工程等，可能仅有实施方案，还没有施工图纸，因此承包商不可能报出合理的价格。此时，采用成本加酬金合同比较合理。

5.3.2 合同价款约定内容

5.3.2.1 合同价款约定的一般规定

（1）实行招标的工程合同价款应在中标通知书发出之日起30天内，由发承包双方依据招标文件和中标人的投标文件在书面合同中约定。

合同约定不得违背招标、投标文件中关于工期、造价、质量等方面的实质性内容。招标文件与中标人投标文件不一致的地方应以投标文件为准。

(2) 不实行招标的工程合同价款，应在发承包双方认可的工程价款基础上，由发承包双方在合同中约定。

(3) 实行工程量清单计价的工程，应采用单价合同；建设规模较小，技术难度较低，工期较短，且施工图设计已审查批准的建设工程可采用总价合同；紧急抢险、救灾以及施工技术特别复杂的建设工程可采用成本加酬金合同。

5.3.2.2 约定内容

在签订合同时，合同双方应就以下内容进行约定。

1. 预付工程款的数额、支付时间及抵扣方式

工程预付款是建设工程施工合同订立后由发包人按照合同约定，在正式开工前预先支付给承包人的工程款。其主要作用是发包人为解决承包人在施工准备阶段资金周转问题提供的协助。

(1) 工程预付款的支付额度。预付款可以是一个绝对数，如 100 万元，也可以是额度，如合同金额的 10%。每次付款金额应根据工程规模、工期长短等具体情况，在合同中约定。

(2) 工程预付款的支付及抵扣时间。工程预付款的支付时间按合同约定，如合同签订后一个月支付或开工日前 7 天支付等。

工程款具有预支性质，所以将以抵扣方式扣回。即从每一个支付期应支付给承包人的工程进度款中扣回一部分，直到扣回的金额达到合同约定的预付款金额为止。常见的抵扣时间是当承包商累计完成了合同金额一定比例（如 20%～30%）后，从应支付的工程进度款中按比例抵扣。

2. 安全文明施工费的支付计划、使用要求

安全文明施工费应专款专用，发包人应按相关规定合理支付，并写明使用要求。

3. 工程计量与支付工程价款的方式、额度及时间

工程款的计量与进度款支付均应在合同中约定时间和方式，如可按月计量或按工程形象部位（目标）分段计量，进度款支付周期与计量周期保持一致。约定的支付时间可以是计量后 7 天或 10 天支付；支付数额可以约定为已完成工作量的 90%。

4. 工程价款的调整因素、方法、程序、支付及时间

(1) 工程价款的调整因素。在施工阶段，影响工程价款变化的因素很多，如工程变更、材料价格、人工费用、施工机具使用费价格的变化等。在签订合同时，双方应对量、价的变化幅度进行一个约定，超过这个约定范围，应允许按规定进行合同价款的调整，这既可以避免因素变化导致工程价款大幅度上升给承包商带来资金困难，同时也可以避免由于工程变更，导致承包商获得大量的超额利润。

(2) 工程价款的调整方法与程序。

1) 人工费：可按工程造价管理机构发布的人工费调整；
2) 材料费：可在工程结算时一次性调整，也可在材料采购时报发包人调整；
3) 调整程序：承包人提交调整报告交发包人，由发包人代表现场审核签字。

(3) 支付及时间。调整的工程价款由双方约定支付时间，一般与工程进度款同时支付。

5. 施工索赔与现场签证的程序、金额确认与支付时间

(1) 程序：如果施工中出现施工索赔与现场签证，通常由承包人在索赔事件发生后的28天内提出索赔金额，发包人现场代表或授权的监理工程师在收到索赔报告后7天或10天以内对其进行核对。

(2) 支付时间：原则上与工程进度款同期支付。

6. 承担计价风险的内容、范围以及超出约定内容、范围的调整办法

在合同中应对双方应承担的风险进行明确的界定，如一般会约定主要材料如钢材、水泥价格涨幅在投标报价时的3%以内，其他材料价格涨幅在投标报价时的5%以内，由承包商承担其涨价风险，当超出该额度时，应允许其进行价格的调整，调整方法见模块5。

7. 工程竣工价款结算编制与核对、支付及时间

在合同中应约定承包人提交竣工结算书的时间，发包人或其委托的工程造价咨询企业接到竣工结算书后按规定时间完成核对，并按合同约定的工程竣工价款支付时间及时支付。

8. 工程质量保证金的数额、预留方式及时间

质量保证金是发承包双方在工程合同中约定，用以保证承包人在缺陷责任期内履行缺陷修复义务的金额。

工程质量保证金按合同中约定数额（常见为合同价款的3%~5%）扣留。传统做法是从每期应支付的工程进度款中按比例预留，直到预留金额达到合同约定的金额为止。

我国现行计价规范规定，进度款支付比例最高不超过90%，该规定实质上就已将质量保证金预留了，因此，按现行规定，可不再从每期应支付的工程进度款中预留，而是改为在竣工结算时一次性扣清，这既可以减少财务结算工作量，也使质量保证金数额的扣留变得非常方便。

工程质量保证金的约定归还时间可以根据工程质量缺陷期的规定及合同的约定按期退还。

9. 违约责任以及发生工程价款争议的解决方法及时间

由于影响工程项目的因素很多，为了避免在合同实施过程中由于合同双方因违约或因工程价款问题产生争议，合同中应约定解决产生争议的方法与时间。

争议解决的常用方法有协商、调解、仲裁和诉讼等。

5.5
合同争议解决的途径

(1) 协商。协商是解决合同争执的最基本、最常见和最有效的方法。协商的特点是：简单、时间短、双方都不需额外花费、气氛和平。

争执通常表现在对索赔报告的分歧上，如双方对事实根据、索赔理由、干扰事件影响范围、索赔值计算方法看法不一致。所以索赔方必须提交有说服力的索赔报告，并通过沟通与谈判，弄清干扰事件的实情，按合同条文辩明是非，确定各自责任，经过友好磋商，互作让步，解决索赔问题。

(2) 调解。如果合同双方经过协商谈判不能就争议的解决达成一致，则可以邀请中间人进行调解。调解人经过分析索赔和反索赔报告，了解合同实施过程和干扰事件

实情，按合同做出判断（调解决定），并劝说双方再作商讨，互作让步，仍以和平的方式解决争执。

调解的特点是由于调解人的介入，增加了索赔解决的公正性；灵活性较大，程序较为简单；节约时间和费用；双方关系比较友好，气氛和平。

在合同中，一般应约定调解机构。合同实施过程中，日常索赔争执的调解人通常为监理工程师。监理工程师在接受合同任何一方委托后，在合同约定的期限内作出调解意见，书面通知合同双方。如果双方认为调解决定是合理与公正的，在此基础可再进行协商。对于较大的索赔，可以聘请知名的工程专家、法律专家，或请对双方都有影响的人物做调解人。

在我国，承包工程争执的调解通常还有以下两种形式：

1) 行政调解。由合同管理机关、工商管理部门、业务主管部门等作为调解人。

2) 司法调解。在仲裁和诉讼过程中，首先提出调解，并为双方接受。

调解在自愿的基础上进行，其结果无法律约束力。如合同一方对调解结果不满，可按合同关于争执解决的规定，在限定期限内提请仲裁或诉讼要求。

（3）仲裁。当争执双方不能通过协商和调解达成一致时，可按合同仲裁条款的规定，由双方约定的仲裁机关采用仲裁方式解决。仲裁作为正规的法律程序，其结果对双方都有约束力。在仲裁中可以对工程师所作的所有指令、决定、签发的证书等进行重新审议。

在我国，仲裁实行一裁终局制度。裁决做出后，当事人就同一争执再申请仲裁，或向人民法院起诉，则不再予以受理。

（4）诉讼。诉讼是运用司法程序解决争执，由人民法院受理并行使审判权，对合同争执做出强制性判决。人民法院受理合同争执可能有如下几种情况：

1) 合同双方没有仲裁协议，或仲裁协议无效，当事人一方可向人民法院提出起诉状。

2) 虽有仲裁协议，当事人向人民法院提出起诉，未声明有仲裁协议；人民法院受理后另一方在首次开庭前对人民法院受理本案件未提出异议，则该仲裁协议被视为无效，人民法院继续受理。

3) 如果仲裁裁决被人民法院依法裁定撤销或不予执行。当事人可以向人民法院提出起诉，人民法院依法审理该争执。

人民法院在判决前再做一次调解，如仍然达不成一致，则依法判决。

10. 与履行合同、支付价款有关的其他事项

合同中涉及价款的事项较多，能够详细约定的事项应尽可能具体约定，约定的用词尽可能唯一，如有几种解释，最好对用词进行定义，尽量避免因理解上的歧义造成合同纠纷。

合同中如出现未按上述各条要求约定或约定不明的，发承包双方在合同履行中发生争议由双方协商确定；当协商不能达成一致时，应按现行计价规范的相应规定执行。

【巩固与提高】

一、单选题

1．采用工程量清单方式招标时，工程量清单的准确性和完整性应由（　　）负责。

  A．编制清单的造价工程师   B．审核清单的造价工程师

  C．工程招标人   D．工程造价咨询人

2．根据《建设工程工程量清单计价规范》，下列工程项目中必须采用工程量清单计价的是（　　）。

  A．社会投资的5万平方米以上的住宅小区工程

  B．地方政府投资的城市绿化工程

  C．非国有单位向银行借款投资建设的办公楼工程

  D．某国外企业出资援建的学校教学楼工程

3．现行计量规范的项目编码由十二位数字构成，其中第五至第六位数字为（　　）。

  A．专业工程码   B．附录分类顺序码

  C．分部工程顺序码   D．清单项目名称顺序码

4．根据现行计量规范明确的工程量计算规则，清单项目工程量是以（　　）为准，并以完成的净值来计算的。

  A．实际施工工程量   B．形成工程实体

  C．返工工程量及其损耗   D．工程施工方案

5．下列关于分部分项工程工程量清单的说法中，正确的是（　　）。

  A．清单为可调整的闭口清单

  B．投标人不必对清单项目逐一计价

  C．投标人可以根据具体情况对清单的列项进行变更和增减

  D．投标人不得对清单中内容不妥或遗漏的部分进行修改

6．合同总价只有在设计和工程范围发生变更时才能随之作相应调整，除此之外一般不得变更的合同称为（　　）。

  A．固定总价合同   B．可调总价合同

  C．固定单价合同   D．可调单价合同

7．采用可调总价合同时，发包方承担了（　　）风险。

  A．实物工程量   B．成本   C．工期   D．通货膨胀

8．采用估算工程量单价合同时，最后的工程结算总价是按（　　）计算确定的。

  A．发包人提供的估计工程量及承包人所填报的单价

  B．发包人提供的估计工程量及承包人实际发生的单价

  C．实际完成的工程量及承包人所填报的单价

  D．实际完成的工程量及承包人实际发生的单价

9．下列成本加酬金合同计价形式中，最难以控制成本的是（　　）。

  A．成本加固定百分比酬金合同   B．成本加固定金额酬金合同

C. 成本加奖罚合同　　　　　　D. 最高限额成本加固定最大酬金

10. 根据《建设工程工程量清单计价规范》(GB 50500—2013)，建设规模较小，技术难度较低，工期较短，且施工图设计已审查批准的建设工程可以采用的合同类型是（　　）。

A. 总价合同　　B. 固定总价合同　　C. 单价合同　　D. 成本加酬金合同

二、多选题

1. 在工程招标投标阶段，工程量清单的主要作用有（　　）。
A. 为招标人编制投资估算文件提供依据
B. 为投标人投标竞争提供一个平等基础
C. 招标人可据此编制招标控制价
D. 投标人可据此调整清单工程量
E. 投标人可按其表述的内容填报相应价格

2. 根据现行计价规范，工程量清单适用的计价活动有（　　）。
A. 设计概算的编制　　　　　　B. 招标控制价的编制
C. 投资限价的确定　　　　　　D. 合同价款的约定
E. 竣工结算的办理

3. 某工程采用固定总价合同，除设计变更和工程范围变动外，不调整合同价。承包人包工包料合同总价为 300 万元，按进度节点分三阶段付款，付款比例为 30%、40%、25%。第一阶段施工期间，主要材料计划用量 300 吨，预算单价 2000 元/吨，实际消耗 310 吨，实际单价 2100 元/吨，第一阶段结算时（　　）。
A. 材料消耗增加不调整合同价款
B. 材料价格上涨不调整合同价款
C. 应结算和支付工程款 90 万元
D. 应结算和支付主要材料消耗增加价款 2 万元
E. 应结算和支付主要材料价差 3.1 万元

4. 发包人在选择合同计价方式时，应考虑的因素有（　　）。
A. 设计工作程度　　　　　　B. 进度要求的紧迫程度
C. 技术复杂程度　　　　　　D. 质量要求的高低
E. 施工难易程度

模块6　建设工程施工阶段的投资控制

【学习目标】

知识目标：掌握施工阶段投资控制流程、掌握合同价款期中支付的程序和注意要点、掌握工程变更与索赔的投资控制、掌握竣工结算与最终结算的程序、掌握投资偏差分析的方法与措施。

能力目标：能够叙述施工阶段投资控制流程、能够对工程案例进行工程进度款支付计算、能够处理一定条件下的变更与索赔事件、能够对实例工程进行竣工结算与最终结算，并分析偏差产生的原因选取合理的纠偏措施。

【案例引入】

工程名称：隆翔商务大厦建设工程

建设单位：隆翔置业有限公司

设计单位：滨海时代建筑设计研究院

监理单位：汉华建设工程监理有限公司

施工单位：海鸿建筑安装有限公司

建筑规模：总占地面积 $4201.32m^2$，建筑占地面积 $1053.84m^2$。

工程内容包括：地基处理、土方开挖、主体建筑是钢筋混凝土框架结构，混凝土砌块墙/砖墙，室内与室外装修装饰。

工程总投资：6518万元。

该工程于2010年3月开工，计划主体工程在2011年7月完工，该工程投资巨大，施工单位的工程款该以何种方式获得？在施工过程中由于施工环境、天气、材料供应不及时等原因发生一系列变更、索赔事件，作为监理工程师该如何处理变更与索赔事件。

当投资计划与进度计划发生偏差，例如某个时间节点，投资实际值超出投资计划值时，监理工程师应采取何种措施进行纠正。

若工程竣工时，施工单位提出竣工验收的程序和时间节点是什么流程？

我们在本模块施工阶段投资控制将要讲述与投资控制有关的工作与处理问题的措施。

施工阶段是建设工程投资控制的重要阶段，因为施工阶段是资本转化的实质性阶段，大量的资金需要实际筹措并投入使用。因此，监理工程师担负着繁重的资金管理任务，作为监理工程师在施工阶段进行投资控制的主要任务是把计划投资额作为投资控制的目标值，在工程施工过程中定期进行投资实际值与目标值的比较，通过比较发现并找出实际支出额与投资控制目标值之间的偏差，分析产生偏差的原因，并采用有效措施加以控制，以保证投资控制目标的实现。

6.1 施工阶段投资控制措施

任务 6.1 施工阶段投资目标控制

6.1.1 投资控制的工作流程

建设工程施工阶段设计的面很广，涉及的人员很多，与投资控制有关的工作也很多，我们不能逐一加以说明，只能对实际情况加以适当简化。图 6.1 为施工阶段投资控制的工作流程图。

6.1.2 资金使用计划

6.1.2.1 编制资金使用计划的目的

资金使用计划的编制与控制在整个施工阶段中处于重要而独特的地位，它对工程投资的控制有着重要影响。监理工程师必须编制资金使用计划，合理地确定投资控制目标值，在施工过程中将目标值与实际值进行比较，采取合理的纠偏措施，这样使得工程投资控制有所依据，也可以对未来工程项目的资金使用和进度控制有所预测，消除不必要的资金浪费和进度失控。

如果没有明确的投资控制目标，就无法进行项目投资实际支出值与目标值的比较，不能进行比较也就不能找出偏差，不知道偏差程度，就会使控制措施缺乏针对性。并且在确定投资控制目标时，应按当时的取费标准编制，不能偏离实际情况，应具有科学性和实际性。如果投资目标值与人工单价、材料预算价格、设备价格及各项有关费用和各种取费标准不相适应，那么投资控制目标便没有实现的可能，则控制也是徒劳。

人们对客观事物的认识有个过程。由于在编制资金使用计划时对施工进展情况的估计水平和拥有的资料有限，同时施工过程中各种因素又可能发生变化，因此，应辩证地对待资金使用计划中的投资目标值。在计划实施过程中，既要维护投资控制目标的严肃性，也要根据实际情况对原来的资金使用计划做出必要的调整。调整并不意味着可以随意改变项目投资的目标值，而必须按照有关的规定程序进行。例如：资金使用计划既是监理人审核承包人按合同规定递交的施工进度计划和现金流计划的依据，又可能在资金筹措允许的情况下根据施工进度计划和现金流计划对资金使用计划在时间方面做出调整。

6.1.2.2 投资目标的分解

编制资金使用计划过程中最重要的步骤，就是项目投资目标的分解。根据投资控制目标和要求的不同，投资目标的分解可以分为按投资构成、按子项目、按时间分解三种类型。

1. 按投资构成分解的资金使用计划

工程项目的投资主要分为建筑安装工程投资、设备及工器具购置投资及工程建设其他投资。由于建筑工程和安装工程在性质上存在着较大差异，投资的计算方法和标准也不尽相同。因此，在实际操作中往往将建筑工程投资和安装工程投资分解开来。这样，工程项目投资的总目标就可以按图 6.2 分解。

图 6.2 中的建筑工程投资、安装工程投资、工器具购置投资可以进一步分解。另

任务6.1 施工阶段投资目标控制

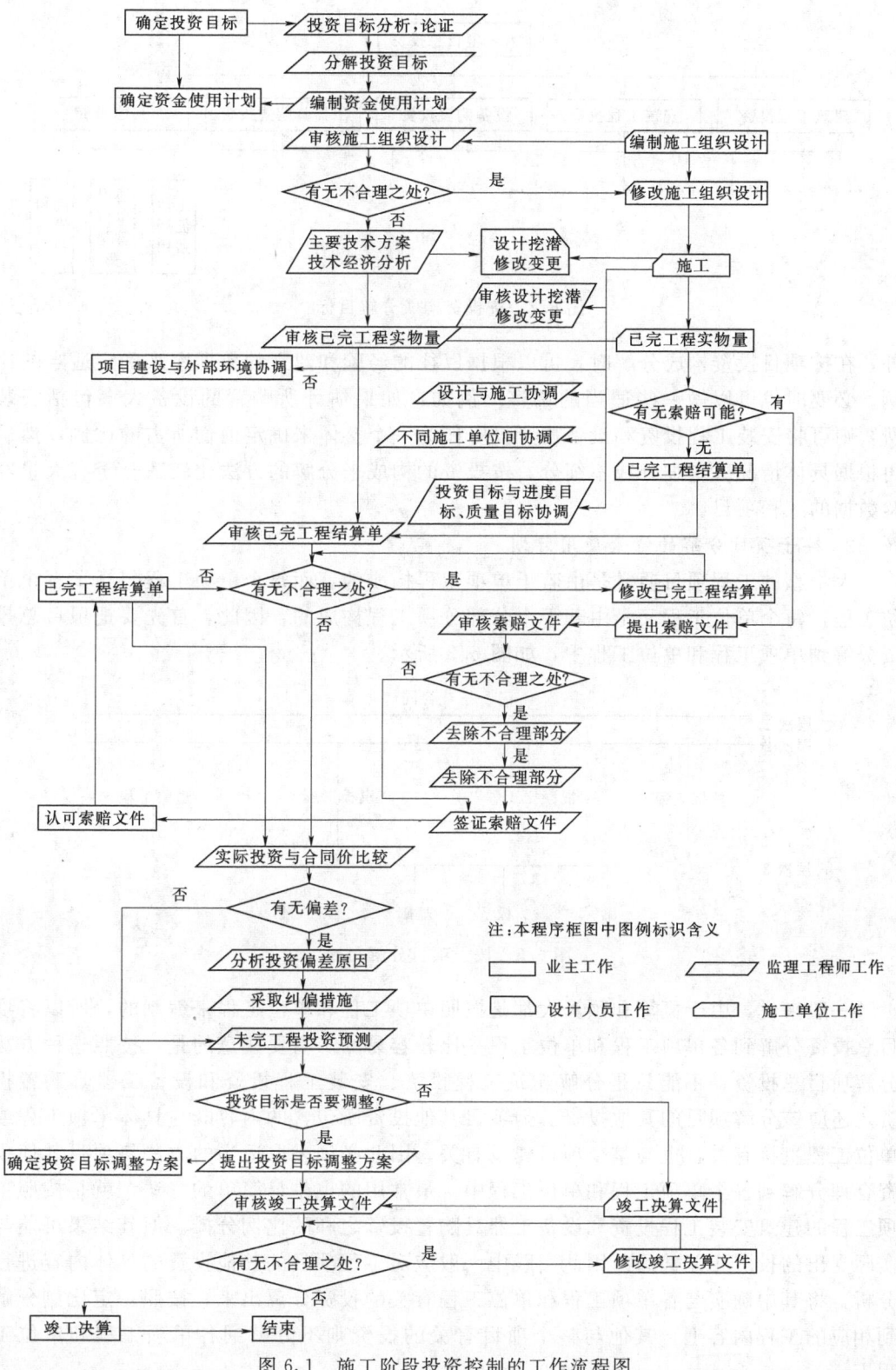

图6.1 施工阶段投资控制的工作流程图

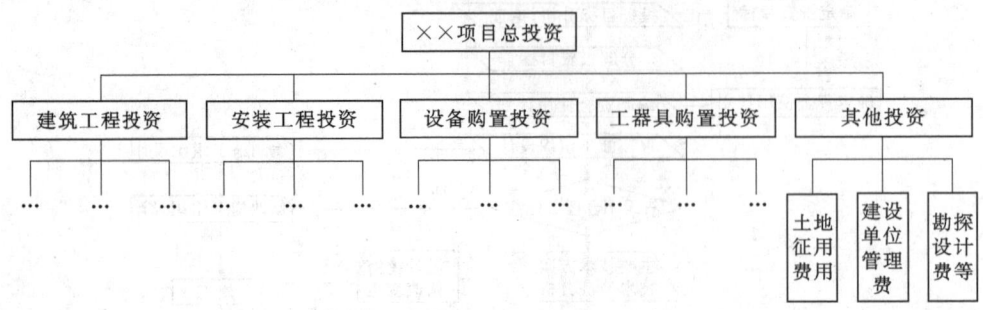

图 6.2 按投资构成分解目标

外,在按项目投资构成分解时,可以根据以往的经验和建立的数据库来确定适当的比例。必要时也可以做一些适当的调整。例如:如果估计所购置的设备大多包括安装费,则可将安装工程投资和设备购置投资作为一个整体来确定他们所占的比例,然后再根据具体情况决定细分或不细分。按投资的构成来分解的方法比较适合于有大量经验数据的工程项目。

2. 按子项目分解的资金使用计划

大中型的工程项目通常是由若干单项工程构成的,而每个单项工程包括了多个单位工程,每个单位工程又是由若干个分部分项工程构成的,因此,首先要把项目总投资分解到单项工程和单位工程中,如图 6.3 所示。

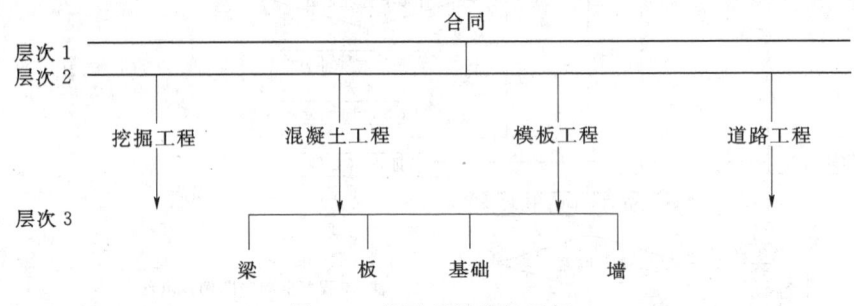

图 6.3 按子项目分解目标

一般来说,由于概算和预算大都是按照单项工程和单位工程来编制的,所以将项目总投资分解到各单项工程和单位工程是比较容易的。需要注意的是,按照这种方法分解项目总投资,不能只是分解建筑工程投资、安装工程投资和设备工器具购置投资,还应该分解项目的其他投资。但项目其他投资所包含的内容既与具体单项工程或单位工程直接有关,也与整个项目建设有关,因此必须采取适当的方法将项目其他投资合理分解到各个单项工程和单位工程中。最常用的也是最简单的方法,就是按照单项工程的建筑安装工程投资和设备工器具购置投资之和的比例分摊。但其结果可能与实际支出的投资相差甚远。因此实践中一般应对工程项目的其他投资的具体内容进行分析,将其中确实与各单项工程和单位工程有关的投资分离出来,按照一定比例分解到相应的工程内容上。其他与整个项目有关的投资则不分解到各单项工程和单位工程上。

另外，对各单位工程的建筑安装工程投资还需要进一步分解，在施工阶段一般可分解到分部分项工程。

3. 按时间进度分解的资金使用计划

工程项目的投资总是分阶段、分期支出的，资金应用是否合理与资金的时间安排有密切关系。为了编制项目资金使用计划，并据此筹措资金，尽可能减少资金占用和利息支出，有必要将项目总投资按其使用时间进行分解。

编制按时间进度的资金使用计划，通常可利用控制项目进度的网络图进一步扩充而得。即在建立网络图时，一方面确定完成各项活动所需花费的时间，另一方面同时确定完成这一活动的合适的投资支出预算。在实践中，将工程项目分解为既能方便地表示时间，又能方便地表示投资支出预算的工作是不容易的，通常如果项目分解程度对时间控制合适的话，则对投资支出预算可能分配过细，以至于不可能对每项活动确定其投资支出预算。反之亦然。因此，在编制网络计划时应在充分考虑进度控制对项目划分要求的同时，还要考虑确定投资支出预算对项目划分的要求，做到二者兼顾。

以上三种编制资金使用计划的方法并不是相互独立的。在实践中，往往是将这几种方法结合起来使用，从而达到扬长避短的效果。例如，将按子项目分解项目总投资与按投资构成分解项目总投资两种方法相结合，横向按子项目分解，纵向按投资构成分解，或相反。这种分解方法有助于检查各单项工程和单位工程投资构成是否完整，有无重复计算或缺项；同时还有助于检查各项具体投资支出的对象是否明确或落实，并且可以从数字上校核分解的结果有无错误。或者还可将按子项目分解项目总投资目标与按时间分解项目总投资目标结合起来，一般是纵向按子项目分解，横向按时间分解。

6.1.2.3 资金使用计划的形式

在完成工程项目投资目标分解后，接下来就要具体地分配投资，编制工程分享的投资支出计划，从而得到详细的资金使用计划表。下面将按子项目分解得到资金使用计划表以及按时间分解投资目标的资金使用计划表的形式说明如下。

1. 按子项目分解得到的资金使用计划表

各工程分项的详细资金使用计划表，一般应包括以下几项内容：

(1) 工程分项的编码。
(2) 工程内容。
(3) 计量单位。
(4) 工程数量。
(5) 计划综合单价。
(6) 工程分项总价。

在编制投资支出计划时，要在项目总的方面考虑总的预备费，也要在主要的工程分项中安排适当的不可预见费，避免在具体编制资金使用计划时，可能发现个别单位工程或工程量表中某项内容的工程量计算有较大出入，使原来的投资预算失实，并在项目实施过程中对其尽可能地采取一些措施。

2. 时间-投资累计曲线

通过对项目投资目标按时间进行分解，在网络计划基础上，可获得项目进度计划的横道图，并在此基础上编制资金使用计划。其表示方式有两种：一种是在总体控制时标网络图上表示，见图 6.4；另一种是利用时间-投资曲线（S 形曲线）表示，见图 6.5。时间-投资累计曲线的绘制步骤如下：

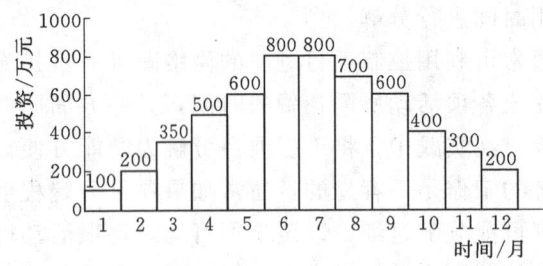

图 6.4 时标网络图上按月编制的资金使用计划

（1）确定工程项目进度计划，编制进度计划的横道图。

（2）根据每单位时间内完成的实物工程量或投入的人力、物力和财力，计算单位时间（月或旬）的投资，在时标网络图上按时间编制投资支出计划，如图 6.4 所示。

（3）计算规定时间 t 计划累计完成的投资额。其计算方法为：各单位时间计划完成的投资额累加求和，即

$$Q_t = \sum_{n=1}^{t} q_n \tag{6.1}$$

式中 Q_t——某时间 t 计划累计完成投资额；

q_n——单位时间 n 的计划完成投资额；

t——某规定计划时刻。

（4）按各规定时间的 Q 值，绘制 S 形曲线，如图 6.5 所示。

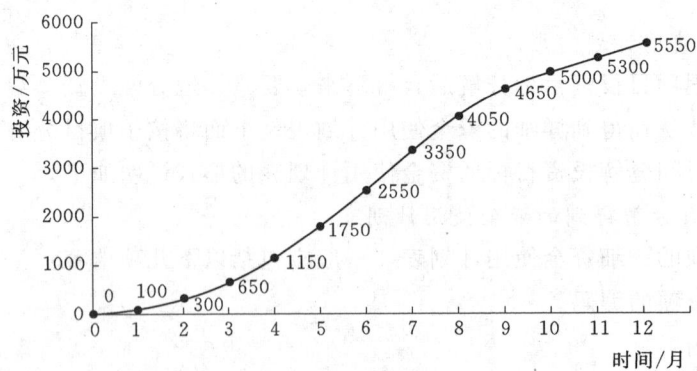

图 6.5 时间-投资累计曲线（S 形曲线）

每一条 S 形曲线都对应某一特定的工程进度计划。因为在进度计划的非关键路线中存在许多有时差的工序或工作，因而 S 形曲线（时间-投资曲线）必然包络在由全部工作都按最早开始时间开始和全部工作都按最迟必须开始时间开始的曲线所组成的"香蕉图"内。发包人可根据编制的投资支出预算合理安排资金，同时发包人也可以根据筹措的建设资金来调整 S 形曲线，即通过调整非关键路线上的工序项目的最早或最迟开工时间，力争将实际的投资支出控制在计划的范围内。

一般而言，所有工作都按最迟开始时间开始，对节约发包人的建设资金贷款利息是有利的，但同时，也降低了项目按期竣工的保证率。因此，监理工程师必须合理地确定投资计划，达到既节约投资支出，又能控制项目工期的目的。

3. 综合分解资金使用计划表

将投资目标的不同分解方法相结合，会得到比前者更为详尽、有效的综合分解资金使用计划表。综合分解资金使用计划表一方面有助于检查各单项工程和单位工程的投资是否合理，有无缺陷或重复计算；另一方面也可以检查各项具体的投资支出的对象是否确定和落实，并可校核分解的结果是否正确。

任务 6.2 工 程 计 量

工程计量是指根据发包人提供的施工图纸、工程量清单和其他文件，项目监理机构对承包人申报的合格工程的工程量进行的核验，它不仅是控制项目投资支出的关键环节，同时也是约束承包人履行合同义务、强化承包人合同意识的手段。工程量的正确计量是发包人向承包人支付工程进度款的前提和依据，必须按照相关工程现行国家计量规范规定的工程量计算规则计算。工程计量可选择按月或按工程形象进度分段计量，具体计量周期在合同中约定。因承包人原因造成的超出合同工程范围施工或返工的工程量，发包人不予计量。成本加酬金合同参照单价合同计量。

6.2.1 工程计量的依据

计量依据一般有质量合格证书、工程量清单前言、技术规范中的"计量支付"条款和设计图纸。也就是说，计量时必须以这些资料为依据。

6.2.1.1 质量合格证书

对于承包人已完的工程，并不是全部进行计量，而只是质量达到合同标准的已完工程才予以计量。所以工程计量必须与质量监理紧密配合，经过专业工程师检验，工程质量达到合同规定的标准后，由专业工程师签署报验申请表（质量合格证书），只有质量合格的工程才予以计量。所以说质量监理是计量监理的基础，计量又是质量监理的保障，通过计量支付，强化承包人的质量意识。

6.2.1.2 工程量清单前言和技术规范

工程量清单前言和技术规范是确定计量方法的依据。因为工程量清单前言和技术规范的"计量支付"条款规定了清单中每一项工程的计量方法，同时还规定了按规定的计量方法确定的单价所包括的工作内容和范围。

例如，某高速公路技术规范计量支付条款规定：所有道路工程、隧道工程和桥梁工程中的路面工程按各种结构类型及各层不同厚度分别汇总以图纸所示或工程师指示为依据，按监理工程师验收的实际完成数量，以 m^2 为单位分别计量。计量方法是根据路面中心线的长度乘图纸所表明的平均宽度，再加单独测量的岔道、加宽路面、喇叭口和道路交叉处的面积，以 m^2 为单位计量。除工程师书面批准外，凡超过图纸所规定的任何宽度、长度、面积或体积均不予计量。

6.2.1.3 设计图纸

单价合同以实际完成的工程量进行结算,但被工程师计量的工程数量,并不一定是承包人实际施工的数量。计量的几何尺寸要以设计图纸为依据,工程师对承包人超出设计图纸要求增加的工程量和自身原因造成返工的工程量,不予计量。

例如:在京津塘高速公路施工监理中,灌注桩的计量支付条款中规定按照设计图纸以延米计量,其单价包括所有材料及施工的各项费用,根据这个规定,如果承包人做了35m,而桩的设计长度30m,则只计量30m,发包人按30m付款。承包人多做了5m灌注桩所消耗的钢筋及混凝土材料,发包人不予补偿。

6.2.2 单价合同的计量

工程量必须以承包人完成合同工程应予计量的工程量确定。施工中进行工程量计量时,当发现招标工程量清单中出现缺项、工程量偏差,或因工程变更引起工程量增减时,应按承包人在履行合同义务中实际完成的工程量计量。

6.2.2.1 计量程序

(1) 关于单价合同的计量程序,《建设工程施工合同(示范文本)》(GF—2013—0201)中约定:

1) 承包人应于每月25日向监理人报送上月20日至当月19日已完成的工程量报告,并附具进度付款申请单、已完成工程量报表和有关资料。

2) 监理人应在收到承包人提交的工程量报告后7天内完成对承包人提交的工程量报表的审核并报送发包人,以确定当月实际完成的工程量。监理人对工程量有异议的,有权要求承包人进行共同复核或抽样复测。承包人应协助监理人进行复核或抽样复测,并按监理人要求提供补充计量资料。承包人未按监理人要求参加复核或抽样复测的,监理人复核或修正的工程量视为承包人实际完成的工程量。

3) 监理人未在收到承包人提交的工程量报表后的7天内完成审核的,承包人报送的工程量报告中的工程量视为承包人实际完成的工程量,据此计算工程价款。

(2) 同时《建设工程工程量清单计价规范》(GB 50500—2013)还有如下规定:

1) 发包人认为需要进行现场计量核实时,应在计量前24小时通知承包人,承包人应为计量提供便利条件并派人参加。双方均同意核实结果时,则双方应在上述记录上签字确认。承包人收到通知后不派人参加计量,视为认可发包人的计量核实结果。发包人不按照约定时间通知承包人,致使承包人未能派人参加计量,计量核实结果无效。

2) 当承包人认为发包人核实后的计量结果有误时,应在收到计量结果通知后的7天内向发包人提出书面意见,并附上其认为正确的计量结果和详细的计算资料。发包人收到书面意见后,应在7天内对承包人的计量结果进行复核后通知承包人,承包人对复核计量结果仍有异议的,按照合同约定的争议解决办法处理。

3) 承包人完成已标价工程量清单中每个项目的工程量并经发包人核实无误后,发承包人应对每个项目的历次计量报表进行汇总,以核实最终结算工程量,并应在汇总表上签字确认。

6.2.2.2 工程计量的方法

监理人一般只对以下三方面的工程项目进行计量:①工程量清单中的全部项目;

②合同文件中规定的项目；③工程变更项目。

一般可按照以下方法进行计量：

1. 均摊法

所谓均摊法，就是对清单中某些项目的合同价款，按合同工期平均计量，如：为监理人提供宿舍、保养测量设备、保养气象记录设备、维护工地清洁和整洁等，这些项目都有一个共同的特点，即每月均有发生。所以可以采用均摊法进行计量支付。例如：保养气象记录设备，每月发生的费用是相同的，如本项合同款额为2000元，合同工期为20个月，则每月计量、支付的款额为：2000元/20月＝100元/月。

2. 凭据法

所谓凭据法，就是按照承包人提供的凭据进行计量支付。如建筑工程险保险费、第三方责任险保险费、履约保证金等项目，一般按凭据法进行计量支付。

3. 估价法

所谓估价法，就是按合同文件的规定，根据监理人估算的已完成的工程价值支付，如为监理人提供办公设施和生活设施，为监理人提供用车，为监理人提供测量设备、天气记录设备、通信设备等项目。这类清单项目往往要购买几种仪器设备，当承包人对于某一项清单项目中规定购买的仪器设备不能一次购进时，则需采用估价法进行计量支付。其计量过程如下：

(1) 按照市场的物价情况，对清单中规定购置的仪器设备分别进行估价；

(2) 按下式计量支付金额：

$$F = A \cdot \frac{B}{D} \tag{6.2}$$

式中 F——计算支付的金额；

A——清单所列该项的合同金额；

B——该项实际完成的金额（按估算价格计算）；

D——该项全部仪器设备的总估算价格。

从式（6.2）可知：

1) 该项实际完成金额 B 必须按估算各种设备的价格计算，它与承包人购进的价格无关。

2) 估算的总价与合同工程量清单的款额无关。

当然，估价的款额与最终支付的款额无关，最终支付的款额总是合同清单中的款额。

4. 断面法

断面法主要用于取土坑或填筑路堤土方的计量。对于填筑土方工程，一般规定计量的体积为原地面线与设计断面所构成的体积。采用这种方法计量，在开工前承包人需测绘出原地形的断面，并需经工程师检查，作为计量的依据。

5. 图纸法

在工程量清单中，许多项目都采取按照设计图纸所示的尺寸进行计量。如混凝土构筑物的体积、钻孔桩的桩长等。

6. 分解计量法

所谓分解计量法，就是将一个项目，根据工序或部位分解为若干子项，对完成的各子项进行计量支付。这种计量方法主要是为了解决一些包干项目或较大的工程项目的支付时间过长、影响承包人的资金流动等问题。

6.2.3 总价合同的计量

总价合同的计量活动非常重要。采用工程量清单方式招标形成的总价合同，其工程量的计算与上述单价合同的工程量计量规定相同。采用经审定批准的施工图纸及其预算方式发包形成的总价合同，除按照工程变更规定的工程量增减外，总价合同各项目的工程量应为承包人用于结算的最终工程量。此外，总价合同约定的项目计量应以合同工程经审定批准的施工图纸为依据，发承包双方应在合同中约定工程计量的形象目标或事件节点进行计量。

按月计量支付的总价合同，《建设工程施工合同（示范文本）》（GF—2013—0201）中约定的计量支付程序如下：

（1）承包人应于每月25日向监理人报送上月20日至当月19日已完成的工程量报告，并附具进度付款申请单、已完成工程量报表和有关资料。

（2）监理人应在收到承包人提交的工程量报告后7天内完成对承包人提交的工程量报表的审核并报送发包人，以确定当月实际完成的工程量。监理人对工程量有异议的，有权要求承包人进行共同复核或抽样复测。承包人应协助监理人进行复核或抽样复测并按监理人要求提供补充计量资料。承包人未按监理人要求参加复核或抽样复测的，监理人审核或修正的工程量视为承包人实际完成的工程量。

（3）监理人未在收到承包人提交的工程量报表后的7天内完成复核的，承包人提交的工程量报告中的工程量视为承包人实际完成的工程量。

总价合同采用支付分解表计量支付的，可以根据上述约定进行计量，但合同价款按照支付分解表进行支付。

任务6.3　合同价款期中支付

期中支付的合同价款包括预付款、安全文明施工费和进度款。工程价款的支付是合同双方实现各自目的的最后一个环节，发包人是否能得到一个合格的工程，承包人的工作质量和工程质量是否达到合同规定，工程价款支付关系到施工合同双方的利益，监理人必须而且只能按合同的规定进行工程价款的支付。

6.3.1　工程款支付条件

支付控制是监理人投资控制的重要环节。监理人要熟悉合同中关于计量支付的规定，又要具有严谨、廉洁、公正的工作作风。按照施工合同条件的规定，工程支付必须符合以下条件。

6.3.1.1　质量合格的工程项目

工程质量达到合同规定的标准，工程项目才予以计量，这是工程支付的必备条件。监理人只对质量合格的工程项目予以支付，对于不合格的项目，要求承包人修复达到合同规定标准后，才予以计量支付，且对承包人原因造成的修复返工费用由承包人自己承担。

6.3.1.2 变更项目各项手续完善

根据施工合同条件规定，承包人没有得到监理人的变更指示，不得对工程进行任何变更。因此，未经发包人或发包人授权的监理人批准实施的任何工程变更，不管其必要性和合理性如何，在必要的合同手续没有完善前一律不予支付。

6.3.1.3 符合合同文件的规定

工程的任何一项支付，都必须符合合同文件的规定，这既是为了维护发包人的利益又是监理人投资控制的权限所在。监理人只有在发包人的授权范围内，在合同约定的暂定金额范围内支付计日工和意外事件，超出发包人的授权和合同规定的金额数目时，应重新得到发包人的授权和批准。

凡不符合合同规定的条件的任何款项均不得支付。

6.3.1.4 月支付款应大于合同规定的最低支付限额

为减少支付环节的财务费用，鼓励承包人加快施工进度，在有些工程的施工合同条件中规定，承包人每月（或每次）应得到的支付款额（已扣除了保留金和其他应扣款后的款额）等于或大于合同规定的阶段证书的最低限额时才予以支付。当月不予支付的金额将按月结转，直到批准的付款金额达到或超过最低支付限额时，才予以支付。

6.3.2 工程款支付内容

6.3.2.1 工程预付款的支付与扣还

6.7
工程预付款
(1)

在发包人与承包人签订施工合同后，为做好施工准备，承包人需要大量的资金投入。由于工程项目一般投资巨大，承包人往往难以承受。发包人为了使工程顺利进展，除了做好施工现场准备外，以预付款的形式借给承包人一部分资金，主要供承包人做好施工准备并用于工程施工初期各项费用的支出。《水利水电工程标准文件》通用合同条款规定："预付款用于承包人为合同工程施工购置材料、工程设备、施工设备、修建临时设施以及组织施工队伍进场等。分为工程预付款和工程材料预付款。预付款必须专用于合同工程。预付款的额度和预付办法在专用合同条款中约定。"所以，工程预付款是在项目施工合同签订后由发包人按照合同约定，在正式开工前预先支付给承包人的一笔款项。预付款的这种支付性质决定了它是无息的，但要有借有还。

6.8
工程预付款
(2)

1. 工程预付款数额的确定

工程预付款的额度一般为合同价的 15% 左右。具体事宜由发包人与承包人在项目施工合同的专用合同条款中约定。工程预付款的总金额应不低于合同价格的 10%，发包人提供的预付款数额越大，承包人的前期资金压力越小。

2. 工程预付款的支付条件

（1）发包人与承包人之间的协议书已签订并生效。

（2）承包人根据合同条款，在收到中标通知书后 28 天内已向发包人提供了履约担保。

（3）承包人根据合同的格式与要求已提交了预付款保函（数额等同于工程预付

款)。《水利水电工程标准文件》通用合同条款规定:"预付款保函(担保):①承包人应在收到第一次工程预付款的同时向发包人提交工程预付款担保,担保金额应与第一次工程预付款金额相同。工程预付款担保在第一次工程预付款被发包人扣回前一直有效;②工程材料预付款的担保在专用合同条款中约定;③预付款担保的担保金额可根据预付款扣回的金额相应递减。"

工程预付款的支付

3. 工程预付款的支付

一般情况下在满足以上条件之后,承包人向监理人提出预付款申请,监理人按合同规定进行审核,满足合同规定的预付款支付条件的,监理人应向发包人发出工程预付款支付证书;而发包人应在收到工程预付款支付证书后向承包人支付工程预付款。

工程预付款一般分两次支付,当然也可以分若干次支付,具体分几次支付应在专用合同条数中约定,第一次支付款金额应不低于预付款总金额的40%,一般取50%;付款时间应在合同协议书签订后,由承包人向发包人提交了发包人认可的工程预付款担保,并经监理人出具付款证书报送发包人批准后14天内予以支付,第二次支付需待承包人主要设备进入工地后,其估算价值已达到本次预付款金额时,由承包人提出书面申请,经监理人核实后出具付款证书报送发包人批准后14天内予以支付。

4. 工程预付款的扣还

开工以后,支付的工程预付款要从承包人得到的工程进度款中陆续扣还。《水利水电工程标准文件》通用合同条款规定:"预付款在进度付款中扣回,扣回与还清办法在专用合同条款中约定。"一般方式为从已发生的支付总额超出合同价的某一百分比之后的下一个临时支付证书开始扣还。一般扣还的方式为:按阶段付款累计支付额或月支付额(不包括保留金)的一定比例随月支付陆续扣还,并保证到合同期满前的某一时间(一般为合同期满前3个月)之前全部扣完。

工程预付款扣回公式

工程预付款在合同累计完成金额达到签约合同价的百分比时开始扣款,直至合同累计完成金额达到签约合同价的百分比时全部扣清,工程预付款扣回按下式计算:

$$R = \frac{A}{(F_2 - F_1)S}(C - F_1 S) \tag{6.3}$$

式中　R——每次进度付款中累计扣回的金额;

　　　A——工程预付款总金额;

　　　S——签约合同价;

　　　C——合同累计完成金额;

　　　F_1——开始扣款时合同累计完成金额达到签约合同价格的比例;

　　　F_2——全扣清时合同累计完成金额达到签约合同价格的比例。

工程预付款的扣回

上述合同累计完成金额均指价格调整前未扣质量保证金的金额。

预付款的支付与扣还方式应在合同中明确地规定下来。《水利水电工程标准文件》通用同条款规定:在颁发合同工程完工证书前,由于不可抗力或其他原因解除合同时,预付款尚未扣清的,尚未扣清的预付款余额应作为承包人的到期应付款。

【例6.1】 某工程项目合同价1000万元,工程预付款为合同价的10%,工程开工前由发包人一次付清,工程预付款扣回采用公式:

$$R = \frac{A}{(F_2 - F_1)S}(C - F_1 S)$$

并规定当累计完成工程款金额达到合同价格的 20% 时开始扣工程预付款，当累计完成工程款金额达到同价格的 90% 时扣完，工程进度款按月支付，工程开工第一个月完成工程款金额 150 万元，第二个月完成工程款金额 200 万元，第三个月完成工程款金额 200 万元，则这三个月月支付中应扣工程预付款分别为多少？

6.12
工程预付款扣还案例讲解

【解】 第一步：计算合同规定的开始扣工程预付款时合同累计完成金额（计算工程预付款起扣点）：

$$F_1 S = 20\% \times 1000 = 200 (万元)$$

即当累计完成工程款金额 200 万元时开始扣工程预付款。

第二步：计算合同规定的工程预付款全部扣完时合同累计完成的金额

$$F_1 S = 90\% \times 1000 = 900 (万元)$$

第一个月完成工程款金额 150 万元 < 200 万元，本月不扣工程预付款；

第二个月累计完成工程款金额 150 + 200 = 350 万元 > 200 万元，本月应累计扣工程预付款为 $R = \frac{A}{(F_2 - F_1)S}(C - F_1 S) = \frac{1000 \times 10\%}{(90\% - 20\%) \times 1000} \times (350 - 20\% \times 1000) = 21.43$（万元），本月应扣工程预付款为 21.43 万元。

第三个月累计完成工程款金额为 150 + 200 + 200 = 550（万元），本月应累计扣工程预付款为

$$R = \frac{A}{(F_2 - F_1)S}(C - F_1 S) = \frac{1000 \times 10\%}{(90\% - 20\%) \times 1000} \times (550 - 20\% \times 1000) = 49.98 (万元)$$

本月应扣工程预付款为：49.98 − 21.43 = 28.55（万元）。

6.3.2.2 工程材料预付款的支付与扣还

工程材料预付款主要用于帮助承包人在施工初期购进成为永久工程组成部分的主要工材料或设施的款项。工程材料预付款的额度应由发包人与承包人在专用合同条款中具体约定，工程材料预付款金额一般可以材料发票上费用的 75%～90% 为限，以计入进度付款凭证的方式支付，也可预先一次支付。一般来说，工程材料预付款不需承包人提供工程材料预付款保函，但须规定已在施工现场的工程材料，其所有到场工程材料必须报监理人检验且符合合同规定，未经发包人经监理人同意，不得擅自运出施工现场。同时支付了工程材料预付款，并不意味对此工程材料和设备的最后批准，如果验收后或在使用过程中发现工程材料或设备不符合规范和合同规定，监理人仍然有权否决这些不合格的工程材料和设备。

6.13
工程材料预付款

1. 材料预付款的支付条件

（1）材料的质量和储存条件均符合有关规范和合同要求。

（2）材料已到达工地，并经承包人和监理人共同验点入库。

（3）承包人按监理人的要求提交了材料的订货单、收据或价格证明文件，材料质量合格的证明文件或检验报告。

2. 材料预付款的支付和扣回

材料预付款也是发包人以无息贷款形式，在月支付工程款的同时，专供给承

包人的一笔用以购置材料与设备的价款。工程材料预付款的预付办法应由发包人与承包人在专用合同条款中具体约定。例如双方可约定工程材料到达工地并满足上述条件后,承包人可向监理人提交材料预付款支付申请单,要求支付。监理人审核后,按合同规定的支付比例(一般按实际材料价格的75%~90%)在月支付款中支付。

工程材料预付款的扣回与还清也应在专用合同条款中约定。发包人在支付工程材料预付款后合同规定的时间(一般为3个月或几个月)内以平均的方式在月支付款中陆续扣回。

6.14 工程材料预付款和安全文明施工费

6.3.2.3 安全文明施工费

安全、文明施工费全称是安全生产费、文明施工措施费,是指按照国家现行的建筑施工安全、施工现场环境与卫生标准和有关规定,购置和更新施工防护用具及设施、改善安全生产条件和作业环境所需要的费用。

财政部、国家安全生产监督管理总局印发的《企业安全生产费用提取和使用管理办法》(财企〔2012〕16号)第十九条对企业安全费用的使用范围作了规定,建设工程施工阶段的安全文明施工费包括的内容和使用范围,应符合此规定。

鉴于安全文明施工的措施具有前瞻性,必须在施工前予以保证。因此,发包人应在工程开工后的28天内预付不低于当年施工进度计划的安全文明施工费总额的60%,其余部分按照提前安排的原则进行分解,与进度款同期支付。发包人没有按时支付安全文明施工费的,承包人可催告发包人支付;发包人在付款期满后的7天内仍未支付的,若发生安全事故,发包人应承担相应责任。

承包人对安全文明施工费应专款专用,在财务账目中单独列项备查,不得挪作他用,否则发包人有权要求其限期改正;逾期未改正的,造成的损失和延误的工期由承包人承担。

6.15 工程进度款支付程序

6.3.2.4 进度款

建设工程合同是先由承包人完成建设工程,后由发包人支付合同价款的特殊承揽合同,由于建设工程具有投资大、施工期长等特点,合同价款的履行顺序主要通过"阶段小结、最终结清"来实现。当承包人完成了一定阶段的工程量后,发包人就应该按合同约定履行支付工程进度款的义务。

发承包双方应按照合同约定的时间、程序和方法,根据工程计量结果,办理期中价款结算,支付进度款。进度款支付周期,应与合同约定的工程计量周期一致。其中,工程量的正确计量是发包人向承包人支付进度款的前提和依据。计量和付款周期可采用分段或按月结算的方式,按照财政部、建设部印发的《建设工程价款结算暂行办法》(财建〔2004〕369号)的规定:

(1)按月结算与支付。即实行按月支付进度款,竣工后结算的办法。合同工期在两个年度以上的工程,在年终进行工程盘点,办理年度结算。

(2)分段结算与支付。即当年开工、当年不能竣工的工程按照工程形象进度,划分阶段,支付工程进度款。

当采用分段结算方式时,应在合同中约定具体的工程分段划分方法,付款周期应与计量周期一致。

《建设工程工程量清单计价规范》规定：已标价工程量清单中的单价项目，承包人应按工程计量确认的工程量与综合单价计算；如综合单价发生调整的，以发承包双方确认调整的综合单价计算进度款。已标价工程量清单中的总项目，承包人应按合同中约定的进度款支付分解，分别列入进度款支付申请中的安全文明施工费和本周期应支付的总价项目的金额中。发包人提供的甲供材料金额，应按照发包人签约提供的单价和数量从进度款支付中扣除，列入本周期应扣减的金额中。进度款的支付比例按照合同约定，按期中结算价款总额计，不低于60%，不高于90%。

1. 承包人支付申请的内容

承包人应在每个计量周期到期后的7天内向发包人提交已完工程进度款支付申请一式四份，详细说明此周期认为有权得到的款额，包括分包人已完工程的价款。支付申请应包括下列内容：

（1）累计已完成的合同价款。
（2）累计已实际支付的合同价款。
（3）本周期合计完成的合同价款。
1）本周期已完成单价项目的金额。
2）本周期应支付的总价项目的金额。
3）本周期已完成的计日工价款。
4）本周期应支付的安全文明施工费。
5）本周期应增加的金额。
（4）本周期合计应扣减的金额。
1）本周期应扣回的预付款。
2）本周期应扣减的金额。
（5）本周期实际应支付的合同价款。

2. 发包人支付进度款

发包人应在收到承包人进度款支付申请后的14天内根据计量结果和合同约定对申请内容予以核实，确认后向承包人出具进度款支付证书，若发承包双方对有的清单项目的计量结果出现争议，发包人应对无争议部分的工程计量结果向承包人出具进度支付证书。发包人应在签发进度款支付证书后的1天内，按照支付证书列明的金额向承包人支付进度款。若发包人逾期未签发进度款支付证书，则视为承包人提交的进度款支付申请已被发包人认可，承包人可向发包人发出催告付款的通知，发包人应在收到通知后的14天内，按照承包人支付申请的金额向承包人支付进度款。发包人未按规定支付进度款的，承包人可催告发包人支付，并有权获得延迟支付的利息；发包人在付款期满后的7天内仍未支付的，承包人可在付款期满后的第8天起暂停施工，发包人应承担由此增加的费用和延误的工期，向承包人支付合理利润，并应承担违约责任。发现已签发的任何支付证书有错、漏或重复的数额，发包人有权予以修正，承包人也有权提出修正申请。经发承包双方复核同意修正的，应在本次到期的进度款中支付或扣除。

【例6.2】 工程款支付核算（申请）单（表6.1）

表 6.1　　　　　　　　　　　工程款支付核算（申请）单

工程名称：　　　　　　　　　　　标段：　　　　　　　　　　　编号：

致：_____（发包人全称）
我方于_____至_____期间已完成了_____工作，根据施工合同的约定，现申请支付本周期的合同款额为（大写）_____（小写_____），请予核准。

序号	名　称	申请金额/元	备注
1	累计已完成的合同价款		
2	累计已实际支付的合同价款		
3	本周期合计完成的合同价款		
3.1	本周期已完成单价项目的金额		
3.2	本周期应支付的总价项目金额		
3.3	本周期已完成的计日工价款		
3.4	本周期应支付的安全文明施工费		
3.5	本周期应增加的金额		
4	本周期合计应扣减的金额		
4.1	本周期应扣回的预付款		
4.2	本周期应扣减的金额		
5	本周期实际应支付的合同价款		

附：（略）
造价人员：_____；承包人代表：_____；日期：_____

复核意见： □与实际施工情况不相符，修改意见见附件。 □与实际施工情况相符，具体金额由造价工程师复核。 　　　　　　监理工程师：_____ 　　　　　　日　　期：_____	复核意见： 你方提出的支付申请经复核，本周期已完成合同款额为（大写）_____（小写_____），本周期应支付金额为（大写）_____（小写_____）。 　　　　　　造价工程师：_____ 　　　　　　日　　期：_____

审核意见：
□不同意
□同意，支付时间为本表签发日期后 15 天内

　　　　　　　　　　　　　　　　　　　　　　　　　　发包人（章）
　　　　　　　　　　　　　　　　　　　　　　　　　　发包人代表：_____
　　　　　　　　　　　　　　　　　　　　　　　　　　日　　期：_____

注　1. 在选择栏中的"□"内做标识"√"。
　　2. 本表一式四份，由承包人填报，发包人、承包人、监理人、造价咨询师各存一份。

【例 6.3】 工程款支付证书

背景事件：按照发承包双方合同约定，基础工程验收工作完成后，发包人应在 2016 年 10 月 30 日前支付该工程基础分部（桩基子分部除外）的工程款。承包人于 2016 年 10 月 19 日向发包人提出支付基础工程分部部分工程款的申请，经监理审核于 2016 年 10 月 26 日提请发包人审批，发包人于 2016 年 10 月 28 日审批同意支付该项工程款。项目监理机构随后于 2016 年 10 月 29 日根据发包人审批意见向承包人签发

工程款支付证书（表 6.2）注意，项目监理机构将《工程款支付证书》签发给承包人时，应同时抄报发包人。

表 6.2　　　　　　　　　　　　**工 程 款 支 付 证 书**

工程名称：隆祥商务大厦　　　　　　　　　　　　　　　　编号：ZF-002（支）

致：海鸿建筑安装工程有限公司（承包人）
　　根据施工合同约定，经审核编号为 ZF-002 工程款支付申请表，扣除有关款项后，同意支付该款项共计（大写）人民币贰仟捌佰贰拾万叁仟捌佰零贰元整（小写￥2820 3802.00 元）。
　　其中：
　　1. 承包人申报款为：1993 7257.00 元；
　　2. 经审核承包人应得款为：2893 8257.00 元；
　　3. 本期应扣款为：40 7236.00 元；
　　4. 本期应付款为：2820 3802.00 元。
　　附件：工程支付款报审表（ZF-002）及附件

　　　　　　　　　　　　　　　　　　　　　　　　总监理工程师（签字、加盖执业印章）＿＿＿＿
　　　　　　　　　　　　　　　　　　　　　　　　　　　　　　　　2016 年 10 月 29 日

注　本表一式三份，项目监理机构、承包人、发包人各一份。

【**例 6.4**】　某承包人承包某工程项目，甲乙双方签订的关于工程价款的合同内容有：

建筑安装工程造价 6600 万元，建筑材料及设备费占施工产值的 60%；工程预付款为建筑安装工程造价的 20%。工程实施后，工程预付款从未施工工程尚需的主要材料及设备费相当于工程预付款数额时起扣，从每次结算工程价款中按材料和设备占施工产值的比重扣抵工程预付款，竣工前全部扣清；工程进度款逐月计算。

工程各月实际完成产值（不包括调价部分），见表 6.3。

表 6.3　　　　　　　　　　　　**各 月 实 际 完 成 产 值**　　　　　　　　　　　单位：万元

月份	2	3	4	5	6	合计
完成产值	550	1100	1650	2200	1100	6600

问题 1. 该工程的工程预付款、起扣点为多少？

问题 2. 该工程 2 月至 5 月每月拨付工程款为多少？累计工程款为多少？

【**解**】　（1）工程预付款：6600×20% = 1320（万元）

起扣点：6600 − 1320/60% = 4400（万元）

（2）各月拨付工程款为：

2 月：工程款 550 万元，累计工程款 550（万元）

3 月：工程款 1100 万元，累计工程款 = 550 + 1100 = 1650（万元）

4 月：工程款 1650 万元，累计工程款 = 1650 + 1650 = 3300（万元）

5 月：工程款 2200 − (2200 + 3300 − 4400)×60% = 1540（万元）

累计工程款 = 3300 + 1540 = 4840（万元）

【**例 6.5**】　某项工程发包人与承包人签订了工程施工合同，合同中含两个子项工程，估算工程量甲项为 2500m³，乙项为 3400m³，经协商合同价甲项为 190 元/m³，乙项为 165 元/m³。承包合同规定：

（1）开工前发包人应向承包人支付合同价 20% 的预付款。

（2）发包人自第一个月起，从承包人的工程款中，按 5% 的比例扣留质量保证金。

（3）当子项工程实际工程量超过估算工程量 10% 时，超过 10% 的部分可进行调价，调整系数为 0.9。

（4）根据市场情况规定价格调整系数平均按 1.2 计算。

（5）监理工程师签发付款最低金额为 25 万元。

（6）预付款在最后两个月扣除，每月扣 50%。

承包人各月实际完成并经监理工程师签证确认的工程量如表 6.4 所示。

表 6.4　　　承包人各月实际完成并经监理工程师签证确认的工程量　　　单位：m

月份	1	2	3	4
甲项	600	800	900	600
乙项	700	1000	900	600

问题 1. 预付款是多少？

问题 2. 每月工程量价款是多少？监理工程师应签证的工程款是多少？实际签发的付款凭证金额是多少？

【解】（1）预付款金额为 $[2500 \times 190 + 3400 \times 165] \times 20\% = 20.72$（万元）

（2）1 月：

工程量价款为 $600 \times 190 + 700 \times 165 = 22.95$（万元）

应签证的工程款为 $22.95 \times 1.2 \times (1 - 5\%) = 24.57$（万元）

由于合同规定监理工程师签发的最低金额为 25 万元，故本月监理工程师不予签发付款凭证。

2 月：

工程量价款为 $800 \times 190 + 1000 \times 165 = 31.7$（万元）

应签证的工程款为 $31.7 \times 1.2 \times (1 - 5\%) = 34.01$（万元）

本月实际签发的付款凭证金额为 $24.57 + 34.01 = 58.58$（万元）

3 月：

工程量价款为 $900 \times 190 + 900 \times 165 = 31.95$（万元）

应签证的工程款为 $31.95 \times 1.2 \times (1 - 5\%) = 34.03$（万元）

本月开始扣回预付款，扣回金额为预付款的 50%。

应签证的工程款为 $34.03 - 20.72 \times 50\% = 23.67$（万元）

由于未达到最低结算金额，故本月监理工程师不签发付款凭证。

4 月：

$2500 \times (1 + 10\%) = 2750$（m³）

甲项工程累计完成工程量为 2900m³，较估计工程量 2500m³ 差额大于 10%，超

过 10%的工程量为 2900－2750＝150（m³）

其单价应调整为 190×0.9＝171（元/m³）

故甲项工程量价款为（600－150）×190＋150×171＝11.115（万元）

乙项累计完成工程量为 3200mm³，与估计工程量相差未超过 10%，故不予调整。乙项工程量价款为 600×165＝9.9（万元）。

本月完成甲、乙两项工程量价款为 11.115＋9.9＝21.015（万元）

应签证的工程款为 21.015×1.2×（1－5%）－20.72×50%＝13.597（万元），本期实际签发的付款凭证金额为 21.015＋13.597＝34.612（万元）。

【例 6.6】 某工程，发包人与承包人按照《建设工程施工合同（示范文本）》签订了施工合同，合同工期 9 个月，合同价 840 万元，各项工作均按最早时间安排且匀速施工，经项目监理机构批准的施工进度计划如图 6.6 所示，承包人的报价单（部分）见表 6.5。施工合同中约定：预付款按合同价的 20%支付，工程款付至合同价的 50%时开始扣回预付款，3 个月内平均扣回；质量保证金为合同价的 5%，从第 1 个月开始，按月应付款的 10%扣留，扣足为止。

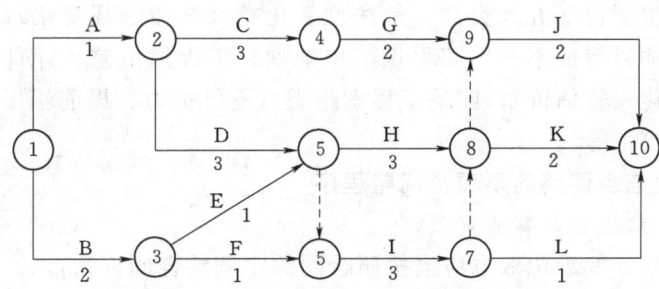

图 6.6 施工进度计划（时间单位：月）

表 6.5 承包人报价单（部分）

工作	A	B	C	D	E	F
合价/万元	40	54	33	84	300	21

问题 1. 开工后前 3 个月承包人每月应获得的工程款为多少？

问题 2. 工程预付款为多少？预付款从何时开始扣回？开工后前 3 个月总监理工程师每月应签证的工程款为多少？

【解】 （1）开工后前 3 个月承包人每月应获得的工程款为：

第 1 个月：40＋54×1/2＝67（万元）

第 2 个月：54×1/2＋33×1/3＋84×1/3＝66（万元）

第 3 个月：33×1/3＋84×1/3＋300＋21＝360（万元）

（2）1）预付款为：840×20%＝168（万元）

2）前 3 个月承包人累计应获得的工程款：

67＋66＋360＝493（万元）

493＞840×50%＝420（万元），因此，预付款应从第 3 个月开始扣回。

从第三个月开始每月扣除 420÷3＝140（万元）。

3) 开工后前 3 个月总监理工程师签证的工程款为：

第 1 个月：$67-67\times10\%=61.3$（万元）

第 2 个月：$66-66\times10\%=59.4$（万元）

前 2 个月扣留保留金 $(67+66)\times10\%=13.3$（万元）

应扣保证金总额为 $840\times5\%=42$（万元）

$42-13.3=28.7$（万元）

由于 $360\times10\%=36$（万元）>28.7（万元），第 3 个月应签证的工程款为：$360-28.7-168/3=275.3$（万元）。

任务 6.4 合同价款调整

工程项目建设周期长，在整个建设周期内会受到多种因素的影响，《建设工程工程量清单计价规范》（GB 50500—2013）参照国内外多部合同范本，结合工程建设合同的实践经验和建筑市场的交易习惯，对所有涉及合同价款调整、变动的因素或其范围进行了归并，主要包括五大类：一是法规变化类（法律法规变化）；二是工程变更类（工程变更、项目特征不符、工程量清单缺项、工程量偏差、计日工）；三是物价变化类（物价变化、暂估价）；四是工程索赔类（不可抗力、提前竣工、索赔等）；五是其他类（现场签证等）。

6.4.1 合同价款应当调整的事项及调整程序

6.4.1.1 合同价款应当调整的事项

以下事项发生，发承包双方应当按照合同约定调整合同价款：

(1) 法律法规变化。

(2) 工程变更。

(3) 项目特征不符。

(4) 工程量清单缺项。

(5) 工程量偏差。

(6) 计日工。

(7) 物价变化。

(8) 暂估价。

(9) 不可抗力。

(10) 提前竣工（赶工补偿）。

(11) 误期赔偿。

(12) 索赔。

(13) 现场签证。

(14) 暂列金额。

(15) 发承包双方约定的其他调整事项。

6.4.1.2 合同价款调整的程序

合同价款调整应按照以下程序进行：

(1) 出现合同价款调增事项（不含工程量偏差、计日工、现场签证、施工索赔）后的 14 天内，承包人应向发包人提交合同价款调增报告并附上相关资料；承包人 14 天内未提交合同价款调增报告的，应视为承包人对该事项不存在调整价款请求。

(2) 出现合同价款调减事项（不含工程量偏差、施工索赔）后的 14 天内，发包人应向承包人提交合同价款调减报告并附相关资料；发包人在 14 天内未提交合同价款调减报告的，应视为发包人对该事项不存在调整价款请求。

(3) 发（承）包人应在收到承（发）包人合同价款调增（减）报告及相关资料之日起 14 天内对其核实，予以确认的应书面通知承（发）包人。当有疑问时，应向承（发）包人提出协商意见。发（承）包人在收到合同价款调增（减）报告之日起 14 天内未确认也未提出协商意见的，视为承（发）包人提交的合同价款调增（减）报告已被发（承）包人认可，发（承）包人提出协商意见的，承（发）包人应在收到协商意见后的 14 天内对其核实，予以确认的应书面通知发（承）包人，承（发）包人在收到发（承）包人的协商意见后 14 天内既不确认也未提出不同意见的，视为发（承）包人提出的意见已被承（发）包人认可。

如果发包人与承包人对合同价款调整的不同意见不能达成一致，只要对承发包双方履约不产生实质影响，双方应继续履行合同义务，直到其按照合同约定的争议解决方式得到处理。关于合同价款调整后的支付原则，《建设工程工程量清单计价规范》（GB 50500—2013）做了如下规定：经发承包双方确认调整的合同价款，作为追加（减）合同价款，与工程进度款或结算款同期支付。

6.4.2 法律法规变化

施工合同履行过程中经常出现法律法规变化引起的合同价格调整问题。

招标工程以投标截止日前 28 天、非招标工程以合同签订前 28 天为基准日，其后因国家的法律、法规、规章和政策发生变化引起工程造价增减变化的，发承包双方应当按照省级或行业建设主管部门或其授权的工程造价管理机构据此发布的规定调整合同价款。

但因承包人原因导致工期延误的，按上述规定的调整时间，在合同工程原定竣工时间之后，合同价款调增的不予调整，合同价款调减的予以调整。

此外，如果承发包双方在商议有关合同价格和工期调整时无法达成一致的。2013 版施工合同条件在处理该问题时，借鉴了 FIDIC 合同与《标准施工招标文件》（2007 年）的做法，即双方可以在合同中约定由总监理工程师承担商定与确定的组织和实施责任。

6.4.3 项目特征不符

《建设工程工程量清单计价规范》（GB 50500—2013）中规定：

(1) 发包人在招标工程量清单中对项目特征的描述，应被认为是准确和全面的，并且与实际施工要求相符合。承包人应按照发包人提供的招标工程量清单，根据其项目特征描述的内容及有关要求实施合同工程，直到项目被改变为止。

(2) 承包人应按照发包人提供的设计图纸实施工程合同，若在合同履行期间出现设计图纸（含设计变更）与招标工程量清单任一项目的特征描述不符，且该变化引起该项目的工程造价增减变化的,应按照实际施工的项目特征,按规范中工程变更相关条款的规定重新确定相应工程量清单项目的综合单价,并调整合同价款。

其中第一条规定了项目特征描述的要求,项目特征是构成清单项目价值的本质特征,单价的高低与其必然有联系,因此发包人在招标工程量清单中对项目特征的描述应被认为是准确和全面的,并且与实际工程施工要求相符合,否则,承包人无法报价。而当项目特征变化后,发承包双方应按实际施工的项目特征重新确定综合单价。

例如:招标时,某现浇混凝土构件项目特征描述中描述混凝土强度等级为C25,但施工图纸本来就标明(或在施工过程中发包人变更)混凝土强度等级为C30,很显然,这时应该重新确定综合单价,因为C25与C30的混凝土,其价值是不一样的。

6.4.4 工程量清单缺项

施工过程中,工程量清单项目的增减变化必然带来合同价款的增减变化。而导致工程量清单缺项的原因,一是设计变更,二是施工条件改变,三是工程量清单编制错误。

《建设工程工程量清单计价规范》(GB 50500—2013)对这部分的规定如下:

(1) 合同履行期间,由于招标工程量清单中缺项,新增分部分项工程量清单项目的,应按照规范中工程变更相关条款确定单价,并调整合同价款。

(2) 新增分部分项工程量清单项目后,引起措施项目发生变化的,应按照规范中工程变更相关规定,在承包人提交的实施方案被发包人批准后调整合同价款。

(3) 由于招标工程量清单中措施项目缺项,承包人应将新增措施项目实施方案提交发包人批准后,按照规范相关规定调整合同价款。

6.4.5 工程量偏差

施工过程中,由于施工条件、地质水文、工程变更等变化以及招标工程量清单编制人专业水平的差异,往往在合同履行期间,应予计量的工程量与招标工程量清单出现偏差,工程量偏差过大,对综合成本的分摊带来影响,如突然增加过多,仍然按原综合单价计价,对发包人不公平;而突然减少过多,仍然按原综合单价计价,对承包人不公平,并且,有经验的承包人可能乘机进行不平衡报价。因此,为维护合同的公平,应当对工程量偏差带来的合同价款调整做出规定。

《建设工程工程量清单计价规范》(GB 50500—2013)对这部分的规定如下:

(1) 合同履行期间,当予以计算的实际工程量与招标工程量清单出现偏差,且符合下述两条规定的,发承包双方应调整合同价款。

(2) 对于任一招标工程量清单项目,如果因工程量偏差和工程变更等原因导致工程量偏差超过15%时,可进行调整。当工程量增加15%以上时,增加部分的工程量的综合单价应予调低;当工程量减少15%以上时,减少后剩余部分的工程量的综合单价应予调高。

(3) 如果工程量出现超过15%的变化,且该变化引起相关措施项目相应发生变化时,按系数或单一总价方式计价的,工程量增加的措施项目费调增,工程量减少的措施项目费调减。

上述规定中,工程量偏差超过15%时的调整方法,可参照以下公式:

任务6.4 合同价款调整

1) 当 $Q_1 > 1.15Q_0$ 时：
$$S = 1.15Q_0 \times P_0 + (Q_1 - 1.15Q_0) \times P_1 \tag{6.4}$$

2) 当 $Q_1 < 0.85Q_0$ 时：
$$S = Q_1 \times P_1 \tag{6.5}$$

式中 S——调整后的某一分部分项工程费结算价；

Q_1——最终完成的工程量；

Q_0——招标工程量清单列出的工程量；

P_1——按照最终完成工程量重新调整后的综合单价；

P_0——承包人在工程量清单中填报的综合单价。

采用上述两式的关键是确定新的综合单价，即 P_1。确定的方法，一是承发包双方协商确定，二是与招标控制价相联系，当工程量偏差项目出现承包人在工程量清单中填报的综合单价与发包人招标控制价相应清单项目的综合单价偏差超过 15% 时，工程量偏差项目综合单价的调整可参考以下公式。

3) 当 $P_0 < P_2 \times (1-L) \times (1-15\%)$ 时，该类项目的综合单价：
$$P_1 \text{ 按照 } P_2 \times (1-L) \times (1-15\%) \text{ 调整} \tag{6.6}$$

4) 当 $P_0 > P_2 \times (1+15\%)$ 时，该类项目的综合单价：
$$P_1 \text{ 按照 } P_2 \times (1+15\%) \text{ 调整} \tag{6.7}$$

5) 当 $P_0 > P_2 \times (1-L) \times (1-15\%)$ 或 $P_0 < P_2 \times (1+15\%)$ 时，可不予调整。

式中 P_0——承包人在工程量清单中填报的综合单价；

P_2——发包人在招标控制价相应项目的综合单价；

L——计价规范中定义的承包人报价浮动率。

【例6.7】（1）某工程项目招标控制价的综合单价为350元，投标报价的综合单价为287元，该工程投标报价下浮率为6%，综合单价是否调整？

（2）某工程项目招标控制价的综合单价为350元，投标报价的综合单价为406元，工程变更后的综合单价如何调整？

（3）某工程项目招标工程量清单数量为1520m³，施工中由于设计变更调整为1824m³，增加20%，该项目招标控制综合单价为350元，投标报价为406元，应如何调整？

（4）某工程项目招标工程量清单数量为1520m³，施工中由于设计变更调整为1216m³，减少20%，该项招标控制综合单价为350元，投标报价为287元，应如何调整？

【解】（1）$287 \div 350 = 82\%$，偏差为18%。

按式（6.6）：$350 \times (1-6\%) \times (1-15\%) = 279.65$（元）。

由于287元大于279.65元，所以该项目变更后的综合单价可不予调整。

（2）$406 \div 350 = 1.16$，偏差为16%。

按式（6.7）：$350 \times (1+15\%) = 402.50$（元）。

由于406元大于402.50元，该项目变更后的综合单价应调整为402.50元。

（3）1）根据（2），综合单价 P_1 应调整为402.50元。

2）按公式（6.4），$S=1.15\times1520\times406+(1824-1.15\times1520)\times402.50$
$=709608+76\times402.50=740198$（元）。

(4) 1) 根据（1），综合单价 P_1 可不调整。

2）按公式（6.5），$S=1216\times287=348992$（元）。

6.4.6 计日工

计日工是指在施工过程中，承包人完成发包人提出的工程合同范围以外的零星工程或工作，按合同中约定的单价计价的一种方式，发包人通知承包人以计日工方式实施的零星工作，承包人应予执行。

采用计日工计价的任何一项变更工作，在该项变更的实施过程中，承包人应按合同约定提交下列报表和有关凭证送发包人复核：

(1) 工作名称、内容和数量。

(2) 投入该工作所有人员的姓名、工种、级别和耗用工时。

(3) 投入该工作的材料名称、类别和数量。

(4) 投入该工作的施工设备型号、台数和耗用台时。

(5) 发包人要求提交的其他资料和凭证。

此外，《建设工程工程量清单计价规范》（GB 50500—2013）对计日工生效计价的原则做了以下规定：任一计日工项目持续进行时，承包人应在该项工作实施结束后的 24h 内向发包人提交有计日工记录汇总的现场签证报告一式三份。发包人在收到承包人提交现场签证报告后的 2 天内予以确认并将其中一份返还给承包人，作为计日工计价和支付的依据。发包人逾期未确认也未提出修改意见的，应视为承包人提交的现场签证报告已被发包人认可。

每个支付期末，承包人应按照规范中进度款的相关条款规定向发包人提交本期间所有计日工记录的签证汇总表，以说明本期间自己认为有权得到的计日工金额，调整合同价款，列入进度款支付。

6.4.7 物价变化

施工合同履行时间往往较长，合同履行过程中经常出现人工、材料、工程设备和机械台班等市场价格起伏引起价格波动的现象，该种变化一般会造成承包人施工成本的增加或减少，进而影响到合同价格调整，最终影响到合同当事人的权益。

因此，为解决由于市场价格波动引起合同履行的风险问题，《建设工程施工合同（示范文本）》（GF—2013—0201）中引入了适度风险适度调价的制度，亦称之为合理调价制度，其法律基础是合同风险的公平合理分担原则。

合同履行期间，因人工、材料、工程设备、机械台班价格波动影响合同价款时应根据合同约定的方法（如价格指数调整法或造价信息差额调整法）计算调整合同价款。承包人采购材料和工程设备的，应在合同中约定主要材料、工程设备价格变化的范围或幅度，如没有约定，则材料、工程设备单价变化超过 5% 时，超过部分的价格应按照价格指数调整法或造价信息差额调整法计算调整材料、工程设备费。

发生合同工程工期延误的，应按照下列规定确定合同履行期应予调整的价格：

(1) 因非承包人原因导致工期延误的，计划进度日期后续工程的价格，应采用计

划进度日期与实际进度日期两者的较高者;

(2) 因承包人原因导致工期延误的,则计划进度日期后续工程的价格,采用计划进度日期与实际进度日期两者的较低者。

发包人供应材料和工程设备的,不适用上述规定,应由发包人按照实际变化调整,列入合同工程的工程造价内。

如前所述,物价变化合同价款调整方法有价格指数调整法和造价信息差额调整法,对此,《建设工程工程量清单计价规范》(GB 50500—2013)中有以下规定。

6.4.7.1 采用价格指数进行价格调整

1. 价格调整公式

因人工、材料和工程设备等价格波动影响合同价格时,根据投标函附录中的价格指数和权重表约定的数据,按以下公式计算差额并调整合同价款:

6.19 交互——价格指数调整价格差额

$$\Delta P = P_0 \left[A + \left(B_1 \frac{F_{t1}}{F_{01}} + B_2 \frac{F_{t2}}{F_{02}} + B_3 \frac{F_{t3}}{F_{03}} + \cdots + B_n \frac{F_{tn}}{F_{0n}} \right) - 1 \right] \quad (6.8)$$

式中 ΔP——需调整的价格差额;

      P_0——约定的付款证书中承包人应得到的已完成工程量的金额,此项金额应不包括价格调整、不计质量保证金的扣留和支付,预付款的支付和扣回,约定的变更及其他金额已按现行价格计价的,也不计在内;

      A——定值权重(即不调部分的权重);

$B_1, B_2, B_3, \cdots, B_n$——各可调因子的变值权重(即可调部分的权重),为各可调因子在签约合同价中所占的比例;

$F_{t1}, F_{t2}, F_{t3}, \cdots, F_{tn}$——各可调因子的现行价格指数,指约定的付款证书相关周期最后一天的前 42 天的各可调因子的价格指数;

$F_{01}, F_{02}, F_{03}, \cdots, F_{0n}$——各可调因子的基本价格指数,指基准日期的各可调因子的价格指数,以上价格调整公式中的各可调因子、定值和变值权重,以及基本价格指数及其来源在投标函附录价格指数和权重表中约定,价格指数应首先采用工程造价管理机构提供的价格指数,缺乏上述价格指数时,可采用工程造价管理机构提供的价格代替。

2. 暂时确定调整差额

在计算调整差额时得不到现行价格指数的,可暂用上一次价格指数计算,并在以后的付款中再按实际价格指数进行调整。

3. 权重的调整

约定的变更导致原定合同中的权重不合理时,由承包人和发包人协商后进行调整。

4. 因承包人原因工期延误后的价格调整

由于承包人原因未在约定的工期内竣工的,则对原约定竣工日期后继续施工的工程,在使用价格调整公式时,应采用原约定竣工日期与实际竣工日期的两个价格指数中较低的一个作为现行价格指数。

6.4.7.2 采用造价信息进行价格调整

合同履行期间,因人工、材料、工程设备和机械台班价格波动影响合同价格时,人工、机械使用费按照国家或省、自治区、直辖市建设行政管理部门、行业建设管理部门或其授权的工程造价管理机构发布的人工、机械使用费系数进行调整;需要进行价格调整的材料,其单价和采购数量应由发包人审批,发包人确认需调整的材料单价及数量,作为调整合同价格的依据。

(1) 人工单价发生变化时,发承包双方应按省级或行业建设主管部门或其授权的工程造价管理机构发布的人工成本文件调整合同价款。

【例6.8】 ××工程在施工期间,省工程造价管理机构发布了人工费调整10%的文件,适用时间为××年×月×日,该工程本期完成合同价款1676893.50元,其中人工费274540.52元,与定额人工费持平,本期人工费应否调整,调增多少?

【解】 因为人工费与定额人工费持平,则低于发布价格,应予调增:
$$274540.52 \times 10\% = 27454.05 （元）$$

(2) 材料、工程设备价格变化的价款调整按照发包人提供的主要材料和工程设备一览表,发承包双方约定的风险范围按以下规定进行。

1) 当承包人投标报价中材料单价低于基准单价:施工期间材料单价涨幅以基准单价为基础超过合同约定的风险幅度值时,或材料单价跌幅以投标报价为基础超过合同约定的风险幅度值时,其超过部分按实调整。

2) 当承包人投标报价中材料单价高于基准单价:施工期间材料单价跌幅以基准单价为基础超过合同约定的风险幅度值时,材料单价涨幅以投标报价为基础超过合同约定的风险幅度值时,其超过部分按实调整。

3) 当承包人投标报价中材料单价等于基准单价:施工期间材料单价涨、跌幅以基准单价为基础超过合同约定的风险幅度值时,其超过部分按实调整。

4) 承包人应在采购材料前将采购数量和新的材料单价报发包人核对,确认用于本合同工程时,发包人应确认采购材料的数量和单价。发包人在收到承包人报送的确认资料后3个工作日不予答复的视为已经认可,作为调整合同价款的依据。如果承包人未报经发包人核对即自行采购材料,再报发包人确认调整合同价款的,如发包人不同意,则不做调整。

前述基准价格是指由发包人在招标文件或专用合同条款中给定的材料、工程设备的价格,该价格原则上应当按照省级或行业建设主管部门或其授权的工程造价管理机构发布的信息价编制。

(3) 施工机械台班单价或施工机械使用费发生变化超过省级或行业建设主管部门或其授权的工程造价管理机构规定的范围时,按其规定调整合同价款。

【例6.9】 ××工程约定采用价格指数法调整合同价款,具体约定见表6.6数据,本期完成合同价款为1584629.37元,其中:已按现行价格计算的计日工价款为5600元,发承包双方确认应增加的索赔金额2135.87元,计算应调整的合同价款差额。

表 6.6 承包人提供材料和工程设备一览表
（适用于价格指数调整方法）

工程名称：××　标段：

序号	名称、规格、型号	变值权重 B	基本价格指数 F_0	现行价格指数 F_t	备注
1	人工费	0.18	110%	121%	
2	钢材	0.11	4000 元/t	4320 元/t	
3	预拌混凝土 C30	0.16	340 元/m³	357 元/m³	
4	页岩砖	0.05	300 元/千匹	318 元/千匹	
5	机械费	0.08	100%	100%	
	定值权重 A	0.42	—	—	
	合计	1	—	—	

【解】（1）本期完成合同价款应扣除已按现行价格计算的计日工价款和确认的索赔金额：

$$1584629.37-5600-2135.87=1576893.50(元)$$

（2）用式（6.8）计算：

$$\Delta P = 1576893.50\left[0.42+\left(0.18\times\frac{121}{110}+0.11\times\frac{4320}{4000}+0.16\times\frac{357}{340}+0.05\times\frac{318}{300}+0.08\times\frac{100}{100}\right)-1\right]$$
$$=1576893.50[0.42+(0.18\times1.1+0.11\times1.08+0.16\times1.05+0.05\times1.06+0.08\times1)-1]$$
$$=1576893.50[0.42+(0.198+0.1188+0.168+0.053+0.08)-1]$$
$$=1576893.50\times0.0378$$
$$=59606.57(元)$$

本期应增加合同价款 59606.57 元。

【例 6.10】 某工程采用预拌混凝土由承包人提供，所需品种见表 6.7，在施工期间，在采购预拌混凝土时，其单价分别为 C20：327 元/m³，C25：335 元/m³，C30：345 元/m³，合同约定的材料单价如何调整？

表 6.7 承包人提供材料和工程设备一览表

工程名称：××中学教学楼工程　　　　标段：

序号	名称、规格、型号	单位	数量	风险系数 /%	基准单价 /元	投标单价 /元	发包人确认单价/元	备注
1	预拌混凝土 C20	m³	25	≤5	310	308	309.50	
2	预拌混凝土 C25	m³	560	≤5	323	325	325	
3	预拌混凝土 C30	m³	3120	≤5	340	340	340	

【解】 适用于造价信息差额调整方法

（1）C20：$327\div310-1=5.45\%$

投标单价低于基准价，按基准价算，已超过约定的风险系数，应予调整。

$$308+310\times0.45\%=308+1.395=309.40(元)$$

(2) C25：$335 \div 325 - 1 = 3.08\%$

投标单价高于基准价，按报价算，未超过约定的风险系数，不予调整。

(3) C30：$345 \div 340 - 1 = 1.39\%$

投标单价等于基准价，按基准价算，未超过约定的风险系数，不予调整。

【例 6.11】 某工程合同总价为 1800 万元。其组成为：土方工程费 270 万元，占 15%；砌体工程费 630 万元，占 35%；钢筋混凝土工程费 900 万元，占 50%。这三个组成部分的人工费和材料费占工程价款 85%，人工材料费中各项费用比例如下：

(1) 土方工程：人工费 50%，机具折旧费 26%，柴油 24%。

(2) 砌体工程：人工费 53%，钢材 5%，水泥 20%，骨料 5%，空心砖 12%，柴油 5%。

(3) 钢筋混凝土工程：人工费 53%，钢材 22%，水泥 10%，骨料 7%，木材 4%，柴油 4%。

假定该合同的基准日期为 2018 年 4 月 2 日，2018 年 10 月完成的工程价款占合同总价的 10%，有关月报的工资、材料物价指数如表 6.8 所示。（注：10 月份应采用 9 月份的物价指数）。

表 6.8　　　　　　　　　　工资、材料物价指数表

费用名称	代号	2018 年 4 月指数	代号	2018 年 9 月指数
人工费	F_{01}	100.0	F_{t1}	121.4
钢材	F_{02}	151.8	F_{t2}	192.6
水泥	F_{03}	154.8	F_{t3}	175.0
骨料	F_{04}	124.6	F_{t4}	156.3
柴油	F_{05}	160.7	F_{t5}	198.2
机具折旧	F_{06}	154.4	F_{t6}	162.5
空心砖	F_{07}	160.1	F_{t7}	162.0
木材	F_{08}	126.8	F_{t8}	147.5

问题：2018 年 10 月需调整的价格差额是多少？

【解】 (1) 该工程需调值的部分费用占工程价款的 85%，因此，不调值的费用占工程价款的 15%（1-85%=15%）。

(2) 计算出各项参加调值的费用占工程价款比例如下：

人工费：$(50\% \times 15\% + 53\% \times 35\% + 53\% \times 50\%) \times 85\% \approx 45\%$；

钢材：$(5\% \times 35\% + 22\% \times 50\%) \times 85\% \approx 11\%$；

水泥：$(20\% \times 35\% + 10\% \times 50\%) \times 85\% \approx 10\%$；

骨料：$(5\% \times 35\% + 7\% \times 50\%) \times 85\% \approx 4\%$；

柴油：$(24\% \times 15\% + 5\% \times 35\% + 4\% \times 50\%) \times 85\% \approx 6\%$；

机具折旧：$26\% \times 15\% \times 85\% \approx 3\%$；

空心砖：$12\% \times 35\% \times 85\% \approx 4\%$；

木材：$4\% \times 50\% \times 85\% \approx 2\%$。

根据公式（6.8），把各参数代入动态调值公式得

$$\Delta P = P_0 \left[A + \left(B_1 \times \frac{F_{t1}}{F_{01}} + B_2 \times \frac{F_{t2}}{F_{02}} + B_3 \times \frac{F_{t3}}{F_{03}} + \cdots + B_n \times \frac{F_{tn}}{F_{0n}} \right) - 1 \right]$$

$$= 1000 \times \left[\begin{array}{l} 0.15 + \left(0.45 \times \frac{121.4}{100.0} + 0.11 \times \frac{192.6}{151.8} + 0.10 \times \frac{175.0}{154.8} + 0.04 \times \frac{156.3}{124.6} + \\ 0.06 \times \frac{198.2}{160.7} + 0.03 \times \frac{162.5}{154.4} + 0.04 \times \frac{162.0}{160.1} + 0.02 \times \frac{147.5}{126.8} \right) - 1 \end{array} \right]$$

$$= 168.4 (万元)$$

即 2018 年 10 月所得工程款比原价款多 168.4 万元。

6.4.8 暂估价

暂估价是指招标人在工程量清单中提供的用于支付必然发生但暂时不能确定价格的材料、工程设备的单价以及专业工程的金额。

发包人在招标工程量清单中给定暂估价的材料、工程设备属于依法必须招标的，由发承包双方以招标的方式选择供应商，确定价格，并以此为依据取代暂估价，调整合同价款。实践中，恰当的做法是仍由总承包中标人作为招标人，采购合同应由总承包人签订。

发包人在招标工程量清单中给定估价的材料、工程设备不属于依法必须招标的，由承包人按照合同约定采购，经发包人确认后以此为依据取代暂估价，调整合同价款。

发包人在工程量清单中给定暂估价的专业工程不属于依法必须招标的。应按照工程变更价款的确定方法确定专业工程价款。并以此为依据取代专业工程暂估价，调整合同价款。

发包人在招标工程量清单中给定暂估价的专业工程依法必须招标的，应当由发承包双方依法组织招标选择专业分包人，并接受有管辖权的建设工程招标投标管理机构的监督。还应符合下列要求：

（1）要合同另有约定外，承包人不参加投标的专业工程发包招标，应由承包人作为招标人，但拟定的合同文件、评标工作、评标结果应报送发包人批准。与组织招标工作有关的费用应当被认为已经包括在承包人的签约合同价（投标总报价）中。

（2）承包人参加投标的专业工程发包招标，应由发包人作为招标人。与组织招标工作有关的费用由发包人承担，同等条件下，应优先选择承包人中标。

（3）应以专业工程发包中标价为依据取代专业工程暂估价，调整合同价款总承包招标时，专业工程设计深度往往不够，一般需要交由专业设计人员设计。出于提高可建造性考虑，国际上一般由专业承包人员负责设计，以纳入其专业技能和专业施工经验。这类专业工程交由专业分包人完成是国际工程的良好实践，目前在我国工程建设领域也已经比较普遍。公开透明地合理确定这类暂估价的实际开支金额的最佳途径就是通过总承包人与建设项目招标人共同组织的招标。

例如：某工程招标，将现浇混凝土构件钢筋作为暂估价，为 4000 元/t，工程实施后，根据市场价格变动，将各规格现浇钢筋加权平均认定为 4295 元/t，此时，应在综

合单价中以 4295 元取代 4000 元，暂估材料或工程设备的单价确定后，在综合单价中只应取代原暂估单价，不应再在综合单价中涉及企业管理费或利润等其他费的变动。

6.4.9 不可抗力

根据《中华人民共和国合同法》第一百一十七条第二款规定："本法所称不可抗力是指不能预见、不可避免并不能克服的客观情况。"

因不可抗力事件导致的人员伤亡、财产损失及其费用增加，发承包双方应按以下原则分别承担并调整合同价款和工期：

（1）合同工程本身的损害、因工程损害导致第三方人员伤亡和财产损失以及运至施工场地用于施工的材料和待安装的设备的损害，由发包人承担；

（2）发包人、承包人人员伤亡由其所在单位负责，并承担相应费用；

（3）承包人的施工机械设备损坏及停工损失，应由承包人承担；

（4）停工期间，承包人应发包人要求留在施工场地的必要的管理人员及保卫人员的费用应由发包人承担；

（5）工程所需清理、修复费用，应由发包人承担，不可抗力解除后复工的，若不能按期竣工，应合理延长工期，发包人要求赶工的，赶工费用应由发包人承担。

【例 6.12】 某工程在施工过程中，因不可抗力造成损失。承包人及时向项目监理机构提出了索赔申请，并附有相关证明材料，要求补偿的经济损失如下：

（1）在建工程损失 26 万元。

（2）承包人受伤人员医药费、补偿金 4.5 万元。

（3）施工机具损坏损失 12 万元。

（4）施工机具闲置、施工人员窝工损失 5.6 万元。

（5）工程清理、修复费用 3.5 万元。

问题：逐项分析事件中的经济损失是否补偿给承包人，分别说明理由。项目监理机构应批准的补偿金额为多少？

【解】（1）在建工程损失 26 万元的经济损失应补偿给承包人。理由：不可抗力造成工程本身的损失，由发包人承担；

（2）承包人受伤人员医药费、补偿费 4.5 万元的经济损失不应补偿给承包人。理由：不可抗力造成承、发包双方的人员伤亡，分别各自承担；

（3）施工机具损坏损失 12 万元的经济损失不应补偿给承包人。理由：不可抗力造成施工机械设备损坏，由承包人承担；

（4）施工机具闲置、施工人员窝工损失 5.6 万元的经济损失不应补偿给承包人。理由：不可抗力造成承包人机械设备的停工损失，由承包人承担；

（5）工程清理、修复费用 3.5 万元的经济损失应补偿给承包人。理由：不可抗力造成工程所需清理、修复费用，由发包人承担。

项目监理机构应批准的补偿金额：26+3.5=29.5（万元）。

6.4.10 提前竣工（赶工补偿）

为了保证工程质量，承包人除根据标准规范、施工图纸进行施工外，还应当按照科学合理的施工组织设计，按部就班地进行施工作业。因为有些施工流程必须有一定的时间间隔，例如，现浇混凝土必须有一定时间的养护才能进行下一个工序，刷油漆必须等上道工序所刮腻子干燥后方可进行等。所以，《建设工程质量管理条例》第十条规定："建设工程发包单位不得迫使承包方以低于成本的价格竞标，不得任意压缩合理工期"，据此，《建设工程工程量清单计价规范》（GB 50500—2013）做了以下规定：

（1）工程发包时，招标人应当依据相关工程的工期定额合理计算工期，压缩的工期天数不得超过定额工期的 20%，将其量化。超过者，应在招标文件中明示增加赶工费用。

（2）工程实施过程中，发包人要求合同工程提前竣工的，应征得承包人同意后与承包人商定采取加快工程进度的措施，并应修订合同工程进度计划。发包人应承担承包人由此增加的提前竣工（赶工补偿）费用。

（3）发承包双方应在合同中约定提前竣工每日历天应补偿额度，此项费用应作为增加合同价款列入竣工结算文件中，应与结算款一并支付。

赶工费用主要包括：

1）人工费的增加，例如新增加投入人工的报酬，不经济使用人工的补贴等；

2）材料费的增加，例如可能造成不经济使用材料而损耗过大，材料提前交货可能增加的费用、材料运输费的增加等；

3）机械费的增加，例如可能增加机械设备投入，不经济地使用机械等。

6.4.11 暂列金额

暂列金额是指招标人在工程量清单中暂定并包括在合同价款中的一笔款项。用于工程合同签订时尚未确定或者不可预见的所需材料、工程设备、服务的采购，施工中可能发生的工程变更、合同约定调整因素出现时的合同价款调整以及发生的索赔、现场签证确认等的费用。

已签约合同价中的暂列金额由发包人掌握使用。发包人按照合同的规定做出支付后，如有剩余，则暂列金额余额归发包人所有。

例如：根据上述定义，暂列金额在实际履行过程中可能发生，也可能不发生。某工程招标工程量清单中给出的暂列金额及拟用项目见表 6.9，投标人只需要直接将招标工程量清单中所列的暂列金额纳入投标总价，并且不需要在所列的暂列金额以外再考虑任何其他费用。

表 6.9　　　　　　　　　　暂 列 金 额 明 细 表

工程名称：××中学教学楼工程　　　　标段：

序号	项 目 名 称	计量单位	暂定金额/元	备注
1	自行车车棚工程	项	100000	正在设计图纸
2	工程量偏差和设计变更	项	100000	
3	政策性调整和材料价格波动	项	100000	
4	其他	项	50000	
5				
6				
	合　　　计		350000	

注　此表由招标人填写，如不能详列，也可只列暂列金额总额，投标人应将上述暂列金额计入投标总价中。

任务 6.5 工程变更价款的确定

在工程项目的实施过程中，由于多方面的情况变更，经常出现工程量变化、施工进度变化，以及发包方与承包方在执行合同中的争执等许多问题。这些问题的产生，一方面是由于勘察设计工作不细，以致在施工过程中发现许多招标文件中没有考虑或估算不准确工程量，因而不得不改变施工项目或增减工程量；另一方面，是由于发生不可预见的事件，如自然或社会原因引起的停工或工期拖延等。由于工程变更所引起的工程量的变化、承包人的索赔等，都有可能使项目投资超出原来的预算投资，监理工程师必须严格予以控制，密切注意其对未完工程投资支出的影响及对工期的影响。

6.5.1 工程变更处理程序

承包人提出工程变更的情形有：一是图纸出现错、漏、碰、缺等缺陷无法施工；二是图纸不便施工，变更后更经济、方便；三是采用新材料、新产品、新工艺、新技术的需要；四是承包人考虑自身利益，为费用索赔提出工程变更。项目监理机构可按下列程序处理承包人提出的工程变更。

（1）总监理工程师组织专业监理工程师审查承包人提出的工程变更申请，提出审查意见。对涉及工程设计文件修改的工程变更，应由发包人转交原设计单位修改工程设计文件。必要时，项目监理机构应建议发包人组织设计、施工等单位召开论证工程设计文件修改方案的专题会议。

（2）总监理工程师组织专业监理工程师对工程变更费用及工期影响做出评估。

（3）总监理工程师组织发包人、承包人等共同协商确定工程变更费用及工期变化，会签工程变更单。

（4）项目监理机构根据批准的工程变更文件促使承包人实施工程变更。

除承包人提出的工程变更外，发包人可能由于局部调整使用功能、也可能是方案阶段考虑不周而提出工程变更。项目监理机构应对发包人要求的工程变更可能造成的设计修改、工程暂停、返工损失、增加工程造价等进行全面评估，为发包人正确决策提供依据，避免反复和不必要的浪费。

此外，《建设工程工程量清单计价规范》（GB 50500—2013）还规定了因非承包人原因删减合同工作的补偿要求：如果发包人提出的工程变更，因非承包人原因删减了合同中的某项原定工作或工程，致使承包人发生的费用或（和）得到的收益不能被包括在其他已支付或应支付的项目中，也未被包含在任何替代的工作或工程中，则承包人有权提出并得到合理的费用及利润补偿。

【例 6.13】 隆翔商务大厦项目的发包人是隆翔置业有限公司，工程设计单位为滨海时代建筑设计研究院，工程监理单位为汉华建设工程监理有限公司。承包人，即海鸿建筑安装有限公司，在施工过程中因某材料不能及时供货，因此提出工程变更，请发包人和设计单位确认，工程变更单见表 6.10。根据施工合同的相关约定，该项材料代换不涉及费用及工期变更。

任务6.5 工程变更价款的确定

表6.10 工程变更单

工程名称：隆翔商务大厦　　　　　　　　　　　　　　　　编号：BG-010

致：隆祥置业有限公司、滨海时代建筑设计研究院、汉华建设工程监理有限公司隆祥商务大厦监理项目部
　　由于HRB36Φ12钢筋不能及时供货原因，兹提出工程19、20层楼板钢筋改用HRB400Φ12钢筋代替，钢筋间距作相应调整工程变更，请予以审批。
　　附件：
　　☑变更内容
　　☑变更设计图
　　☑相关会议纪要
　　□其他

负责人：
××年×月×日

工程数量增或减	无
费用增或减	无
工期变化	无

同　意	同　意
施工项目经理部（盖章） 项目经理（签字）_____	设计单位（盖章） 设计负责人（签字）_____
同　意	同　意
项目监理机构（盖章） 总监理工程师（签字）_____	发包人（盖章） 负责人（签字）_____

注 1.本表一式四份，发包人、项目监理机构、设计单位、承包人各一份。
　　2.本表应由提出方填写，写明工程变更原因、工程变更内容，并附必要的附件，包括：工程变更的依据、详细内容、图纸；对工程造价、工期的影响程度分析，及对功能、安全影响的分析。
　　3.对涉及工程设计文件修改的工程变更，应由发包人转交原设计单位修改工程设计文件。

6.5.2 工程变更价款的方法

6.5.2.1 已标价工程量清单项目或其工程数量发生变化的调整办法

《建设工程工程量清单计价规范》（GB 50500—2013）规定，工程变更引起已标价工程清单项目或其工程数量发生变化，应按照下列规定调整：

（1）已标价工程量清单中有适用于变更工程项目的，采用该项目的单价；但当工程变更导致该清单项目的工程数量发生变化，且工程量偏差超过15％。此时，调整的原则为：当工程量增加15％以上时，其增加部分的工程量的综合单价应予调低；当工程量减少15％以上时，减少后剩余部分的工程量的综合单价应予调高。

（2）已标价工程量清单中没有适用，但有类似于变更工程项目的，可在合理范围内参照类似项目的单价。

(3) 已标价工程量清单中没有适用也没有类似于变更工程项目的,由承包人根据变更工程资料、计量规则、计价办法、工程造价管理机构发布的信息价格和承包人报价浮动率提出变更工程项目的单价,报发包人确认后调整。承包人报价浮动率可按下列公式计算。

1) 招标工程

$$承包人报价浮动率 L = (1 - 中标价/招标控制价) \times 100\% \quad (6.9)$$

2) 非招标工程

$$承包人报价浮动率 L = (1 - 报价值/施工图预算) \times 100\% \quad (6.10)$$

(4) 已标价工程量清单中没有适用也没有类似于变更工程项目,且工程造价管理机构发布的信息价格缺价的,由承包人根据变更工程资料、计量规则、计价办法和通过市场调查等取得有合法依据的市场价格提出变更工程项目的单价,报发包人确认后调整。

6.5.2.2 措施项目费的调整

工程变更引起施工方案改变并使措施项目发生变化时,承包人提出调整措施项目费的,应事先将拟实施的方案提交发包人确认,并应详细说明与原方案措施项目相比的变化情况。拟实施的方案经发承包双方确认后执行,并应按照下列规定调整措施项目费:

(1) 安全文明施工费按照实际发生变化的措施项目调整,不得浮动。

(2) 采用单价计算的措施项目费,按照实际发生变化的措施项目及前述已标价工程量清单项目的规定确定单价。

(3) 按总价(或系数)计算的措施项目费,按照实际发生变化的措施项目调整,但应考虑承包人报价浮动因素,即调整金额按照实际调整金额乘以公式(6.9)或公式(6.10)得出的承包人报价浮动率计算。

如果承包人未事先将拟实施的方案提交给发包人确认,则视为工程变更不引起措施项目费的调整或承包人放弃调整措施项目费的权利。

6.5.2.3 工程变更价款调整方法的应用

(1) 直接采用适用的项目单价的前提是其采用的材料、施工工艺和方法相同,也不因此增加关键线路上工程的施工时间。

例如:某工程施工过程中,由于设计变更,新增加轻质材料隔墙 $1200m^2$,已标价工程量清单中有此轻质材料隔墙项目综合单价,且新增部分工程量在 15% 以内,就应直接采用该项目综合单价。

(2) 采用适用的项目单价的前提是其采用的材料、施工工艺和方法基本类似,不增加关键线路上工程的施工时间,可仅就其变更后的差异部分,参考类似的项目单价由承发包双方协商新的项目单价。

例如:某工程现浇混凝土梁为 C25,施工过程中设计调整为 C30,此时,可仅将 C30 混凝土价格替换 C25 混凝土价格,其余不变,组成新的综合单价。

【例 6.14】 某工程项目的施工招标文件中表明该工程采用综合单价计价方式,其中合同约定,实际完成工作量超过估计工作量 15% 以上时允许调整单价。原来合同中有 A 和 B 两项土方工程，工程量均为 16 万 m³，土方工程的合同单价为 16 元/m³，实际工程量与估计工程量相等。施工过程中，总监理工程师以设计变更通知发布新增土方工程 C 的指示，该工作的性质和施工难度与 A、B 工作相同，工程量为 32 万 m³，总监理工程师与承包单位依据合同约定协商后，确定的土方变更单价为 14 元/m³。

问题：确定承包人提出的上述索赔费用，并说明理由。

【解】 承包人的变更费用计算如下：

1) 工程量清单中计划土方 = 16+16 = 32（万 m³）。
2) 新增土方工程量 = 32 万 m³。
3) 按照合同约定，应按原单价计算的新增工程量 = 32×15% ≈ 4.8（万 m³）。
4) 新增土方工程款 = 4.8 万 m³×16 元/m³ +（32-4.8）万 m³×14 元/m³ = 457.60 万元。

(3) 无法找到适用和类似的项目单价时，应采用招投标时的基础资料和工程造价管理机构发布的信息价格，按成本加利润的原则由发承包双方协商新的综合单价。

【例 6.15】 某工程招标控制价为 8413949 元，中标人的投标报价为 7972282 元，承包人报价浮动率为多少？施工过程中，屋面防水采用 PE 高分子防水卷材（1.5mm），清单项目中无类似项目，工程造价管理机构发布有该卷材单价为 18 元/m²，则该项目综合单价为多少？

【解】 1) 用公式 (6.9)，L = (1-7972282/8413949)×100%
$$= (1-0.9475)×100\%$$
$$= 5.25\%$$

2) 查项目所在地该项目定额人工费为 3.78 元，除卷材外的其他材料费为 0.65 元，管理费和利润为 1.13 元。

该项目综合单价 = (3.78+18+0.65+1.13)×(1-5.25%)
$$= 23.56×94.75\%$$
$$= 22.32（元）$$

发承包双方可按 22.32 元协商确定该项目综合单价。

(4) 无法找到适用和类似的项目单价，工程造价管理机构也没有发布此类信息价格，由发承包双方协商确定。

例如：某合同钻孔桩的工程情况是：直径为 1.0m 的共计长 1501m；直径为 1.2m 的共计长 8178m；直径为 1.3m 的共计长 2017m。原合同规定选择直径为 1.0m 的钻孔桩做静载破坏试验。显然，如果选择直径为 1.2m 的钻孔桩做静载破坏试验对工程更有代表性和指导意义。因此，监理工程师决定变更。但在原工程量清单中仅有直径 1.0m 静载破坏试验的价格，没有直接或其他可套用的价格供参考。经过认真分析，监理工程师认为，钻孔桩做静载破坏试验的费用主要由两部分构成，一部分为试验费用，另一部分为桩本身的费用，而试验方法及设备并未因试验桩直径的改变而发生变化。因此，认为试验费用没有增减，费用的增减主要由钻孔桩直径变化而引起的桩本身的费用变化。直径为 1.2m 的普通钻孔桩的单价在工程量清单中就可以找到，且地理位置和施工条件相近。因此，采用直径为 1.2m 的钻孔桩做静载破坏试验的费用为：直径为 1.0m 静载及破坏试验费加直径为 1.2m 的钻孔桩的清单价格。此案例就是直接采用合同中工程量清单的单价和价格。

例如：某合同路堤土方工程完成后，发现原设计在排水方面考虑不周，为此发包方同意在适当位置增设排水管涵。在工程量清单上有 100 多道类似管涵，但承包人决定直接从中选择适合的作为参考依据。理由是变更设计提出时间较晚，其土方已经完成并准备开始路面施工，新增工程不但打乱了其进度计划，而且二次开挖土方难度较大，特别是重新开挖用石灰土处理过的路堤，与开挖天然表土不能等同。监理工程认为承包人的意见可以接受，不宜直接套用清单中的管涵价格。经与承包人协商，决定采用工程量清单上的几何尺寸、地理位置等条件相近的管涵价格作为新增工程的基本单价，但对其中的"土方开挖"一项在原报价基础上按某个系数予以适当提高，提高的费用叠加在基本单价上，构成新增工程价格。此案例就是通过发承包双方协商确定单价和价格。

任务 6.6　施工索赔与现场签证

索赔是工程承包中经常发生的情况，在工程承包合同履行中，由于施工现场条件的变化、国家政策及法律法规的变更、合同的缺陷、设计变更等诸多因素的影响，使得工程承包合同履行中不可避免地出现索赔，进而导致项目的投资发生变化。因此，索赔费用管理是工程建设施工阶段投资控制的一项重要工作。

《建设工程工程量清单计价规范》（GB 50500—2013）在《建设工程工程量清单计价规范》（GB 50500—2008）的基础上，对索赔进行了调整，其中，未对索赔范围做出限制，这与国际工程所指的广义索赔保持一致，即在合同履行过程中，对于非乙方的过错而应由对方承担责任的情况造成的损失，向对方提出补偿的要求，建设工程施工中的索赔是发、承包双方行使正当权利的行为，承包人可向发包人索赔，发包人也可向承包人索赔，索赔是工程承包中经常发生并随处可见的正常现象。由于施工现场条件、气候条件的变化，施工进度的变化，以及合同条款、规范，标准文件和施工图纸的变更，差异、延误等因素的影响，使得工程承包中不可避免地出现索赔，进而导致项目的投资发生变化，因此索赔的控制是建设工程施工阶段投资控制的重要手段。项目监理机构应及时收集、整理有关工程费用的原始资料，包括施工合同、采购合同、工程变更单、监理记录、监理工作联系单等为处理费用索赔提供证据。

现场签证由于施工生产的特殊性，在施工过程中往往会出现一些与合同工程或合同约定不一致或未约定的事项，现场签证就是指发包人现场代表（或其授权的监理人工程造价咨询人）与承包人现场代表就这类事项所作的签认证明。

6.21 承包人索赔的提出程序

6.22 承包人索赔处理程序

6.6.1　索赔的主要类型

6.6.1.1　承包人向发包人的索赔

1. 不利的自然条件与人为障碍引起的索赔

不利的自然条件是指施工中遭遇到的实际自然条件比招标文件中所描述的更为困难

和恶劣,是一个有经验的承包人无法预测的不利的自然条件与人为障碍,导致了承包人必须花费更多的时间和费用,在这种情况下,承包人可以向发包人提出索赔要求。

(1)地质条件变化引起的索赔。一般来说,在招标文件中规定,由发包人提供有关该项工程的勘察所取得的水文及地表以下的资料。但在合同中往往写明承包人在提交投标书之前,已对现场和周围环境及与之有关的可用资料进行了考察和检查,包括地表以下条件及水文和气候条件。承包人应对其对上述资料的解释负责。但合同条件中经常还有另外一条:在工程施工过程中,承包人如果遇到了现场气候条件以外的外界障碍或条件,在他看来这些障碍和条件是一个有经验的承包人也无法预见到的,则承包人应就此向监理工程师提供有关通知,并将一份副本呈交发包人。收到此类通知后,如果监理工程师认为这类障碍或条件是一个有经验的承包人无法合理预见到的,在与发包人和承包人适当协商以后应给予承包人延长工期和费用补偿的权利,但不包括利润。以上两条并存的合同文件,往往是承包人同发包人及监理工程师各执一端争议的缘由所在。

例如:某承包人投标获得一项铺设管道工程,根据标书中介绍的情况算标。工程开工后,当挖掘深7.5m的坑时,遇到了严重的地下渗水,不得不安装抽水系统,并开动了达35日之久,承包人对不可预见的额外成本要求索赔。但监理工程师根据承包人投标时也已承认考察过现场并了解现场情况,包括地表地下条件和水文条件等,认为安装抽水机是承包人自己的事,拒绝补偿任何费用。承包人则认为这是发包人提供的地质资料不实造成的。监理工程师则解释为,地质资料中真实的钻探是在5月中旬进行,这意味着是在春季尾。而承包人的挖掘工程是在雨季中期进行。承包人应预先考虑到会有一较高的水位,这种风险不是不可预见,因此,拒绝索赔。

(2)工程中人为障碍引起的索赔。在施工过程中如果承包人遇到了地下构筑物或文物,如地下电缆、管道和各种装置等,只要是图纸上并未说明的,承包人应立即通知监理工程师,并共同讨论处理方案。如果导致工程费用增加如原计划是机械挖土,现在不得不改为人工挖土,承包人即可提出索赔。这种索赔发生争议较少。由于地下构筑物和文物等确属是有经验的承包人难以合理预见的人为障碍,一般情况下,因遭遇人为障碍而要求索赔的数额并不太大,但闲置机器而引起的费用是索赔的主要部分。如果要减少突然发生的障碍的影响,监理工程师应要求承包人详细编制其工作计划,以便在必须停止一部分工作时,仍有其他工作可做。当未预知的情况所产生的影响是不可避免时,监理工程师应立即与承包人就解决问题的办法和有关费用达成协议,给予工期延长和成本补偿。如果办不到的话,可发出变更命令,并确定合适的费率和价格。

2.工程变更引起的索赔

在工程施工过程中,由于工地上不可预见的情况、环境的改变,或为了节约成本等,在监理工程师认为必要时,可以对工程或其任何部分的外形、质量或数量做出变更。任何此类变更,承包人均不应以任何方式使合同作废或无效。但如果监理工程师确定的工程变更单价或价格不合理,或缺乏说服承包人的依据,则承包人有权就此向发包人进行索赔。

3. 工期延期的费用索赔

工期延期的索赔通常包括两个方面：一是承包人要求延长工期；二是承包人要求偿付由于非承包人原因导致工程延期而造成的损失。一般这两方面的索赔报告要求分别编制。因为工期和费用索赔并不一定同时成立。例如：由于特殊恶劣气候等原因承包人可以要求延长工期，但不能要求赔偿；也有些延误时间并不影响关键路线的施工，承包人可能得不到延长工期的承诺。但是，如果承包人能提出证据说明其延误造成的损失，就有可能有权获得这些损失的赔偿，有时两种索赔可能混在一起，既可以要求延长工期，又可以获得对其损失的赔偿。

（1）工期索赔。承包人提出工期索赔，通常是由于下述原因：

1) 合同文件的内容出错或互相矛盾。
2) 监理工程师在合理的时间内未曾发出承包人要求的图纸和指示。
3) 有关放线的资料不准。
4) 不利的自然条件。
5) 在现场发现化石、钱币、有价值的物品或文物。
6) 额外的样本与试验。
7) 发包人和监理工程师命令暂停工程。
8) 发包人未能按时提供现场。
9) 发包人违约。
10) 业主风险。
11) 不可抗力。

以上这些原因要求延长工期，只要承包人能提出合理的证据，一般可获得监理工程师及发包人的同意，有的还可索赔损失。

（2）延期产生的费用索赔。以上提出的工期索赔中，凡属于客观原因造成的延期，属于发包人也无法预见到的情况，如特殊反常天气等，承包人可得到延长工期，但得不到费用补偿。凡纯属发包人方面的原因造成拖期，不仅应给承包人延长工期，还应给予费用补偿。

4. 加速施工费用的索赔

一项工程可能遇到各种意外的情况或由于工程变更而必须延长工期。但由于发包人的原因（例如：该工程已经出售给买主，需按议定时间移交给买主）坚持不给延期，迫使承包人加班赶工来完成工程，从而导致工程成本增加，如何确定加速施工所发生的附加费用，合同双方可能差距很大。因为影响附加费用款额的因素很多，如：投入的资源量、提前的完工天数、加班津贴、施工新单价等。解决这一问题建议采用"奖金"的办法，鼓励承包人克服困难，加速施工。即规定当某一部分工程或分部工程每提前完工一天，发给承包人奖金若干。这种支付方式的优点是：不仅促使承包人早日建成工程，早日投入运行而且计价方式简单，避免了许多因为加速施工、延长工期、调整单价等引起的容易扯皮的烦琐计算和讨论。

【例6.16】 指定加速施工引起的索赔

美国某工程公司承包建设一栋大型办公楼。按原定施工计划，从基坑挖出的松土要倒运到需要填高的停车场地方。但在开工初期连降大雨，土壤过湿，无法采用这种施工方法。承包人多次发出书面通知，要求发包人给予延长工期，以便土壤稍干后再按原定计划实行以挖补填的施工方法。

但发包人不同意给予工期延长，坚持认为：在承包人提交来自"认可部门"（如美国气象局）的证明文件证明该气候是非常恶劣之前，发包人不批准拖期。

为了按期完成工程，承包人不得不采取在恶劣天气继续施工，从大楼基坑运走开挖出的湿土，再从别处运来干土填筑停车场。这样形成了计划外的成本支出，承包人因而向发包人提出索赔，要求补偿额外的成本支出。

在承包人第一次提出延长工期要求后的16个月，发包人同意因大雨和湿土而延长工期，但拒绝向承包人补偿额外的成本开支，原因是在合同文件中并没有要求以挖补填的施工方法是唯一可行的。

承包人认为，自己按发包人的要求进行了加速施工，受了额外开支亏损，但发包人不同意给予补偿，故提交仲裁。

仲裁机构考察以下五个方面的实际情况：

（1）承包人遇到了可原谅的延误。承包人在恶劣天气条件下进行施工；发包人最终亦批准了工期延长，即承认了气候条件特别恶劣这一事实。

（2）承包人已经及时地提出了延长工期的要求，发包人已满足了这一要求。

（3）发包人未能在合理时间内批准工期延长。既然现场的每个人都知道土质过湿，不能用于回填，就没必要要求来自"认可部门"的正式文件。

（4）发包人的行为表明他要求承包人按期建成工程。通过未及时批准延长工期等其他行为，发包人有力地表达了希望按期完工的愿望，这实质上已经有效地指令承包人加速施工，按期建成工程，形成了可推定的加速施工指令。

（5）承包人已经证明，他实际上已加速施工，并发生了额外成本，以挖补填法是本工程最合理的施工方法，它要比运出湿土、运进干土填筑的方法便宜得多。根据以上分析，仲裁员同意承包人的申辩，要求发包人向承包人补偿相应的额外成本开支。

5. 发包人不正当地终止工程而引起的索赔

由于发包人不正当地终止工程，承包人有权要求补偿损失，其数额是承包人在被终止工程中的人工、材料、机械设备的全部支出，以及各项管理费用、保险费、贷款利息、保函费用的支出（减去已结算的工程款），并有权要求赔偿其盈利损失。

【例6.17】 发包人自便终止合同引起的索赔

某项水利工程，计划进行河道拓宽，并修建两座小型水坝。通过竞争性招标，发包人于2018年11月与选中的承包公司签订了施工合同，合同金额约为40000万美元，工期为2年。

该河流上游有一个大湖泊，属于自然保护区，大量的动植物在这块潮湿地区繁育生长。河道拓宽后，从湖泊向下游的泄水量将大增，势必导致湖水位下降，对生态环境造成不良影响。因此，国际绿色和平组织不断向该国政府和有关人员施加压力，要求终止此项工程，取消已签订的施工合同。

发包人国家政府最终接受了国际绿色和平组织的请愿，于2009年2月解除此项水利工程施工合同。承包人对此提出了索赔,要求发包人补偿已经发生的所有费用,以及完成全部工程所应得的利润。

由于此项工程的终止出自发包人的方便,而不是承包人的过失,是属于"发包人自便终止合同"的情况。因此,发包人应对承包人的损失予以合理补偿。经过谈判,发包人付给了承包人10000万美元的补偿。

6. 法律、货币及汇率变化引起的索赔

(1) 法律改变引起的索赔。如果在基准日期(招标工程以投标截止日期前的28天、非招标工程以合同签订前28天)以后,由于发包人国家或地方的任何法规、法令、政令或其他法律或规章发生了变更,导致了承包人成本增加。对承包人由此增加的开支,发包人应予补偿。

(2) 货币及汇率变化引起的索赔。如果在基准日期以后,工程施工所在国政府或其授权机构对支付合同价格的一种或几种货币实行货币限制或货币汇兑限制,则发包人应补偿承包人因此而受到的损失。

如果合同规定将全部或部分款额以一种或几种外币支付给承包人,则这项支付不应受上述指定的一种或几种外币与工程施工所在国货币之间的汇率变化的影响。

7. 拖延支付工程款的索赔

如果发包人在规定的应付款时间内未能按工程师的任何证书向承包人支付应支付的款额,承包人可在提前通知发包人的情况下,暂停工作或减缓工作速度,并有权获得任何误期的补偿和其他额外费用的补偿(如利息)。

8. 业主的风险

(1) FIDIC合同条件对业主风险的定义。业主的风险是指:

1) 战争、敌对行动(不论宣战与否)、入侵、外敌行动。

2) 工程所在国内的叛乱、恐怖主义、革命、暴动、军事政变或篡夺政权,或内战。

3) 承包人人员及承包人和分包商的其他雇员以外的人员在工程所在国内的暴乱、骚动或混乱。

4) 工程所在国内的战争军火、爆炸物资、电离辐射或放射性引起的污染,但可能由承包人使用此类军火、炸药、辐射或放射性引起的除外。

5) 由音速或超音速飞行的飞机或飞行装置所产生的压力波。

6) 除合同规定以外业主使用或占有的永久工程的任何部分。

7) 由业主人员或业主对其负责的其他人员所做的工程任何部分的设计。

8) 不可预见的或不能合理预期一个有经验的承包人已采取适宜预防措施的任何自然力的作用。

(2) 业主风险的后果。如果上述业主风险列举的任何风险达到对工程、货物或承包人文件造成损失或损害的程度,承包人应立即通知工程师,并应按照工程师的要求,修正此类损失或损害。

如果因修正此类损失或损害使承包人遭受延误和(或)招致增加费用,承包人应进一步通知工程师,并根据"承包人的索赔"的规定,有权要求:

1)根据"竣工时间的延长"的规定,如果竣工已经或将受到延误,对任何此类延误给予延长期。

2)任何此类成本应计入合同价格,给予支付。如有"业主的风险"的⑥和⑦项的情况,还应包括合理的利润。

9. 不可抗力

(1) FIDIC合同条件对不可抗力的定义。

不可抗力系指某种异常事件或情况:①一方无法控制的;②该方在签订合同前,不能对之进行合理准备的;③发生后,该方不能合理避免或克服的;④不能主要归因于他方的。

只要满足上述①和②项的条件,不可抗力可以包括但不限于下列各种异常事件或情况:

1)战争、敌对行动(不论宣战与否)、入侵、外敌行为。

2)叛乱、恐怖主义、革命、暴动、军事政变或篡夺政权,或内战。

3)承包人人员和承包人及其他雇员以外的人员的骚动、喧闹、混乱、罢工或停工。

4)战争军火、爆炸物资、电离辐射或放射性污染,但可能因承包人使用此类军火、炸药、辐射或放射性引起的除外。

5)自然灾害,如地震、飓风、台风或火山活动。

(2)不可抗力的后果。如果承包人因不可抗力,妨碍其履行合同规定的任何义务,使其遭受延误和(或)招致增加费用,承包人有权根据"承包人的索赔"的规定要求:

1)根据"竣工时间的延长"的规定,如果竣工已经或将受到延误,对任何此类延误,给予延长期。

2)如果是"不可抗力的定义"中第①~④条所述的事件或情况,并且第②~④条所述事件或情况发生在工程所在国时,对任何此类费用给予支付。

6.6.1.2 发包人向承包人的索赔

由于承包人不履行或不完全履行约定的义务,或者由于承包人的行为使发包人受到损失时,发包人可向承包人提出索赔。

6.23
发包人向承包人的索赔

1. 工期延误索赔

在工程项目的施工过程中,由于多方面的原因,往往使竣工日期拖后,影响到发包人对该工程的利用,给发包人带来经济损失,按国际惯例,发包人有权对承包人进行索赔,即由承包人支付误期损害赔偿费。承包人支付误期损害赔偿费的前提是:这一工期延误的责任属于承包人方面。施工合同中的误期损害赔偿费,通常是由发包人在招标文件中确定的。发包人在确定误期损害赔偿费的标准时,一般要考虑以下因素:

(1)发包人盈利损失。

(2)由于工程拖期而引起的贷款利息增加。

(3)工程拖期带来的附加监理费。

(4) 由于工程拖期不能使用，继续租用原建筑物或租用其他建筑物的租赁费。

至于误期损害赔偿费的计算方法，在每个合同文件中均有具体规定。一般按每延误一天赔偿一定的款额计算，累计赔偿额一般不超过合同总额的 5%～10%。

【例 6.18】 某招标工程，合同总价确定为 9000 万元，合同约定：拖延工期每天赔偿金为合同总价的 1.0‰，最高拖延工期索赔限额为合同总价的 8%；若能提前竣工，每提前一天的奖金按合同总价的 1.2‰ 计算。该项目的合同工期应为 15 个月，但因承包人原因，承包人完成该项目的施工用了 16 个月，误期损害赔偿费为多少？若误期 120 天，则误期损害赔偿费应为多少？

【解】 由于实际工期为 16 个月，故承包人应承担 1 个月，即 30 天的拖延工期违约赔偿责任。

误期损害赔偿费＝9000 万元×0.001×30＝270 万元

最高补偿限额＝9000 万元×10%＝900 万元

拖期 1 个月的误期损害赔偿费少于最高补偿限额，故误期损害赔偿费为 270 万元。

若误期 120 天：

误期损害赔偿费＝9000 万元×0.001×120＝1080 万元大于最高补偿限额 900 万元，则误期损害赔偿费为 900 万元。

2. 质量不满足合同要求索赔

当承包人的施工质量不符合合同的要求，或使用的设备和材料不符合合同规定，或在缺陷责任期未满以前未完成应该负责修补的工程时，发包人有权向承包人追究责任，要求补偿所受的经济损失。如果承包人在规定的期限内未完成缺陷修补工作，发包人有权雇佣他人来完成工作，发生的成本和利润由承包人负担。如果承包人自费修复，则发包人可索赔重新检验费。

3. 承包人不履行的保险费用索赔

如果承包人未能按照合同条款指定的项目投保，并保证保险有效，发包人可以投保并保证保险有效，发包人所支付的必要的保险费可在应付给承包人的款项中扣回。

4. 对超额利润的索赔

如果工程量增加很多，使承包人预期的收入增大（因工程量增加承包人并不增加任何固定成本），合同价应由双方讨论调整，收回部分超额利润。

由于法规的变化导致承包人在工程实施中降低了成本产生了超额利润，应重新调整合同价格，收回部分超额利润。

5. 发包人合理终止合同或承包人不正当地放弃工程的索赔

如果发包人合理地终止承包人的承包，或者承包人不合理放弃工程，则发包人有权从承包人手中收回由新的承包人完成工程所需的工程款与原合同未付部分的差额。

6.6.2 索赔费用的计算

6.6.2.1 索赔费用的组成

1. 分部分项工程量清单费用

工程量清单漏项或非承包人原因的工程变更，造成增加新的工程量清单项目，其

6.24
承包人向发包人索赔——可以索赔的费用

对应的综合单价的确定参见工程变更价款的确定原则。

（1）人工费。人工费的索赔包括：

1）完成合同之外的额外工作所花费的人工费用。

2）由于非承包人责任的工效降低所增加的人工费用。

3）超过法定工作时间加班增加的费用。

4）法定人工费增长以及非承包人责任工程延误导致的人员窝工费和工资上涨费等。

（2）材料费。材料费的索赔包括：

1）由于索赔事项材料实际用量超过计划用量而增加的材料费。

2）由于客观原因材料价格大幅度上涨。

3）由于非承包人责任工程延误导致的材料价格上涨和超期储存费用。

材料费中应包括运输费、仓储费以及合理的损耗费用。如果由于承包人管理不善，造成材料损坏失效，则不能列入索赔计价。

（3）施工机具使用费。施工机具使用费的索赔包括：

1）由于完成额外工作增加的机械、仪器仪表使用费。

2）非承包人责任工效降低增加的机械、仪器仪表使用费。

3）由于发包人或监理工程师原因导致机械、仪器仪表停工的窝工费。窝工费的计算，如系租赁设备，一般按实际租金和调进调出费的分摊计算；如系承包人自有设备，一般按台班折旧费计算，而不能按台班费计算，因台班费中包括了设备使用费。

（4）管理费。此项又可分为现场管理费和总部管理费两部分。索赔款中的现场管理费是指承包人完成额外工程、索赔事项工作以及工期延长期间的现场管理费，包括管理人员工资、办公、通信、交通费等。索赔款中的总部管理费主要指的是工程延期期间所增加的管理费。包括总部职工工资、办公大楼、办公用品、财务管理、通信设施以及企业领导人员赴工地检查指导工作等开支。这项索赔款的计算，目前没有统一的方法。在国际工程施工索赔中总部管理费的计算有以下几种：

1）按照投标书中总部管理费的比例（3%~8%）计算：

$$总部管理费=合同中总部管理费比率(\%)\times(人、料、机费用索赔款额+现场管理费索赔款额等) \tag{6.11}$$

2）按照公司总部统一规定的管理费比率计算：

$$总部管理费=公司管理费比率(\%)\times(人、料、机费用索赔款额+现场管理费索赔款额等) \tag{6.12}$$

3）以工程延期的总天数为基础，计算总部管理费的索赔额，计算步骤如下：

$$对某一工程提取的管理费=同期内公司的总管理费\times该工程的合同额/同期内公司的总合同额$$

$$该工程的每日管理费=该工程向总部上缴的管理费/合同实施天数$$

$$索赔的总部管理费=该工程的每日管理费\times工程延期的天数$$

（5）利润。一般来说，由于工程范围的变更文件有缺陷或技术性错误、发包人未能提供现场等引起的索赔，承包人可以列入利润。但对于工程暂停的索赔，由于利润通常是包括在每项实施工程内容的价格之内的，而延长工期并未影响削减某些项目的实施，也未导致利润减少。所以，一般监理工程师很难同意在工程暂停的费用索赔中加进利润损失。索赔利润的款额计算通常是与原报价单中的利润百分率保持一致。

（6）迟延付款利息。发包人未按约定时间进行付款的，应按银行同期贷款利率支付迟延付款的利息。

在不同的索赔事件中可以索赔的费用是不同的，根据国家发改委、财政部、住房和城乡建设部等九部委第56号令发布的《标准施工招标文件》中通用条款的内容，可以合理补偿承包人的条款如表6.11所示。

表6.11 《标准施工招标文件》中合同条款规定的可以合理补偿承包人索赔的条款

序号	条款号	主 要 内 容	可补偿内容		
			工期	费用	利润
1	1.10.1	施工过程中发现文物、古迹以及其他遗迹、化石、钱币或物品	√	√	
2	4.11.2	承包人遇到不利物质条件	√	√	
3	5.2.4	发包人要求向承包人提前交付材料和工程设备		√	
4	5.2.6	发包人提供的材料和工程设备不符合合同要求	√	√	√
5	8.3	发包人提供资料错误导致承包人的返工或造成工程损失	√	√	√
6	11.3	发包人的原因造成工期延误	√	√	√
7	11.4	异常恶劣的气候条件	√		
8	11.6	发包人要求承包人提前竣工		√	
9	12.2	发包人原因引起的暂停施工	√	√	√
10	12.4.2	发包人原因引起造成暂停施工后无法按时复工	√	√	
11	13.1.3	发包人原因造成工程质量达不到合同约定验收标准的	√	√	√
12	13.5.3	监理人对隐蔽工程重新检查，经检验证明工程质量符合合同要求的	√	√	
13	16.2	法律变化引起的价格调整		√	
14	18.4.2	发包人在全部工程竣工前，使用已接受的单位工程导致承包人费用增加的	√	√	√
15	18.6.2	发包人的原因导致试运行失败的		√	√
16	19.2	发包人原因导致的工程缺陷和损失		√	√
17	21.3.1	不可抗力	√		

2. 措施项目费用

因分部分项工程量清单漏项或非承包人原因的工程变更，引起措施项目发生变化，造成施工组织设计或施工方案变更，造成措施费中途发生变化时，已有的措施项目，按原有措施费的组价方法调整；原措施费中没有的措施项目，由承包人根据措施项目变更情况，提出适当的措施费变更，经发包人确认后调整。

3. 其他项目费

其他项目费中所涉及的人工费、材料费等按合同的约定计算。

4. 规费与税金

除工程内容的变更或增加，承包人可以列入相应增加的规费与税金。其他情况一般不能索赔。

索赔规费与税金的款额计算通常是与原报价单中的百分率保持一致。

6.6.2.2 索赔费用的计算方法

1. 实际费用法

实际费用法是施工索赔时最常用的一种方法。该方法是按照各索赔事件所引起损失的费用项目分别分析计算索赔值，然后将各个项目的索赔值汇总，即可得到总索赔费用值。这种方法以承包人为某项索赔工作所支付的实际开支为根据，但仅限于由于索赔事件引起的超过原计划的费用，故也称额外成本法。在这种计算方法中，需要注意的是不要遗漏费用项目。

6.25
不允许索赔的费用

2. 总费用法

总费用法即总成本法，就是当发生多次索赔事件以后，重新计算该工程的实际总费用，实际总费用减去投标报价时的估算总费用，即为索赔金额，即

$$索赔金额 = 实际总费用 - 投标报价估算总费用 \tag{6.13}$$

但这种方法对发包人不利，因为实际发生的总费用中可能有承包人的施工组织不合理因素；承包人在投标报价时为竞争中标而压低报价，中标后通过索赔可以得到补偿。所以这种方法只有在难以采用实际费用法时采用。

6.26
索赔费用的计算——总费用法

3. 修正的总费用法

修正的总费用法是对总费用法的改进，即在总费用计算的基础上，去掉一些不合理的因素，使其更合理。

修正的内容如下：

（1）将计算索赔款的时段局限于受到外界影响的时间，而不是整个施工期。

（2）只计算受影响时段内的某项工作所受影响的损失，而不是计算该时段内所有施工工作所受的损失。

（3）与该项工作无关的费用不列入总费用中。

（4）对投标报价费用重新进行核算：按受影响时段内该项工作的实际单价进行核算，乘以实际完成的该项工作的工程量，得出调整后的报价费用。

按修正后的总费用计算索赔金额的公式如下：

$$索赔金额 = 某项工作调整后的实际总费用 - 该项工作调整后的报价费用 \tag{6.14}$$

修正的总费用法与总费用法相比，有了实质性的改进，它的准确程度已接近于实际费用法。

《建设工程施工合同（示范文本）》（GF—2013—0201）通用条款第19条规定："发承包双方都应在知道或应当知道索赔事件发生后28天内，向监理人递交索赔意向通知书，如当事人未在28天内对索赔事项提出书面的索赔通知，视为该项索赔的权利已经丧失。"

【例6.19】 索赔意向通知书（表6.12）

隆翔商务大厦项目的发包人是隆翔置业有限公司，汉华建设工程监理有限公司为工程监理单位，并组建了项目监理机构，承包人为海鸿建筑安装有限公司。在施工过程中因甲供进口大理石石材未按时到货，造成承包人窝工损失和工期延误，承包人在合同约定的时间向发包人及项目监理机构提出了索赔意向书。本表应发送给拟进行相关索赔的对象，并同时抄送给项目监理机构。

索赔意向通知书填写时应注意：
(1) 事件发生的时间和情况的简单描述。
(2) 合同依据的条款和理由。
(3) 有关后续资料的提供，包括及时记录和提供事件发展的动态。
(4) 对工程成本和工期产生的不利影响及其严重程度的初步评估。
(5) 声明/告知拟进行相关索赔的意向。

表 6.12　　　　　　　　　　　索 赔 意 向 通 知 书

工程名称：隆翔商务大厦	编号：SPTZ-002

致：隆翔置业有限公司
汉华建设工程监理有限公司隆翔商务大厦监理项目部
　　根据《建设工程施工合同》专用合同条款第 16.1.2 第（4）、（5）（条款）的约定，由于发生了甲供材料未及时进场，致使工程工期延误，且造成我公司现场施工人员窝工事件，且该事件的发生非我方原因所致。为此，我方向隆翔置业有限公司（单位）提出索赔要求。
附：索赔事件资料

提出单位（盖章）
承包人（签字）
××年×月×日

【例 6.20】 费用索赔报审表（表 6.13）

上述示例索赔意向通知书中提到的索赔事件，工程结算时承包人应向发包人提出费用索赔。费用索赔报审表的证明材料应包括：索赔意向通知书、索赔事项的相关证明材料。承包人应在费用索赔事件结束后的规定事件内，填报费用索赔报审表，向项目监理机构提出费用索赔。表中应详细说明索赔事件的经过、索赔理由、索赔金额的计算，并附上证明材料。收到承包人报送的费用索赔报审表后，总监理工程师应组织专业监理工程师按标准规范及合同文件有关章节要求进行审核与评估，并与发包人、承包人协商一致后进行签认，报发包人审批，不同意部分应说明理由。

表 6.13　　　　　　　　　　　费 用 索 赔 报 审 表

工程名称：隆祥商务大厦	编号：SPTZ-002

致：汉华建设工程监理有限公司隆祥商务大厦监理项目部（项目监理机构）
　　根据《建设工程施工合同》专用合同条款第 16.1.2 第（4）、（5）（条款），由于甲供材料未及时进场，致使工程工期延误，且造成我公司现场施工人员停工，我方申请索赔金额（大写）叁万伍仟元人民币，请予以批准。
　　索赔理由：因甲供进口大理石石材未按时到货，造成我公司现场人员窝工，及其他后续工序无法进行。
　　附：□索赔金额的计算
　　　　□证明材料

施工项目经理部（盖章）
项目经理（签字）
××年×月×日

续表

审核意见：
□不同意此项索赔
☑同意此项索赔，索赔金额为（大写）人民币壹万肆仟元整。
同意/不同意索赔的理由：由于停工 10 天中有 3 天为承包人应承担的责任，另外 2 条虽为开发商应承担责任，但不影响机械使用且人员可安排别的工种工作，此 2 天只需赔付人工降效费，只有 5 天须赔付机械租赁费及人工窝工费。
5×(1000+15×100)+2×15×50=4000 元
注：根据协议机械租赁费每天按 1000 元，人员窝工费每天按 100 元，人工降效费每天按 50 元计算。
附件：☑索赔审查报告
项目监理机构（盖章）
总监理工程师（签字）　加盖执业印章
××年×月×日
审批意见：
同意监理意见
发包人代表（签字）
××年×月×日

注　1. 本表一式三份，项目承包人、发包人、监理人各一份。
　　2. 该表为承包人报请监理机构审核工程费用索赔事项的用表。

【例 6.21】　某工程，发包人和承包人按照《建设工程施工合同（示范文本）》签订了合同，经总监理工程师批准的施工总进度计划如图 6.7 所示，各项工作均按最早开始时间安排且匀速施工。

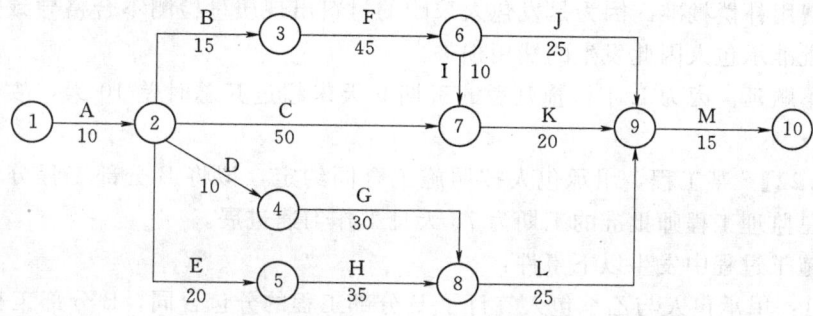

图 6.7　施工总进度计划（时间单位：天）

工程施工过程中发生如下事件：

事件 1：合同约定开工日期前 10 天，承包人向项目监理机构递交了书面申请，请求将开工日期推迟 5 天。理由是已安装的施工起重机械未通过有资质检验机构的安全验收，需要更换主要支撑部件。

事件 2：主体结构施工时，发包人收到用于工程的商品混凝土不合格的举报，立刻指令总包单位暂停施工。经检测鉴定单位对商品混凝土的抽样检验及混凝土实体质量抽芯检测，质量符合要求。为此，施工总包单位向项目监理机构提交了暂停施工后人员窝工及机械闲置的费用索赔申请。

217

事件3：施工总进度计划调整后，工作L按期开工。施工合同约定，工作L需安装的设备由发包人采购，由于设备到货检验不合格，发包人进行了退还。由此导致承包人吊装机械台班费损失8万元，L工作拖延9天。承包人向项目监理机构提出了费用补偿和工程延期申请。

问题1：事件1中，项目监理机构是否应批准工程推迟开工？说明理由。

问题2：事件2中，发包人的做法是否妥当？项目监理机构是否应批准施工总包单位的索赔申请？分别说明理由。

问题3：事件3中，项目监理机构是否应批准费用补偿和工程延期？分别说明理由。

【解】

(1) 总监理工程师应批准事件1中承包人提出的延期开工申请。理由：根据《建设工程施工合同（示范文本）》的规定，如果承包人不能按时开工，应在不迟于协议约定的开工日期前7天以书面形式向监理工程师提出延期开工的理由和要求，本案例是在开工前10天提出的。承包人在合同规定的有效期内提出了申请，承包人不具备施工条件。总监理工程师应批准承包人提出的延期5天开工申请。但由于承包人自身责任，相应工期不予顺延。

(2) 发包人的做法不妥。理由：根据《建设工程监理规范》（GB/T 50319—2013）规定，发包人与承包人之间与建设工程有关的联系活动应通过监理单位进行，故发包人收到举报后，应通过总监理工程师下达《工程暂停施工令》。应批准索赔申请，因质量符合要求，应由发包人承担相关费用。

(3) 费用补偿批准。因为是发包人采购的材料出现质量检测不合格导致的，故监理机构应批准承包人因此发生的费用损失。

工期不顺延。因为L工作拖延后的工期9天未超过其总时差10天，故不应补偿工期。

【例6.22】 某工程，甲承包人按照施工合同约定，拟将B分部工程分包给乙承包人，经总监理工程师批准的工期为75天且工作匀速进展。

工程施工过程中发生以下事件：

事件1：甲承包人与乙承包人签订了B分部工程的分包合同，B分部工程开工45天后，建设单位要求设计单位修改设计，造成乙承包人停工15天，窝工损失合计8万元。修改设计后，B分部工程价款由原来的500万元增加到550万元。甲承包人要求乙承包人在30天内完成剩余工程，乙承包人向甲承包人提出补偿3万元的赶工费，甲单位确认了赶工补偿。

事件2：由于事件1中B分部工程修改设计，乙承包人向项目监理机构提出工程延期的要求。

问题1：事件1中，考虑设计变更和费用补偿，乙承包人完成B分部工程每月（按30天计）应获得的工程价款分别为多少万元？B分部工程的最终合同价款为多少万元？

问题2：事件2中，乙承包人的做法有何不妥？写出正确做法。

【解】（1）B分部工程第1个月应得的工程价款：500/75×30＝200（万元）

B分部工程第2个月应得的工程价款：500/75×15＋8＝108（万元）

B分部工程第3个月应得的工程价款：500/75×30＋(560－500)＋3＝263（万元）

B分部工程的最终工程价款：200＋108＋263＝571（万元）

（2）乙承包人的做法不妥之处：乙承包人向项目监理机构提出工程延期的申请。正确做法：乙承包人向甲承包人提出工程延期申请，甲承包人再向项目监理机构提出工程延期的申请。

6.6.3 现场签证

6.6.3.1 现场签证的情形

签证有多种情形，一般包括：

（1）发包人的口头指令，需要承包人将其提出，由发包人转换成书面签证。

（2）发包人的书面通知如涉及工程实施，需要承包人就完成此通知需要的人工、材料、机械设备等内容向发包人提出，取得发包人的签证确认。

（3）合同工程招标工程量清单中已有，但施工中发现与其不符，比如土方类别等，需承包人及时向发包人提出签证确认，以便调整合同价款。

（4）由于发包人原因，未按合同约定提供场地、材料、设备或停水、停电等造成承包人停工，需承包人及时向发包人提出签证确认，以便计算索赔费用。

（5）合同中约定的材料等价格由于市场发生变化，需承包人向发包人提出采购数量及单价，以取得发包人的签证确认。

6.6.3.2 现场签证的范围

现场签证的范围一般包括：

（1）适用于施工合同范围以外零星工程的确认。

（2）在工程施工过程中发生变更后需要现场确认的工程量。

（3）非承包人原因导致的人工、设备窝工及有关损失。

（4）符合施工合同规定的非承包人原因引起的工程量或费用增减。

（5）确认修改施工方案引起的工程量或费用增减。

（6）工程变更导致的工程施工措施费增减等。

6.6.3.3 现场签证的程序

（1）承包人应发包人要求完成合同以外的零星项目、非承包人责任事件等工作的，发包人应及时以书面形式向承包人发出指令，提供所需的相关资料；承包人在收到指令后，应及时向发包人提出现场签证要求。

（2）承包人应在收到发包人指令后的7天内，向发包人提交现场签证报告，发包人应在收到现场签证报告后的48小时内对报告内容进行核实，予以确认或提出修改意见。发包人在收到承包人现场签证报告后的48小时内未确认也未提出修改意见的，视为承包人提交的现场签证报告已被发包人认可。

（3）现场签证的工作如已有相应的计日工单价，现场签证中应列明完成该类项目所需的人工、材料、工程设备和施工机械台班的数量。

如现场签证的工作没有相应的计日工单价，应在现场签证报告中列明完成该签证工作所需的人工、材料设备和施工机械台班的数量及其单价。

（4）合同工程发生现场签证事项，未经发包人签证确认，承包人便擅自施工的，除非征得发包人书面同意，否则发生的费用由承包人承担。

（5）现场签证工作完成后的7天内，承包人应按照现场签证内容计算价款，报送发包人确认后，作为增加合同价款，与进度款同期支付。

（6）在施工过程中，当发现合同工程内容因场地条件、地质水文、发包人要求等不一致时，承包人应提供所需的相关资料，提交发包人签证认可，作为合同价款调整的依据。

6.6.3.4 现场签证费用的计算

1. 现场签证费用的计价方式

现场签证费用的计价方式包括两种：第一种是完成合同以外的零星工作时，按计日工作单价计算。此时提交现场签证费用申请时，应包括下列证明材料：

（1）工作名称、内容和数量。

（2）投入该工作所有人员的姓名、工种、级别和耗用工时。

（3）投入该工作的材料类别和数量。

（4）投入该工作的施工设备型号、台数和耗用台时。

（5）监理人要求提交的其他资料和凭证。

第二种是完成其他非承包人责任引起的事件，应按合同中的约定计算。

现场签证种类繁多，发承包双方在工程施工过程中来往信函就责任事件的证明均可称为现场签证，但并不是所有的签证均可马上算出价款，有的需要经过索赔程序，这时的签证仅是索赔的依据，有的签证可能根本不涉及价款。表6.14仅是针对现场签证需要价款结算支付的一种，其他内容的签证也可适用。考虑到招标时招标人对计日工项目的预估难免会有遗漏，造成实际施工发生后，无相应的计日工单价，现场签证只能包括单价一并处理，因此，在汇总时，有计日工单价的，可归并于计日工，如无计日工单价的，归并于现场签证，以示区别。当然，现场签证全部汇总于计日工也是一种可行的处理方式。

表6.14 现 场 签 证 表

工程名称：××中心教学楼工程　　　标段：　　　　　　　　编号：002

施工部分	学校指定位置	日期	××年×月×日

致：××中学住宅建设办公室

　　根据×××2013年8月25日的口头指令，我方要求完成此项工作应支付价款金额为（大写）贰仟伍佰元（小写2500.00元），请予核准。

　　　　附：1. 签证事由及原因：为迎接新学期的到来，改变校容、校貌，学校新增5座花池；

　　　　　　2. 附图及计算式（略）。

承包人（章）

承包人代表：×××

日期：××年×月×日

续表

复核意见： 你方提出的此项签证申请经复核： □不同意此项签证，具体意见见附件。 ☑同意此项签证，签证余额的计算，由造价工程师复核。 监理工程师：××× 日期：××年×月×日	复核意见： ☑此项签证按承包人中标的计日工单价计算，金额为（大写）贰仟伍佰元（小写2500.00元） □此项签证因无计日工单价，金额为（大写）_____（小写_____） 造价工程师：××× 日期：××年×月×日
审核意见： □不同意此项签证。 ☑同意此项签证，价款与本期进度款同期支付。	发包人（章）略 发包人代表：××× 日期：××年×月×日

注 1. 在选择栏中的"□"内做标识"√"。
2. 本表一式四份，由承包人在收到发包人（监理人）的口头或书面通知后，需要价款结算支付时填写，发包人、监理人、造价咨询师、承包人各存一份。

2. 现场签证的注意事项

进行现场签证时，要关注以下几个问题。

（1）时效性问题。

例如：某工程对镀锌钢管价格的确认，既没有标明签署时间，也没有施工发生的时间。按照当地造价信息公布的市场指导价，5月份DN5镀锌钢管单价与7月份的单价相差额150元。合同约定竣工结算时此材料按公布的市场指导价执行，施工企业取7月份的镀锌钢管单价增加了价款。如地下障碍物以及建好需拆除的临时工程，承包人等拆除后再签证，靠回忆录签字。

监理工程师应关注变更签证的时效性，避免事隔多日才补办签证，导致现场签证内容与实际不符的情况发生。此外，应加强工程变更的责任及审批手续的管理控制，防止签证随意性、无正当理由拖延和拒签现象。

（2）重复计量问题：某些现场签证没有考虑单元工程中已给的工程量。

例如：承包人在申请计量时报给监理一个《现场签证单》，内容为："堤基范围内清除垃圾，回填砂砾料 6230m^3；回填垃圾 3123m^3；动迁户遗留生活垃圾回填砂砾 2224m^3。"监理工程师按照《现场签证单》上的工程量，在《工程计量报验单》和《已完工程量汇总表》上签字，报给了总监，程序似乎一切正常。但总监在审核时发现：

1)《现场签证单》中注明："堤基范围内清除垃圾，回填砂砾料"，是否存在重复计量？

2)《现场签证单》中写明："回填垃圾"，在堤基范围内可以回填垃圾吗？

3) 垃圾清除后的高程是多少没有标明，而高程直接涉及清基高程线是否包含在里面。依据计量要求，设计清基高程以上部分的填筑工程量已经在堤防填筑单元的工程量中核定，在计算垃圾坑填筑工程量时，应将清基高程以上部分的填筑量予以扣除。

经监理工程师按照设计图纸的高程认真计算后，扣除了重复计量的部分。"回填垃圾"经监理工程师核实,回填的确实是砂砾料。"回填垃圾"属于写法上的失误,遗漏了一个关键字"坑",即"回填垃圾坑"。

经验总结:监理工程师不能仅核实工程量,更应该从全局把握工程量计量是否合理准确。

(3)要掌握标书中对计日工的规定。

例如:某承包人按监理工程师的《计日工通知》在申报河道料场围堰计日工工程量时,按投标书中计日工的人工、材料和施工机械使用费的单价上报了《计日工工程量签证单》,同时申报了人工、材料和施工机械使用费共三项费用,见表6.15。

表 6.15   人工、材料和施工机械使用费

序号	工程项目名称	计日工内容	单位	申报工程量	监理核准工程量
1	修筑料场围堰	工长	工时	20	20
2		司机	工时	48	0
3		柴油	kg	840	0
4		挖掘机	台时	48	48
	合 计			956	68

监理工程师在批复工程量时,只批复了工长的工时和挖掘机台时,没有批复司机的工时和柴油量,为什么?

监理工程师在审核工程量时,查阅了招标文件中对计日工中施工机械使用费单价的规定,其中对于施工机械使用费是这样规定的:"施工机械使用费的单价除包括机械折旧费、修理费、保养费、机上人工费和燃料动力费、牌照税、车船使用税、养路费外,还应包括分摊的其他人工费、材料费、其他费用和税金等一切费用和利润。"按照规定:施工机械使用费中已包含了人工费和燃料动力费。因此人工费和燃料动力费的申报就属于重复计量了。

任务6.7　竣工结算与支付

工程完工后,发承包双方必须在合同约定时间内办理工程竣工结算。工程竣工结算由承包人或受其委托具有相应资质的工程造价咨询人编制,由发包人或受其委托具有相应资质的工程造价咨询人核对。竣工结算办理完毕,发包人应将竣工结算文件报送工程所在地(或有该工程管辖权的行业管理部门)工程造价管理机构备案,竣工结算文件作为工程竣工验收备案、交付使用的必备文件。

其中,项目监理机构应按有关工程结算规定及施工合同约定对竣工结算进行审核,程序如下:专业监理工程师审查承包人提交的工程结算款支付申请,提出审查意见,总监理工程师对专业监理工程师的审查意见进行审核,签认后报发包人审批,同时抄送承包人,并就工程竣工结算事宜与发包人、承包人协商;达成一致意见的,根据发包人审批意见向承包人签发竣工结算款支付证书;不能达成一致意见的,应按施

工合同约定处理。

6.7.1 竣工结算编制

6.7.1.1 工程竣工结算应根据下列依据编制和复核

(1)《建设工程工程量清单计价规范》(GB 50500—2013)。

(2) 工程合同。

(3) 发承包双方实施过程中已确认的工程量及其结算的合同价款。

(4) 发承包双方实施过程中已确认调整后追加（减）的合同价款。

(5) 建设工程设计文件及相关资料。

(6) 投标文件。

(7) 其他依据。

6.7.1.2 工程竣工结算的计价原则

(1) 分部分项工程和措施项目中的单价项目应依据双方确认的工程量与已标价工程量清单的综合单价计算；如发生调整的，应以发承包双方确认调整的综合单价计算。

(2) 措施项目中的总价项目应依据已标价工程量清单的项目和金额计算；发生调整的，应以发承包双方确认调整的金额计算，其中安全文明施工费应按国家或省级、行业建设主管部门的规定计算。

(3) 其他项目应按下列规定计价：

1) 计日工应按发包人实际签证确认的事项计算。

2) 暂估价应按计价规范相关规定计算。

3) 总承包服务费应依据已标价工程量清单的金额计算；发生调整的，应以发承包双方确认调整的金额计算。

4) 索赔费用应依据发承包双方确认的索赔事项和金额计算。

5) 现场签证费用应依据发承包双方签证资料确认的金额计算。

6) 暂列金额应减去工程价款调整（包括索赔、现场签证）金额计算，如有余额归发包人。

(4) 规费和税金按国家或省级、建设主管部门的规定计算。规费中的工程排污费应按工程所在地环境保护部门规定标准缴纳后按实际列出。

(5) 发承包双方在合同工程实施过程中已经确认的工程计量结果和合同价款，在竣工结算办理中应直接进入结算。

6.7.2 竣工结算的程序

合同工程完工后，承包方应在经发承包双方确认的合同工程期中价款结算的基础上汇总编制完成竣工结算文件，并在合同约定的时间内，提交竣工验收申请的同时向发包人提交竣工结算文件。

承包人未在合同约定的时间内提交竣工结算文件，经发包人催告后 14 天内仍未提交或没有明确答复，发包人有权根据已有资料编制竣工结算文件，作为办理竣工结算和支付结算款的依据，承包人应予以认可。

发包人应在收到承包人提交的竣工结算文件后的 28 天内核对。发包人经核实，认为承包人还应进一步补充资料和修改结算文件，应在上述时限内向承包人提出核实

6.27
竣工结算程序

6.28
完工付款程序

意见，承包人在收到核实意见后的 28 天内按照发包人提出的合理要求补充资料，修改竣工结算文件，并应再次提交给发包人复核后批准。

发包人应在收到承包人再次提交的竣工结算文件后的 28 天内予以复核，并将复核结果通知承包人。若发承包双方对复核结果无异议的，应在 7 天内在竣工结算文件上签字确认，竣工结算办理完毕；若发包人或承包人对复核结果认为有误的，无异议部分按照上述规定办理不完全竣工结算；有异议部分由发承包双方协商解决；协商不成的，按照合同约定的争议解决方式处理。

发包人在收到承包人竣工结算文件后的 28 天内，不核对竣工结算或未提出核对意见的，应视为承包人提交的竣工结算文件已被发包人认可，竣工结算办理完毕。

承包人在收到发包人提出的核实意见后的 28 天内，不确认也未提出异议的，应视为发包人提出的核实意见已被承包人认可，竣工结算办理完毕。

发包人委托工程造价咨询人核对竣工结算的，工程造价咨询人应在 28 天内核对完毕，核对结论与承包人竣工结算文件不一致的，应提交给承包人复核；承包人应在 14 天内将同意核对结论或不同意见的说明提交工程造价咨询人。工程造价咨询人收到承包人提出的异议后，应再次复核，复核无异议的应在 7 天内在竣工结算文件上签字确认，竣工结算办理完毕。复核后仍有异议的，无异议部分办理不完全竣工结算，有异议部分由发承包双方协商解决，协商不成的，按照合同约定的争议解决方式处理。承包人逾期未提出书面异议，视为工程造价咨询人核对的竣工结算文件已被承包人认可。

对发包人或发包人委托的工程造价咨询人指派的专业人员与承包人指派的专业人员经核对后无异议并签名确认的竣工结算文件，除非发承包人能提出具体、详细的不同意见，发承包人都应在竣工结算文件上签名确认，如其中一方拒不签认的，按以下规定办理：

（1）若发包人拒不签认的，承包人可不提供竣工验收备案资料，并有权拒绝与发包人或其上级部门委托的工程造价咨询人重新核对竣工结算文件。

（2）若承包人拒不签认的，发包人要求办理竣工验收备案的，承包人不得拒绝提供竣工验收资料，否则，由此造成的损失，承包人承担相应责任。

合同工程竣工结算核对完成，发承包双方签字确认后，禁止发包人又要求承包人与另一个或多个工程造价咨询人重复核对竣工结算。

发包人以对工程质量有异拒绝办理工程竣工结算的，已竣工验收或已竣工未验收但实际投入使用的工程，其质量争议按该工程保修合同执行，竣工结算应按合同约定办理；已竣工未验收且未实际投入使用的工程以及停工、停建工程的质量争议，双方应就有争议的部分委托有资质的检测鉴定机构进行检测，根据检测结果确定解决方案，或按工程质量监督机构的处理决定执行后办理竣工结算，无争议部分的竣工结算按合同约定办理。

6.7.3 竣工结算的审查

竣工结算要有严格的审查，一般从以下几个方面入手。

1. 核对合同条款

首先，应核对竣工工程内容是否符合合同条件要求，工程是否竣工验收合格，只有按合同要求完成全部工程并验收合格才能竣工结算；其次，应按合同规定的结算方法、计价定额、取费标准、主材价格和优惠条款等，对工程竣工结算进行审核，若发现合同开口或有漏洞，应请发包人与承包人认真研究，明确结算要求。

2. 检查隐蔽验收记录

所有隐蔽工程均需进行验收，2人以上签证；实行工程监理的项目应经监理工程师签证确认。审核竣工结算时应核对隐蔽工程施工记录和验收签证，手续完整，工程量与竣工图一致方可列入结算。

3. 落实设计变更签证

设计修改变更应有原设计单位出具设计变更通知单和修改的设计图纸、校审人员签字并加盖公章，经发包人和监理工程师审查同意签证；重大设计变更应经原审批部门审批，否则不应列入结算。

4. 按图核实工程数量

竣工结算的工程量应依据竣工图、设计变更单和现场签证等进行核算，并按国家统一规定的计算规则计算工程量。

5. 执行定额单价

结算单价应按合同约定或招标规定的计价定额与计价原则执行。

6. 防止各种计算误差

工程竣工结算子目多、篇幅大，往往有计算误差，应认真核算，防止因计算误差多计或少算。

6.7.4 竣工结算款支付

6.7.4.1 承包人提交竣工结算款支付申请

承包人应根据办理的竣工结算文件，向发包人提交工程结算款支付申请。申请应包括下列内容：

（1）竣工结算合同价款总额。

（2）累计已实际支付的合同价款。

（3）应预留的质量保证金。

（4）实际应支付的竣工结算款金额。

6.7.4.2 发包人签发竣工结算支付证书与支付结算款

发包人应在收到承包人提交竣工结算款支付申请后7天内予以核实，向承包人签发竣工结算支付证书，并在签发竣工结算支付证书后的14天内，按照竣工结算支付证书列明的金额向承包人支付结算款。

发包人在收到承包人提交的竣工结算款支付申请后7天内不予核实，不向承包人签发竣工结算支付证书的，视为承包人的竣工结算款支付申请已被发包人认可，发包人应在收到承包人提交的竣工结算款支付申请7天后的14天内，按照承包人提交的竣工结算款支付申请列明的金额向承包人支付结算款。

发包人未按照上述规定支付竣工结算款的，承包人可催告发包人支付，并有权获得延迟支付的利息。发包人在竣工结算支付证书签发后或者在收到承包人提交的竣工结算款支付申请7天后的56天内仍未支付的，除法律另有规定外，承包人可与发包人协商将该工程折价,也可直接向人民法院申请将该工程依法拍卖。承包人应就该工程折价或拍卖的价款优先受偿。

6.7.5 质量保证金

发包人应按照合同约定的质量保证金比例从结算款中扣留质量保证金。承包人未按照合同约定履行属于自身责任的工程缺陷修复义务的,发包人有权从质量保证金中扣留用于缺陷修复的各项支出。经查验,工程缺陷属于发包人原因造成的,应由发包人承担查验和缺陷修复的费用。在合同约定的缺陷责任期终止后,发包人应按照合同中最终结清的相关规定,将剩余的质量保证金返还给承包人。当然,剩余质量保证金的返还,并不能免除承包人按照合同约定应承担的质量保修责任和应履行的质量保修义务。

6.7.6 最终结清

缺陷责任期终止后,承包人应按照合同约定向发包人提交最终结清支付申请。发包人对最终结清支付申请有异议的,有权要求承包人进行修正和提供补充资料。承包人修正后,应再次向发包人提交修正后的最终结清支付申请。发包人应在收到最终结清支付申请后的4天内予以核实,并应向承包人签发最终结清支付证书,并在签发最终结清支付证书后的14天内按照最终结清支付证书列明的金额向承包人支付最终结清款。如果发包人未在约定的时间内核实,又未提出具体意见的,视为承包人提交的最终结清支付申请已被发包人认可。

发包人未按期最终结清支付的,承包人可催告发包人支付,并有权获得延迟支付的利息。最终结清时,如果承包人被扣留的质量保证金不足以抵减发包人工程缺陷修复费的,承包人应承担不足部分的补偿责任。承包人对发包人支付的最终结清款有异议的,按照合同约定的争议解决方式处理。

【例 6.23】 某工程项目由 A、B、C、D 四个分项工程组成,采用工程量清单招标确定中标人,合同工期 5 个月。承包费用部分数据见表 6.16。

表 6.16 承包费用部分数据

分项工程名称	计量单位	数量	综合单价
A	m^3	4800	60 元/m^3
B	m^3	800	400 元/m^3
C	t	120	5000 元/t
D	m^2	1600	300 元/m^2
措施项目费	130000		
其中:通用措施项目费用	70000		
专业措施项目费用	60000		
暂列金额	100000		

合同中有关费用支付条款如下:

(1) 开工前发包人向承包人支付合同价(扣除措施费和暂列金额)的 15% 作为材料预付款。预付款从工程开工后的第 2 个月开始分 3 个月均摊抵扣。

（2）工程进度款按月结算，发包人按每次承包人应得工程款的 90% 支付。

（3）通用措施项目工程款在开工前和材料预付款同时支付；专业措施项目在开工后第 1 个月末支付。

（4）分项工程累计实际完成工程量超过（或减少）计划完成工程量的 10% 时，该分项工程超出部分的工程量的综合单价调整系数为 0.95（或 1.05）。

（5）承包人报价管理费率取 10%（以人工费、材料费、机械费之和为基数），利润率取 7%（以人工费、材料费、机械费和管理费之和为基数）。

（6）规费综合费率 7.5%（以分部分项工程费、措施项目费、其他项目费之和为基数），税金率 3.35%。

（7）竣工结算时，发包人按总造价的 5% 扣留质量保证金。

各月计划和实际完成工程量见表 6.17。

表 6.17　　　　　　　　各月计划和完成工程量

工程进度	月份	1	2	3	4	5
A/m³	计划	2400	2400			
	实际	2600	2400			
B/m³	计划		400	400		
	实际		440	480		
C/t	计划			60	60	
	实际			60	72	
D/m²	计划				800	800
	实际				800	800

施工过程中，4 月份发生了如下事件：①发包人确认某项临时工程计日工 80 工日，综合单价 60 元/工日；所需某种材料 120m²，综合单价 100 元/m²；②由于设计变更，经发包人确认的人工费、材料费、机械费共计 30000 元。

问题 1. 工程合同价为多少元？

问题 2. 材料预付款、开工前发包人应拨付的措施项目工程款为多少元？

问题 3. 1—4 月每月发包人应拨付的工程进度款各为多少元？

问题 4. 5 月份办理竣工结算，工程实际总造价和竣工结算款各为多少元？

【解】

（1）工程合同价。

分部分项工程费用：$4800\times60+800\times400+120\times5000+1600\times300=168000$（元）；

措施项目费：130000 元；

暂列金额：100000 元；

工程合同价：$(1575000+13000+10000)\times(1+7.5\%)\times(1+3.35\%)$
　　　　　　$=2130922$（元）。

（2）材料预付款：$1688000\times(1+7.5\%)\times(1+3.35\%)\times15\%$

$=281308(元)$。

开工前发包人应拨付的措施项目工程款：
$$70000×(1+7.5\%)×(1+3.35\%)×90\%=69994(元)$$

（3）1—4月每月发包人应拨付的工程进度款。

1）第1个月承包人完成工程款：
$$(2600×60+60000)×(1+7.5\%)×(1+3.35\%)=239979(元)$$

第1个月发包人应拨付的工程款为：$21102×90\%=215981(元)$。

2）验算第1、2月A分项工程是否超出计划工程量的10%。

第2个月A分项工程累计完成工程量：
$$2600+2400=5000(m^3)$$
$$(5000-4800)÷4800=4.2\%<10\%$$

第1、2月A分项工程没有超出计划工程量的10%，因此A分项工程超出部分的工程量的综合单价不需要调整。

承包人完成工程款：
$$(2400×60+440×400)(1+7.5\%)×(1+3.35\%)=355524(元)$$

第2个月发包人应拨付的工程款为：$355524×90\%-281308÷3=226202(元)$。

3）第3个月B分项工程累计完成工程量：$440+480=920(m^3)$；
$$(920-800)÷800=15.0\%>10\%$$

超过10%部分的工程量：$920-800×(1+10\%)=40(m^3)$；

超过部分的工程量结算综合单价：$400(元/m^3)×0.95=380(元/m^3)$；

B分项工程款：$[40×380+(450-40)×400]×(1+7.5\%)×(1+3.35\%)=212426(元)$；

C分项工程款：$60×5000×(1+7.5\%)×(1+3.35\%)=333304(元)$；

承包人完成工程款：$212426+333304=545730(元)$；

第3个月发包人应拨付的工程款为：$545730×90\%-281308÷3=397387(元)$。

4）第4个月C分项工程累计完成工程量：

$60+72=132(t)$；

$(132-120)÷120=10\%$；

承包人完成分项工程款：$(72×5000+800×300)×(1+7.5\%)×(1+3.35\%)=666608(元)$；

计日工费用：$(60×80+120×100)×(1+7.5\%)×(1+3.35\%)=18665(元)$；

变更款：$30000×(1+10\%)×(1+7\%)×(1+7.5\%)×(1+3.35\%)=39230(元)$；

承包人完成工程款：$666608+18665+39230=724502(元)$；

第4个月发包人应拨付的工程款为：$724502×90\%-281308÷3=558283(元)$。

（4）竣工结算时工程实际总造价和竣工结算款。

1）第5个月承包人完成工程款：
$$300×800×(1+7.5\%)×(1+3.35\%)=266643(元)$$

2) 工程实际造价：
70000×(1+7.5%)×(1+3.35%)+(239979+355524+545729+724502+266643)
=2210148(元)

3) 竣工结算款：
2210148×(1-5%)-(281308+69994+215981+226202+397387+558283)
=350486(元)

任务6.8 投资偏差分析

在确定了投资控制目标之后，为了有效地进行投资控制，监理工程师就必须定期进行投资计划值与实际值的比较，当实际值偏离计划值时分析产生偏差的原因，采取适当的纠偏措施，以使投资超支尽可能小。

6.8.1 赢得值法

投资偏差分析的方法很多，这里着重介绍赢得值（挣值）法。

赢得值法（earned value management，EVM）为一项先进的项目管理技术，最初是美国国防部于1967年首次确立的，国际上先进的咨询公司已普遍采用赢得值法进行工程项目的投资、进度综合分析控制。用赢得值法进行投资、进度综合分析控制基本参数有三项，即已完工作预算投资、计划工作预算投资和已完工作实际投资。

6.31
投资偏差分析表达方法

6.32
赢得值法

6.33
投资偏差分析方法——赢得值法

6.8.1.1 赢得值法的三个基本参数

1. 已完工作预算投资

已完工作预算投资为BCWP（budgeted cost for work performed），是指在某一时间已经完成的工作（或部分工作），以批准认可的预算为标准所需要的资金总额，由于发包人正是根据这个值为承包人完成的工作量支付相应的投资，也就是承包人获得（挣得）的金额，故称赢得值或挣值。

$$已完工作预算投资(BCWP)=已完成工作量×预算单价 \tag{6.15}$$

2. 计划工作预算投资

计划工作预算投资，简称BCWS（Budgeted Cast for Work Scheduled），即根据进度计划，在某一时刻应当完成的工作（或部分工作），以预算标准所需要的资金总额，一般来说，除非合同有变更，BCWS在工程实施过程中应保持不变。

$$计划工作预算投资(BCWS)=计划工作量×预算单价 \tag{6.16}$$

3. 已完工作实际投资

已完工作实际投资，简称ACWP（Actual Cost for Work Performed），即到某一时刻为止，已完成的工作（或部分工作）所实际花费的总金额。

$$已完工作实际投资(ACWP)=已完成工作量×实际单价 \tag{6.17}$$

6.8.1.2 赢得值法的四个评价指标

在三个基本参数的基础上，可以确定赢得值法的四个评价指标，它们都是时间的函数。

1. 投资偏差 CV（Cost Variance）

将 BCWP，即已完成或进行中的工作的预算数与 ACWP，即此工作的实际投资比较。

投资偏差(CV)＝已完工作预算投资(BCWP)－已完工作实际投资(ACWP)

(6.18)

负值 CV 意味着完成工作的投资多于计划，即当投资偏差 CV 为负值时，表示项目运行实际投资超出预算投资，即超支；当投资偏差 CV 为正值时，表示项目运行实际投资没有超出预算投资，即节支。

【例 6.24】 某工程施工至 2018 年 9 月底，经统计分析得：已完工作预算投资为 430 万元，已完工作实际投资为 450 万元，计划工作预算投资为 462 万元。

问题：该工程此时的投资偏差为多少？

【解】

计划工作预算费用 BCWS＝462 万元

已完工作预算费用 BCWP＝430 万元

已完工作实际费用 ACWP＝450 万元

投资偏差 CV＝BCWP－ACWP＝430－450＝－20（万元）

即项目运行超出预算投资 20 万元。

2. 进度偏差 SV（Schedule Variance）

将 BCWP，即已完成或进行中的工作的预算数与 BCWS，即计划应完成的工作的预算数比较。

进度偏差(SV)＝已完工作预算投资(BCWP)－计划工作预算投资(BCWS)

(6.19)

负值意味着与计划对比，完成的工作少于计划的工作。即当进度偏差 SV 为负值时，表示进度延误，实际进度落后于计划进度；当进度偏差 SV 为正值时，表示进度提前，实际进度快于计划进度。

【例 6.25】 某工程施工至 2018 年 9 月底，经统计分析得：已完工作预算投资为 430 万元，已完工作实际投资为 450 万元，计划工作预算投资为 462 万元。

问题：该工程此时的进度偏差为多少？

【解】

计划工作预算费用 BCWS＝462 万元

已完工作预算费用 BCWP＝430 万元

已完工作实际费用 ACWP＝450 万元

进度偏差 SV＝BCWP－BCWS＝430－462＝－32（万元）

即项目进度延误 32 万元。

3. 投资绩效指数（CPI）

投资绩效指数(CPI)＝已完工作预算投资(BCWP)/已完工作实际投资(ACWP)

(6.20)

6.34
计算投资偏差与进度偏差

当投资绩效指数（CPI）＞1时，表示投资节支，即实际投资低于预算投资；

当投资绩效指数（CPI）＜1时，表示投资超支，即实际投资高于预算投资。

【例6.26】 某工程施工至2018年9月底，经统计分析得：已完工作预算投资为430万元，已完工作实际投资为450万元，计划工作预算投资为462万元。

问题：该工程此时的投资绩效指数为多少？

【解】

计划工作预算费用 BCWS＝462万元

已完工作预算费用 BCWP＝430万元

已完工作实际费用 ACWP＝450万元

投资绩效指数 CPI＝BCWP/ACWP＝430/450＝0.96

即每1.00元的花费实际只做了价值为0.96元的工作，即投资超支，实际投资高于预算投资。

4. 进度绩效指数（SPI）

进度绩效指数(SPI)＝已完工作预算投资(BCWP)/计划工作预算投资(BCWS)

(6.21)

当进度绩效指数（SPI）＜1时，表示进度延误，即实际进度比计划进度拖后；

当进度绩效指数（SPI）＞1时，表示进度提前，即实际进度比计划进度快。

【例6.27】 某工程施工至2018年9月底，经统计分析得：已完工作预算投资为430万元，已完工作实际投资为450万元，计划工作预算投资为462万元。

问题：该工程此时的进度绩效指数为多少？

【解】

计划工作预算费用 BCWS＝462万元

已完工作预算费用 BCWP＝430万元

已完工作实际费用 ACWP＝450万元

进度绩效指数 SPI＝BCWP/BCWS＝430/462＝0.93

即每1.00元计划做的工作价值取得了0.93元的已完工作价值，即进度延误，实际进度比计划进度拖后。

投资（进度）偏差反映的是绝对偏差，结果很直观，有助于投资管理人员了解项目投资出现偏差的绝对数额，并依此采取一定措施，制订或调整投资支出计划和资金筹措计划。但是，绝对偏差有其不容忽视的局限性，如同样是10万元的投资偏差，对于总投资1000万元的项目和总投资1亿元的项目而言，其严重性显然是不同的。因此投资（进度）偏差仅适合于对同一项目作偏差分析，投资（进度）绩效指数反映的是相对偏差，它不受项目层次的限制，也不受项目实施时间的限制，因而在同一项目和不同项目比较中均可采用。

在目的投资、进度综合控制中引入赢得值法，可以克服过去进度、投资分开控制的缺点，即当我们发现投资超支时，很难立即知道是由于投资超出预算，还是由于进度提前，相反，当我们发现投资低于预算时，也很难立即知道是由于投资节省，还是由于进度拖延。而赢得值法即可定量地判断进度、投资的执行效果。

6.8.1.3 偏差分析的表达方法

在项目实施过程中，以上三个参数可以形成三条曲线，即计划工作预算投资（BCWS）、已完工作预算投资（BCWP）、已完工作实际投资（ACWP）曲线，如图 6.8 所示。

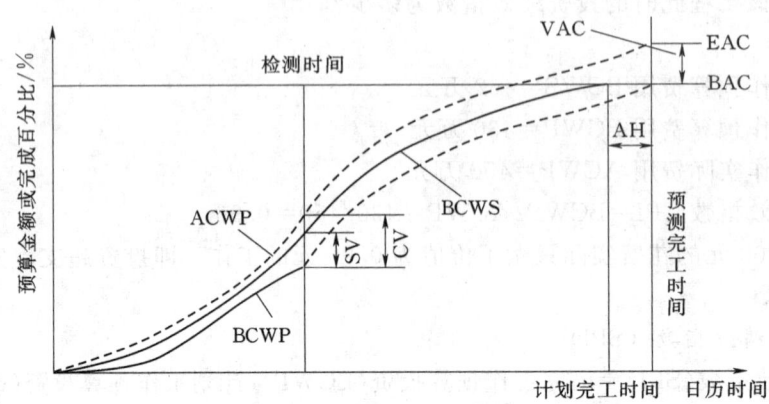

图 6.8 赢得值法评估曲线

图 6.8 中：

CV＝BCWP－ACWP，由于两项参数均以已完工作为计算基准，所以两项参数之差，反映项目进展的投资偏差。

SV＝BCWP－BCWS，由于两项参数均以预算值（计划值）作为计算基准，所以两者之差，反应项目进展的进度偏差。

采用赢得值法进行投资进度综合控制，还可以根据当前的进度、投资偏差情况，通过原因分析，对趋势进行预测，预测项目结束时的进度、投资情况。

图 6.8 中：

BAC（Budget At Completion）：项目完工预算，指编计划时预计的项目完工投资。

EAC（Estimate At Completion）：预测的项目完工估算，指计划执行过程中根据当前进度、投资偏差情况预测的项目完工总投资。

VAC（Variance At Completion）：预测项目完工时的投资偏差。

$$VAC = BAC - EAC \tag{6.22}$$

【例 6.28】 某工程完工预算为 30 万元，施工至某月月底的投资绩效指数为 0.83。则在该时间节点下该工程项目预测的完工投资为多少？

【解】 EAC 的一种估算方法

$$EAC = BAC/CPI$$
$$BAC = 30 \text{ 万元}$$
$$CPI = 0.83$$
$$EAC = 30/0.83 = 36.14 \text{ 万元}$$

$$VAC = BAC - EAC = 30 - 36.14 = -6.14（万元）$$

即该时间节点下预测的完工投资为 36.14 万元，根据当前的绩效，项目将超计划预算 6.14 万元。

【例 6.29】 某工程项目施工合同于 2017 年 12 月签订，约定的合同工期为 20 个月，2018 年 1 月开始正式施工，承包人按合同工期要求编制了混凝土结构工程网络计划（如图 6.9 所示），并经专业监理工程师审核批准。

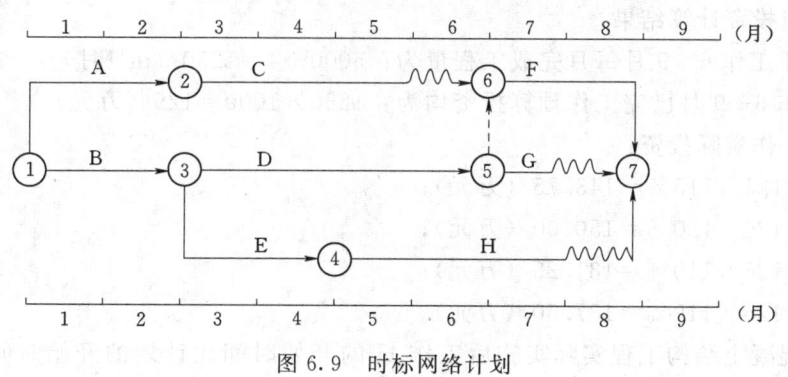

图 6.9 时标网络计划

该项目的各项工作均按最早开始时间安排，且各工作每月所完成的工程量相等，各工作的计划工程量和实际工程量如表 6.18 所示，工作 D、E、F 的实际工作持续时间与计划工作持续时间相同。

6.35
投资偏差例题

表 6.18 计划工程量和实际工程量表

工作	A	B	C	D	E	F	G	H
计划工程量/m³	8800	9200	5700	9000	5200	6200	1000	4200
实际工程量/m³	8800	9200	5400	9200	5000	5800	1000	5000

合同约定，混凝土结构工程综合单价为 1000 元/m²，按月结算，结算价按项目所在地混凝土结构工程价格指数进行调整，项目实施期间各月的混凝土结构工程价格指数如表 6.19 所示。

表 6.19 工 程 价 格 指 数 表

时间	2017 年 12 月	2018 年 1 月	2018 年 2 月	2018 年 3 月	2018 年 4 月	2018 年 5 月	2018 年 6 月	2018 年 7 月	2018 年 8 月	2018 年 9 月
混凝土结构工程价格指数/%	100	110	115	105	115	110	115	120	105	110

施工期间，由于发包人原因使工作 H 的开始时间比计划的开始时间推迟 1 个月，并由于工作 H 工程量的增加使该工作的工作持续时间延长了 1 个月。

问题 1. 请按施工进度计划编制资金使用计划（即计算每月和累计计划工作预算投资）并简要写出其步骤、计算结果填入表 6.20 中；

问题 2. 计算工作 H 各月的已完工作预算投资和已完工作实际投资；

问题 3. 计算混凝土结构工程已完工作预算投资和已完工作实际投资，计算结果填入表 6.20 中；

问题 4. 列式计算 8 月的投资偏差 CV 和进度偏差 SV。

【解】（1）将各工作计划工程量与单价相乘后，除以该工作持续时间，得到各工作每月计划工作预算投资，再将时标网络计划中各工作分别按月纵向汇总得到每月计划工作预算投资，然后逐月累加得到各月累计计划工作预算投资。见表 6.20 中的拟完工程计划投资计算结果。

（2）H 工作 6—9 月每月完成工程量为：$5000 \div 4 = 1250$（m^3/月）；

H 工作 6—9 月已完工作预算投资均为：$1250 \times 1000 = 125$（万元）

已完工作实际投资：

6 月：$125 \times 115\% = 143.75$（万元）；

7 月：$125 \times 120\% = 150.00$（万元）；

8 月：$125 \times 110\% = 131.25$（万元）；

9 月：$125 \times 110\% = 137.50$（万元）。

（3）混凝土结构工程实际实施后工作 H 的开始时间比计划的开始时间推迟 1 个月，工作 H 工作持续时间延长了 1 个月。

实际双代号时标网络图变为：

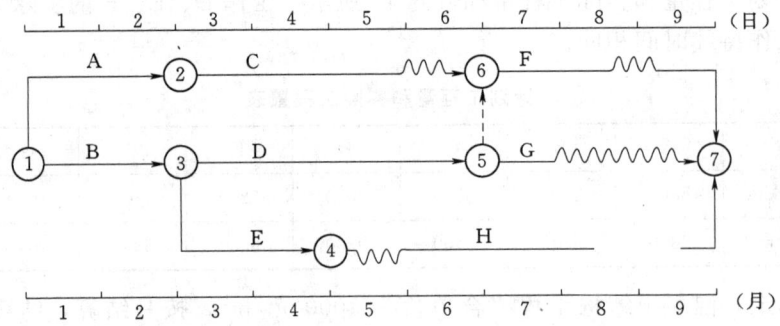

依据实际双代号时标网络图对混凝土结构工程已完工作预算投资和已完工作实际投资进行计算，计算结果填表 6.20 中。

表 6.20　　　　　　　　　　计 算 结 果　　　　　　　　　　单位：万元

项　　目	投　资　数　据								
	1	2	3	4	5	6	7	8	9
每月拟完工程计划投资	900	900	675	675	555	365	550	310	
累计拟完工程计划投资	900	1800	2475	3150	3705	4070	4620	4930	
每月已完工程计划投资	900	900	660	660	410	355	505	415	125
累计已完工程计划投资	900	1800	2460	3120	3530	3885	4400	4805	4930
每月已完工程实际投资	990	1035	693	759	451	408.25	606	435.75	137.5
累计已完工程实际投资	990	2025	2718	3477	3928	4336.25	4942.25	5378	5515.5

(4) 投资偏差 (CV) = 已完工作预算投资 - 已完工作实际投资 = 4815 - 5378 = -573 （万元），超支 573 万元；

进度偏差 (SV) = 已完工作预算投资 - 计划工作预算投资 = 4805 - 4930 = -125 （万元），进度拖后 125 万元。

在实际执行过程中，最理想的状态是已完工作实际投资 (ACWP)、计划工作预算投资 (BCWS)、已完工作预算投资 (BCWP) 三条曲线靠得很近平稳上升，表示项目按预定计划目标进行。如果三条曲线离散度不断增加，则预示可能发生关系到项目成败的重大问题。

6.36
投资偏差原因分析及纠偏措施

6.8.2 偏差原因分析

偏差分析的一个重要目的就是要找出引起偏差的原因，从而有可能采取有针对性的措施，减少或避免相同原因的再次发生，在进行偏差原因分析时，首先应当将已经导致和可能导致偏差的各种原因逐一列举出来，导致不同建设工程产生投资偏差的原因具有一定共性，因而，可以通过对已建项目的投资偏差原因进行归纳、总结，为该项目采用预防措施提供依据。

6.8.3 纠偏措施

（1）修改投资计划。修改投资计划就是对用于管理项目的投资文件进行修正，比如调整设计概算、变更合同价格等，必要时，必须通知工程项目的利益关系方。

（2）采取纠偏措施。对偏差原因进行分析的目的是为了有针对性地采取纠偏措施，从而实现投资的动态控制和主动控制。纠偏首先要确定纠偏的主要对象，如上面介绍的偏差原因，有些是无法避免和控制的，如客观原因，充其量只能对其中少数原因做到防患于未然、力求减少该原因所产生的经济损失。对于施工原因所导致的经济损失通常是由承包人自己承担的，从投资控制的角度只能加强合同的管理，避免被承包人索赔，所以，这些偏差原因都不是纠偏的主要对象。纠偏的主要对象是发包人原因和设计原因造成的投资偏差，在确定了纠偏的主要对象之后，就需要采取有针对性的纠偏措施。纠偏可采用组织措施、经济措施、技术措施和合同措施等。例如：①寻找新的、更好更省的、效率更高的设计方案；②购买部分产品，而不是采用完全由自己生产的产品；③重新选择供应商，但会产生供应风险，选择需要时间；④改变实施过程；⑤变更工程范围；⑥索赔等。

（3）按照完成情况估计目前实施情况下完成项目所需的总投资 EAC（Estimate At Completion）。

1）EAC = 实际支出 + 按照实施情况对剩余预算所作的修改，这种方法通常用于当前的变化可以反映未来的变化时。

2）EAC = 实际支出 + 对未来所有剩余工作的新的估计，这种方法通常用于当过去的执行情况显示了所有的估计假设条件基本失效的情况下或者由于条件的改变造成原有的假设不再适用时。

3）EAC = 实际支出 + 剩余的预算。适用于现在的变化仅是一种特殊情况，项目经理认为未来的实施不会发生类似的变化时。

（4）整理纠正资料，吸取教训。找出产生偏差的原因后，连同所选择的纠偏措施以及从投资控制中吸取的其他方面的教训等都要形成文字材料,作为本工程项目或者其他工程项目的历史资料,以供参考。

任务6.9 案 例 分 析

2018年4月16日晚20点整,承包人施工的8号支洞下游开挖至桩号34+160.3处,现场在掌子面打钻时沿钻孔突然出水。较大出水点主要有4处,拱顶中间左右各1处,掌子面中心位置有1处,掌子面右下方1处,从掌子面喷出距离约40cm,由于出水压力较大,同时为避免造成更大涌水,确保工程安全,现场立即停工。同时承包人及时向发包人和监理报告了相关情况。根据此处地质资料显示,围岩为混合花岗岩,设计为Ⅲa,实际为Ⅲb围岩,围岩地质条件良好,掌子面出水前未出现任何富水征兆。

2018年4月17日由业主相关人员、地质工程师、监理工程师到掌子面查看情况,初步拟订的方案是在洞内现场具备打钻条件时,沿出水点裂隙部位打5m长超前探孔,再沿开挖轮廓周边打几个超前探孔。为加大排水力度,承包人在下游增设一条排水管路和一台90kW抽水泵进行排水。2018年4月21日掌子面处具备施工条件后,于21点左右开始打超前探孔,钻孔孔径42mm,钻杆钻至2.5m时,左侧边墙中间位置有一处承压水喷出,喷出距离约8m远,出于施工安全考虑,现场被迫停止探孔施工。掌子面周边几个探孔钻深约2~2.5m,未出现承压水喷出现象,只有掌子面右侧一处钻孔有小水流喷出,掌子面涌水量约为108m^3/h。承包人按照涌水处理专题会议要求进行喷射混凝土封闭掌子面和阻水灌浆施工,并于2018年6月30日晚10:00开始恢复施工作业。

以上涌水事件增加了承包人机械人员窝工、排水、洞内通风、供电、洞外污水处理等相关费用,并造成8号支洞控制段工期延误,4月16日至6月30日期间增加的相关费用如下。

1. 8号支洞涌水窝工签证说明

1)人员:8号支洞控制段下游窝工的施工人员共92人,其中主管副队长1人,值班调度管理人员3人,搅拌机操作手2人,空压机操作手2人,车队22人,电工2人,电焊工2人,杂工16人,开挖班共27人(总带班1人,2个工班各13人),支护班15人。

2)机械设备:8号支洞控制段施工机械有装载机2台,自卸车6台,挖掘机1台,空压机3台,湿喷机1台,开挖台车1台,支护台车1台,金杯双排座1辆,冷弯机1台,全站仪1台,水准仪1台,注浆泵1台,电焊机3台,开挖台钻12台,三相切割机1台。

3)抽水管线及设备:在涌水停工期间抽水设备投入为7.5kW水泵25台,55kW水泵2台,90kW水泵2台,于3月17日至3月18日先后在支洞安装两条80mm管线投入使用,于5月4日安装并投入使用一条150mm管线和1台220kW水泵,于5月17日安装并投入使用一条150mm管线和1台220kW水泵。

任务6.9 案 例 分 析

4）洞内通风设备：停工期间洞内运行的通风设备为额定功率为132kW轴流风机2台。

2. 签证工程量

由于8号支洞控制主洞段为24小时不间断施工，故主洞下游施工为每12小时1个施工班组，故机械设备、人员窝工申报工程量为每天12小时。

因8号支洞控制段下游掌子面距主支洞交叉口已达700m左右，故为保证施工安全需24小时不间断通风，同时为保证抽水效率需24小时不间断抽水，才能保证洞内积水深度满足阻水灌浆施工要求。

3. 监理审核工程量

监理审核工程量详见《索赔工程量汇总表》（表6.21）和《工程量签证单》。

4. 洞内排水记录

涌水期间发生的洞内排水记录详见《LGD供水工程二段施工三表8号支洞控制段水量统计表》。

表6.21　　　　　　　索赔工程量汇总表（34+160.3）

序号	名　称	单位	工程量	备注
1	工长	工时	2424	
2	高级工	工时	6545	
3	中级工	工时	34612	
4	初级工	工时	4852	
5	装载机 ZL-C50（3m³）	台时	1212	
6	自卸车 20t	台时	3030	
7	挖掘机 PC220（1.3m³）	台时	602	
8	水冷式空压机 22m³	台时	1818	
9	湿喷机 TK961（6m³/h）	台时	463	
10	开挖台车	台时	606	
11	支护台车	台时	463	
12	金杯 D2.2-4.7L 5t	台时	570	
13	自卸车 12t	台时	598	
14	长安皮卡车（1t）	台时	606	
15	冷弯机 XGLW-25	台时	606	
16	全站仪 TCR802	台时	606	
17	注浆机泵 JZB-2	台时	592	
18	电焊机交流 BX1-500A	台时	1802	
19	开挖台钻 YT28	台时	7272	

续表

序号	名称	单位	工程量	备注
20	三相切割机 J3G3-400	台时	606	
21	7.5kW 污水泵	台时	13162	
22	55kW 污水泵	台时	1080	
23	90kW 污水泵	台时	1356	
24	轴流风机 132kW	台时	1812	

索赔费用计算书

(1) 编制依据。

1) LGD 供水工程（二段）施工三标合同文件。

2) 水利部水总〔2002〕发布的 116 号《水利工程设计概（估）算编制规定》。

3) 水利部水总〔2002〕发布的 116 号《水利工程施工机械台时费用定额》。

4) 水电规造价〔2004〕0028 号《水电工程施工机械台时费定额》。

5) 辽宁省建设厅、财政厅辽建发〔2007〕87 号《建设工程机械台班费用标准》。

(2) 编制范围。

LGD 供水工程（二段）施工三标 8 号支洞控制段下游桩号 34+160.3 施工过程中，遭遇不可预见的自然条件，连续发生较大涌水导致我部暂停施工增加的费用、延误的工期及因暂停施工应补偿的合理利润。

(3) 费用组成。

LGD 供水工程（二段）施工三标 8 号支洞下游涌水期间发生的机械人员窝工、机械设备运行、排水费用、排水系统安装、投入的材料、间接费、利润等费用以及延误的工期。

(4) 取费原则。

1) 人工费。

窝工人员按照工种级别分别划分为初级工、中级工、高级工和工长，与签证单对照划分原则如下：

初级工包括：杂工。

中级工包括：各种车辆、机械司机、机械操作手、电工、水管安装工、电焊工、开挖工、支护工和喷浆手。

高级工包括：杂工班管理、班长；开挖班管理、班长；支护班管理、班长；出渣车队管理、班长；电焊班班长；安装班班长。

工长包括：施工队长、值班（副队长）。

人工费参考信息价格，如表 6.22 所示。

表 6.22 人工费参考信息价格表

工种	初级工	中级工	高级工	工长
工时单价/(元/工时)	13	15	18	20

2) 材料费。

柴油取合同费用 102632 元/t，电费取合同电费单价 0.67 元/kW·h。

污水处理添加剂聚合氯化铝和聚丙烯酰胺单价取市场价分别为 2100 元/t 和 14000 元/t，折合聚合氯化铝单价 2.1 元/kg，聚丙烯酰胺单价 14 元/kg。

DN150 焊管 4350 元/t（折合一延米 86.43 元），DN80 焊管 4300 元/t（折合一延米 41.35 元），法兰片 36 元/片（含螺母），橡胶垫片 3 元/片，LOG-2UU 电磁流量计 3200 元/台。

3) 机械台时费。

对于窝工的机械设备和窝工期间仍需运行的机械设备取费原则及费用如下：

a. 窝工机械设备费用：对于水利工程施工机械台时费定额中有相应或相似机械设备的按照水利工程施工机械台时费中（一）类费用计算如表 6.23 所示。

表 6.23　　　　　　　　　　窝工机械设备费用表

序号	定额编号	名　　称	一类费用/元	备注
1	1031	装载机 ZL-C50（3m³）	89.52	
2	3019	自卸车 20t	83.37	
3	1010	挖掘机 PC220（1.3m³）	87.93	
4	8019	水冷式空压机 22m³	13.75	
5	2084	湿喷机 TK961（6m³/h）	5.98	
6	1130	支护台车	392.92	
7	3072	金杯 D2.2-4.7L 5t	15.98	
8	3016	自卸车 12t	58.02	
9	3072	长安皮卡车（1t）	15.98	
10	9150	冷弯机 XGLW-25	4.59	
11	6025	注浆机泵 JZB-2	11.16	
12	9127	电焊机交流 BX1-500A	1.21	
13	1097	开挖台钻 YT28	3.28	

对于水利工程施工机械台时费定额中无相应或相似机械设备的，参考水电工程施工机械台时费用定额中不变费用进行计算，如表 6.24 所示。

表 6.24　　　　　　　　水电工程施工机械台时费用定额表

序号	定额编号	名　　称	一类费用/元	备注
1	2112	三相切割机 J3G3-400	3.27	水电工程定额

对于各类定额中无相应或相似机械设备，且无其他参考资料的设备，按折旧费用 [折旧费＝设备预算价×（1－残值率）/寿命台时] 计算，如表 6.25 所示。

表 6.25　　　　　　　　　　机 械 设 备 费 用 表

序号	名　　称	一类费用/元	备注
1	全站仪 TCR802	4.63	折旧计算
2	水准仪 DSZ02	0.1	折旧计算
3	开挖台车	17.01	折旧计算

b. 运行机械设备费用：对于水利工程施工机械台时费定额中有相应或相似机械设备的按照水利工程施工机械台时费计算，如表 6.26 所示。

表 6.26　　　　　　　　运行机械设备台时费用计算表

序号	名　称	型号容量	定额编号	一类费用	二类费用		费用合计
					人工	电/油	
1	污水泵（单级）	7.5kW	9043	4.04	19.50	5.03	28.57
2	污水泵（单级双吸）	55kW	9028	11.36	19.50	35.64	66.50
3	污水泵（多级离心泵）	90kW	9034	19.14	19.50	67.07	105.71
4	电力变压器	315kVA	9006	0.42	15		15.42
5	电力变压器	400kVA	9006	0.42	15		15.42
6	轴流风机	132kW	9067	28.77	19.50	45.09	93.36
7	BX1-500A 电焊机	50kVA	9127	1.21		24.19	25.40
8	自卸车	12t	3016	58.02	19.5	128.49	206.01

对于水利工程施工机械台时费定额中没有相应或相似的机械设备，根据实际消耗电量进行计算，如表 6.27 所示。

表 6.27　　　　　　　　　照明灯具台时费用计算表

序号	名称	功率	不变费用	可变费用/元	台班费用合计/元	折合台时费用/元
				电费		
1	灯具	160W		0.107		0.107

4）**费率标准**。

除税率按照实际建筑工程税率计外，其他按合同文件"工程单价"费（税）率汇总表中的其他工程取费标准计。投标报价时费率及实际税率汇总表见表 6.28。

表 6.28　　　　　　投标报价时费率及实际税率汇总表

工程类别	其他直接费	现场经费	间接费	利润	税金（实际）
窝工、排水、通风等	4.5%	3%	2.5%	2%	3.5%

5）**其他**。

污水处理药剂添加量为聚合氯化铝 $0.5kg/m^3$、聚丙烯酰胺 $0.03kg/m^3$，每 m^3 污水发生药剂添加费用为：$0.5×2.1+0.03×14=1.47$（元$/m^3$）（聚合氯化铝材料单价为 2100 元/t，聚丙烯酰胺材料单价为 14000 元/t）。

（5）费用计算。

1）人员窝工费用（表 6.29）。

表 6.29 人员窝工费用计算表

序号	签证工种	划分工种	累计工时	单价/元	合价/元	备注
1	队长	工长	606	20	12120	
2	值班/副队长	工长	1818	20	36360	
3	挖掘机司机	中级工	1208	15	18120	
4	装载机司机	中级工	2424	15	36360	
5	自卸车司机	中级工	1156	15	17340	
6	空压机操作手	中级工	1212	15	18180	
7	电工	中级工	1212	15	18180	
8	电焊班班长	高级工	606	18	10908	
9	电焊工	中级工	582	15	8730	
10	杂工班管理	高级工	576	18	10368	
11	杂工班班长	高级工	547	18	9846	
12	杂工	初级工	4852	13	63076	
13	开挖班管理	高级工	606	18	10908	
14	开挖班班长	高级工	1212	18	21816	
15	开挖工	中级工	14544	15	218160	
16	支护班管理	高级工	606	18	10908	
17	支护班班长	高级工	1180	18	21240	
18	喷浆手	中级工	1037	15	15555	
19	支护工	中级工	5105	15	76575	
20	出渣车管理	高级工	606	18	10908	
21	出渣车班长	高级工	606	18	10908	
22	出渣车司机	中级工	6060	15	90900	
23	搅拌机操作手	中级工	12	15	180	
24	罐车司机	中级工	12	15	180	
25	水电工	中级工	48	15	720	
	合计				748546	

2）机械设备窝工费用（表 6.30）。

表 6.30 机械设备窝工计算表

序号	项目名称	累计台时	单价/元	合计/元	备注
1	装载机 ZL－C50（3m³）	606	89.52	54249	
2	装载机 ZL－C50（3m³）	606	89.52	54249	

续表

序号	项目名称	累计台时	单价/元	合计/元	备注
3	自卸车 20t	606	83.37	50522	
4	自卸车 20t	606	83.37	50522	
5	自卸车 20t	606	83.37	50522	
6	自卸车 20t	606	83.37	50522	
7	自卸车 20t	606	83.37	50522	
8	挖掘机 PC220（1.3m^3）	602	87.93	52934	
9	水冷式空压机 20m^3	606	13.75	8333	
10	水冷式空压机 20m^3	606	13.75	8333	
11	水冷式空压机 20m^3	606	13.75	8333	
12	湿喷机 TK961（6m^3/h）	463	5.98	2769	
13	开挖台车	606	17.01	10308	
14	支护台车	463	392.92	181922	
15	金杯 D2.2-4.7L 双排座	570	15.98	9109	
16	自卸车（金刚时代）12t	598	58.02	34696	
17	长安皮卡车（1t）	606	15.98	9684	
18	冷弯机 YHC-250	606	4.59	2782	
19	全站仪 NTS-372RLC	606	4.63	2806	
20	注浆机泵 JZB-2	592	11.16	6607	
21	电焊机交流 BX1-500A	590	1.21	714	
22	电焊机交流 BX1-500A	606	1.21	733	
23	电焊机交流 BX1-500A	606	1.21	733	
24	开挖台钻 YT28	7272	3.28	23852	
25	三相切割机 J3G3-400	606	3.27	1982	
	合计			727738	

3）排水费用（表6.31~表6.34）。

隧道涌水后，承包人先后两次增排水管道，以满足现场涌水外排需求，同时投入足量的污水泵确保洞内积水排出。排水投入人工费42396元，投入材料费518869元，投入机械设备费632070元，共计费用1193335元。

表6.31　　　　　　　　　排水费用计算表（人员）

序号	项目名称	累计工时	单价/元	合计/元	备注
1	电焊班长	64	18	1152	
2	电焊工	442	15	6630	
3	安装班长	128	18	2304	

任务 6.9 案 例 分 析

续表

序号	项 目 名 称	累计工时	单价/元	合计/元	备注
4	安装工（水）	2018	15	30270	
5	自卸车司机	136	15	2040	
	合计			42396	

表 6.32　　　　　　　　　排水费用计算表（材料）

序号	项 目 名 称	数量	单价/元	合计/元	备注
1	DN80 焊管	3432	41.35	141913	
2	DN150 焊管	3312	86.43	286256	
3	LOG-2UU 电磁流量计	2	3200	6400	
4	法兰片	2248	36	80928	含螺母
5	橡胶垫片	1124	3	3372	
	合计			518869	

表 6.33　　　　　　　　　排水费用计算表（机械）

序号	项 目 名 称	累计台时	单价/元	合计/元	备注
1	7.5kW 污水泵	13162	28.57	376038	
2	55kW 污水泵	1080	66.50	71820	
3	90kW 污水泵	1356	105.71	143343	
4	BX1-500A 电焊机	506	25.4	12852	
5	自卸车（金刚时代）12t	136	206.01	28017	
	合计			632070	

4）运行机械设备台时费用。

表 6.34　　　　　　　　运行机械设备台时费用计算表

序号	项 目 名 称	单位	工程量	单价/元	合计/元	备注
1	对旋轴流式通风机 132kW	台时	918	93.36	85704	
2	对旋轴流式通风机 132kW	台时	894	93.36	83464	
3	隧洞内外用电补偿费用	项	1	82087	82087	详见（5）
4	电力变压器（315kVA）	台时	1771	15.42	27309	
5	电力变压器（400kVA）	台时	1771	15.42	27309	
6	合计				305873	

5）停工期间用电设备运行费用。

a. 隧洞内施工照明费用（表 6.35 和表 6.36）。

主支洞内每 5m 安设一套 160W 灯具，在暂停施工期间，为保证洞内排水作业安全，每天 24 小时进行照明。当主洞单侧停工时，主洞灯具按照单侧相应数量计算，支洞灯具数量按照一半数量计算；当主洞全部停工时，按照主洞、支洞全部灯具数量计算。在扣除停电造成的停歇时间后照明时间总时长为382536台时,照明费用合计 382536×0.107=40391(元)。

表6.35　　　　　　　　　　　施工照明运行时长统计表

序号	涌水洞段	发生时间	结束时间	停工时长	停电时长	发电运行时长	实际运行时长
1	64160.3	2013/3/16 18:00	2013/5/30 22:00	1804.00	33.00	0.00	1771.00
	合计			1804.00			1771.00

表6.36　　　　　　　　　　　主支洞照明台时统计表

序号	桩号	主洞长度	实际使用时间	支洞灯具 盏/台时		主洞灯具 盏/台时		备注
				数量	运行时间	数量	运行时间	
1	64160.3	718.91	1771.00	72	127512	144	255024	
2	小计				127512		255024	
3	总计			382536				

b. 生活区用电费用(表6.37)。

生活区用电单位耗电量为70.28kW/h,主洞单侧停工时取单位耗电量50%计算,主洞全部停工时取单位耗电量100%计算。在34+160.3段出现涌水后导致下游单侧停工时长为1771小时。

故生活区用电费用计算:(70.28÷2×1771)×0.67=41696(元)。

表6.37　　　　　　　　　　　单位耗电量均摊计算表

序号	用电设备	用电量/个	数量	总用电量/kW	日平均用电时长/kW	台时均摊用电量/kW
1	电脑	350W	23	8.05	16	5.37
2	热水壶	2000W	37	74	4	12.33
3	打印机	50W	4	0.2	16	0.13
4	电饭锅	100W	25	2.5	4	0.42
5	电冰柜	780W	4	3.12	24	3.12
6	电热器	2000W	24	48	24	48
7	电视机	100W	7	0.7	8	0.23
8	照明灯	30W	90	2.7	6	0.68
9	合计			139.27		70.28

c. 停电期间洞内用电应补偿费用合计:

隧洞内施工照明费用+生活区用电费用=40391+41696=82087(元)。

6) 污水处理机械费用和药剂增加费用。

4月22日安装流量计后,测得5月24日至6月30日平均流量为263.55m³/h,共计37天,总排水量为234034m³,平均日流量6325.24m³。平均每天合同内处理污水量为 150m³/h，即每日处理 3600m³（150×24＝3600m³）。合同外处理 100834m³，即合同外增加污水处理费用 100834×1.47＝148226（元）。

7) 其他直接费。

其他直接费＝{1)+2)+3)+4)+5)+6)}×4.5%
　　　　　＝{748546+727738+1193335+305873+82087+148226}×4.5%
　　　　　＝3205805×4.5%
　　　　　＝144261（元）

8) 现场经费。

现场经费＝{1)+2)+3)+4)+5)+6)}×3%
　　　　＝{748546+727738+1193335+305873+82087+148226}×3%
　　　　＝3205805×3%
　　　　＝96174（元）

9) 直接费。

直接费＝1)+2)+3)+4)+5)+6)+7)+8)
　　　＝748546+727738+1193335+305873+82087+148226+144261+96174
　　　＝3446240（元）

10) 间接费。

$$间接费＝9)×2\%$$
$$＝3446240×2\%$$
$$＝68925（元）$$

11) 利润。

$$利润＝\{9)+10)\}×2\%$$
$$＝(3446240+68925)×2\%$$
$$＝3515165×2\%$$
$$＝70303（元）$$

12) 税金。

$$税金＝\{9)+10)+11)\}×3.5\%$$
$$＝(3446240+68925+70303)×3.5\%$$
$$＝3585468×3.5\%$$
$$＝125491（元）$$

$$本期索赔费用总计＝9)+10)+11)+12)$$
$$＝3446240+68925+70303+125491$$
$$＝3710959（元）$$

(6) 工期延误。

因 8 号支洞控制段下游涌水是由于遭遇不可预见的不良地质条件造成的施工受阻，而导致的工期延误。故根据合同文件通用条款中第 4.11 条"不利物质条件"规定"承包人遇到不利物质条件时，有权要求延长工期及增加费用"。

8 号支洞控制段下游 34+160.3 段施工起止时间为 2018 年 4 月 16 日 18：00 至

2018年5月30日22:00共75.2天，故此次涌水应补偿工期为75.2天。

工期延长致使项目现场经费及间接费增加，LGD供水工程（二段）施工三标签订合同额594892326元，合同工期1446天，所计取的现场经费及间接费用48232001元，平均每天现场经费及间接费用33355.46元。（见现场经费及间接费用计算表）

则补偿工期延长所增加的现场经费及间接费：33355.46×75.2＝2508330.59（元）；

企业利润：2508330.59×2％＝50166.61（元）；

税金及附加：(2508330.59＋60166.61)×3.5％＝89547.40（元）；

工期延长增加相应现场经费及间接费共计2648045元。

表6.38　　　　　　　　　现场经费及间接费用计算表

序号	工程类别[引水工程]	中标合同额/元	工程单价费率/%		合计/元
			现场经费	间接费	
一	建筑工程				
07	土方工程	5830695	2.00	3.00	291535
08	石方工程	216524316	6.00	6.00	25982918
09	模板工程	175035618	3.00	2.00	8751781
10	混凝土浇筑工程				
11	钻孔灌浆及锚固工程	117158680	4.00	3.50	8786901
13	其他工程	80343017	3.00	2.50	4418866
二	合计/元	594892326			48232001

模块6 ⑦
巩固与提高
练习题参考
答案

【巩固与提高】

一、选择题

1. 在投资偏差分析时，需对偏差产生的原因进行分析，其中地基变化属于（　　）。

　　A. 客观原因　　　B. 业主原因　　C. 设计原因　　　D. 施工原因

2. 用表格法进行投资偏差分析时，已完工程量乘以计划单价得到的是（　　）。

　　A. 拟完工程计划投资　　　　　　B. 已完工程计划投资

　　C. 拟完工程实际投资　　　　　　D. 已完工程实际投资

3. 以下不是工程计量依据的是（　　）。

　　A. 工程量清单前言　　　　　　　B. 招标文件

　　C. 技术规范　　　　　　　　　　D. 设计图纸

4. 按照我国《建设工程施工合同（示范文本）》中规定，工程施工过程中发生工程变更，合同中又没有适用和类似的变更工程价格，则（　　）确定变更价款。

　　A. 按合同已有价格

　　B. 参照合同价格

　　C. 由承包人提出价格，发包人确认后

　　D. 由承包人提出价格，工程师确认后

【巩固与提高】

5. 下列关于法律法规政策变化引起合同价款调整的规定，错误的是（　　）。

A. 实施招标的建设工程，一般以建设工程施工合同签订前的第 28 天作为基准日

B. 如果政策规定的人工费变化已包含在物价波动事件的调值公式中，则不再予以考虑

C. 承包人原因导致的工期延误期间由于行政法规变化导致合同价款增加的，不予调整

D. 承包人原因导致的工期延误期间由于行政法规变化导致合同价款减少的，予以调整

6. 某工程合同价为 100 万元，合同约定：采用价格指数调整价格差额。其中固定要素比重为 0.3。调价要素 A、B、C 分别占合同价的比重为 0.2、0.2、0.35。结算时价格指数分别增长了 20％、25％、30％。则该工程实际结算款差额为（　　）万元。

A. 29.75　　　　　B. 28.75　　　　　C. 30.25　　　　　D. 27.25

7. 不可抗力造成损失后，下列需要由承包人承担的是（　　）。

A. 发包人人员伤亡　　　　　　　　B. 承包人的施工机械设备损坏

C. 工程所需清理、修复费用　　　　D. 合同工程本身的损害

8. 根据《标准施工招标文件》。遇到异常不利的物质条件的情况，可以补偿的内容是（　　）。

A. 只索赔工期　　　　　　　　　　B. 只索赔费用

C. 索赔工期和利润　　　　　　　　D. 索赔工期和费用

9. 某建设项目业主与一施工单位签订了施工合同。合同总价 8000 万元。合同工期为 220 天，其应分摊的总部管理费 110 万元。该施工单位在施工过程中，因遇到不利物质条件造成停工 7 天，因发包人更换其提供的不合格材料造成工程停工 4 天，因承包人施工机械损坏停工 5 天。因异常恶劣气候造成工程停工 2 天。上述事件均未发生在同一时间。且都在关键路线上。则该施工单位可索赔的总部管理费为（　　）万元。

A. 5.5　　　　　B. 4.0　　　　　C. 5.0　　　　　D. 6.5

10. 下列关于引起合同价款调整事项的表述，正确的是（　　）。

A. 在合同履行期间，出现设计图样与招标工程量清单项目特征描述不符，且引起了工程造价增加变化的，由发包人重新确定综合单价

B. 承包人在计日工工作实施结束后 24 小时内，向发包人提交现场签证报告一式三份

C. 当压缩的工期天数超过定额工期的 15％时，发包人应在招标文件中明示增加赶工费用

D. 实际工程量超过招标工程量清单的 15％时，综合单价应予调低

11. 作为工程预付款的抵扣方式之一。业主可以从未施工工程尚需的主要材料及构件的价值（　　）工程预付款数额时开始起扣。

A. 等于　　　　　B. 大于　　　　　C. 小于　　　　　D. 无法比较

12. 某混凝土结构工程,工程量清单中估计工程量为 4 万 m³,合同规定混凝土结构工程综合单价为 700 元/m³,并且当实际工程量超过估计工程量 15%时,单价调整为 650 元/m³。工程结束时承包商实际完成混凝土结构工程为 5 万 m³,则该项工程结算款为( )万元。

    A. 3575.0   B. 3825.0   C. 3737.5   D. 3480.0

13. 对于某项目的投资控制,总监理工程师将项目投资按照单项工程 1 号、单项工程 2 号等形式分解,这种分解类型是( )。

    A. 按投资构成分解   B. 按子项目分解   C. 按时间分解   D. 按工作流程分解

14. 工程包含两个子项工程:甲子项工程估计工程量为 6000m³,合同单价 280 元/m³;乙子项估计工程量 2800m³,合同单价 630 元/m³,工程预付款为合同价的 15%,主要材料和构配件所占比重为 60%,则该工程预付款的起扣点为( )万元。

    A. 285.3   B. 212.0   C. 292.7   D. 258.3

15. 某土方开挖分项工程,计日工工资标准为 40 元/工日,在开挖过程中,由于业主原因造成承包商 10 人窝工 5 天,承包商原因造成 8 人窝工 10 天,由此监理工程师应审核承包商的人工费索赔为( )元。

    A. 0   B. 2000   C. 3200   D. 5200

二、案例分析

1. 某分项工程工作计划在第 1、2、3 周施工,每周计划完成工程量 2000m³,计划单价为 25 元/m³;实际该分项工程于第 1、2、3、4 周完成,每周完成工程量 1500m³,第 1、2 周的实际单价为 28 元,第 3、4 周的实际单价为 30 元。则第 3 周末该分项工程的进度偏差和投资偏差分别为多少元?

2. 某工程项目由 A、B、C 三个分项工程组成,采用工程量清单招标确定中标人,合同工期 5 个月。各月计划完成工程量及综合单价见表 6.39,承包合同规定:

表 6.39   各月计划完成工程量及综合单价表

分项工程名称	合计/m³	第1月/m³	第2月/m³	第3月/m³	第4月/m³	综合单价/(元/m³)
A	1500	700	800			160
B	1700		800	900		500
C	3200			1600	1600	425

(1) 开工前发包人向承包人支付分部分项工程费的 15%作为材料预付款。预付款从工程开工后的第 2 个月开始分 3 个月均摊抵扣。

(2) 工程进度款按月结算,发包方每月支付承包方应得工程款的 90%。

(3) 措施项目工程款在开工前和开工后第 1 个月末分两次平均支付。

(4) 分项工程累计实际完成工程量超过计划完成工程量的 10%时,该分项工程超出部分的工程量的综合单价调整系数为 0.95。

(5) 措施项目费以分部分项工程费用的 2%计取,其他项目费 20.86 万元,规费

【巩 固 与 提 高】

综合费率3.5%（以分部分项工程费、措施项目费、其他项目费之和为基数），税率3.35%。

第1、2、3月实际完成的工程量见表6.40。

表6.40　　　　　　　　第1、2、3月实际完成的工程量表

分项工程名称	第1月	第2月	第3月
A	780	900	
B		850	900
C			1600

问题：

（1）工程合同价为多少万元？
（2）列式计算材料预付款、开工前承包商应得措施项目工程款。
（3）根据表计算第1、2、3月监理工程师应确认的工程进度款各为多少万元？
（计算结果均保留两位小数）

参 考 文 献

［1］ 黄芳. 工程资金使用计划的编制和控制 [J]. 连云港化工高等专科学校学报，2002（4）：47-49.
［2］ 齐锡晶，张健，韩艺. 建筑施工项目资金使用计划的研究 [J]. 沈阳建筑工程学院学报，2001（3）：226-228.
［3］ 田敬贤，艾忠华. 施工阶段资金使用计划的编制和控制 [J]. 建设监理，2008（2）：36-38.
［4］ 中国水利工程协会. 水利工程建设投资控制 [M]. 2版. 北京：中国水利水电出版社，2011.
［5］ 中国建设监理协会. 建设工程投资控制 [M]. 北京：中国建筑工业出版社，2020.
［6］ 肖汉. 水利工程经济 [M]. 北京：中国水利水电出版社，2017.
［7］ 叶征，王占锋. 建筑工程经济 [M]. 北京：北京理工大学出版社，2018.
［8］ 雷建平. 建设工程投资控制 [M]. 北京：中国电力出版社，2012.
［9］ 宋健民. 建设工程经济 [M]. 郑州：郑州大学出版社，2016.
［10］ 国家发展改革委，建设部. 建设工程经济评价方法与参数 [M]. 3版. 北京：中国计划出版社，2006.